JN260728

フランス緑の党と
ニュー・ポリティクス
近代社会を超えて緑の社会へ

畑山敏夫

L'Écologie
Les Verts
New Politics

吉田書店

まえがき

　私の国でむだづかいはたいへんなものです。
　買っては捨て、また買っては捨てています。
　それでも物を浪費しつづける北の国々は、
　南の国々と富をわかちあおうとはしません。
　物がありあまっているのに、
　私たちは自分の富を、そのほんの少しでも
　手ばなすのがこわいんです。（セヴァン・カリス＝スズキ）

　上記の文章は、1992年にリオ・デ・ジャネイロで開催された地球環境サミットで、12歳の少女セヴァンの行った演説の一部である。残念ながら、セヴァンの真剣な訴えにもかかわらず、北の国々では現在でも買っては捨てつづけ浪費はおさまらず、南の国々と富を分かち合おうとはしていない。出席した世界のリーダーたちは立ちあがって祝福し、出席者たちは涙を流して聞き入った。だが、人々は、その後、セヴァンの訴えを実らせるためにどのような努力をしたのだろうか。セヴァンの「どうやって直すのかわからないものを、こわしつづけるのはもうやめてください」という訴えも虚しく、その後も地球規模での環境破壊には歯止めがかかっていない。

　セヴァンの言葉は、日本の人々にも届かなかった。私たちの社会は相変わらずGDPの増減に一喜一憂しているし、現在でも生産と消費の回復を期待する言説が溢れている。政治の場では各政党の成長戦略の優劣が競われ、景気回復が自明視されてきた。政治的に左翼と保守に分かれていても、経済成長を自明視し、財やサービスが潤沢に提供されることを豊かさの条件と考える点では両者は共通している。なるほど、セヴァンの声が届かなかったはずである。

　だが、そんな日本でも、そして世界でも、生産力主義と経済成長主義への懐疑が広がり、環境やエネルギー、社会的公正、途上国の貧困など多様なテーマに取り組む社会運動が活発化している。そして、ヨーロッパを中心と

して政治の場にセヴァンの声を届けるエコロジー政党が誕生して地方政治や国政の場で活躍している。彼／彼女らは、生産が拡大して大量の商品が溢れる生活、化石燃料を大量に消費することで確保される便利な生活、それこそが幸せであるという発想や価値観から脱却することを主張している。

日本には緑の党が国政の場にまだ登場していないので、そのようなユニークな政党の存在は広く知られていない。だが、エコロジー政党が最も活発に活動しているヨーロッパではEU議会で4番目に多い議員数を誇り、彼／彼女らによって自治体からヨーロッパ・レベルまで様々な改革が進められている。

前世紀には、近代社会の行き詰まりを背景に「エコロジズム」という新しい思想が登場するが、その思想は市民社会においては新しい社会運動によって担われ、政治の場ではエコロジー政党（＝政治的エコロジー）によって体現されることになった。本書は、多くの場合は「緑の党」という名称を冠しているエコロジー政党について、その生成から発展までを明らかにすることを主要な課題としている。

もちろん、政治的エコロジーといっても、多くの共通点とともに多くの独自性を示している。たとえば、ドイツとフランスの緑の党にしても、党の結成や国政議会への進出の時期から国政議会での議席数まで、多くの点で異なっている。そこには、両国の政治文化や制度的条件、政治的機会構造などの多様な要素が作用している。しかし、既成政党と異なった発想と考え方、組織構造や政治スタイル、支持者のプロフィールなどで共通性も見られる。

本書では、フランスにおける政治的エコロジーの代表的組織であるフランス緑の党についてその全体像を明らかにすることを目的としている。また、政治的エコロジーの思想と運動についての基本的知識と情報を提供することによって、政治的エコロジーについての比較研究に貢献することも願っている。同時に、研究者以外の読者が政治的エコロジーについての知識と認識を深め、エコロジー運動や政党の登場がもつ時代的背景や意味を理解することも期待している。

上記のような趣旨で執筆された本書であるが、次のような構成からなっている。第1章では、エコロジズムという新しい思想とそれを体現する政治運

動がテーマとなっている。1980年代から顕著になる近代社会の行き詰まりに対していくつかの処方箋が登場してくるが、同章ではエコロジズムと「エコロジー的近代化」という2つの処方箋を中心に論じている。環境破壊や資源の浪費など近代社会の発展にともなう弊害に対処するために、個人の価値観やライフスタイルの変更に留まることなく制度圏での改革を通じて新しい経済社会モデルへの転換を説くエコロジズムの思想と、制度や科学技術による対処法を通じて現行の困難を打開することを説くエコロジー的近代化の処方箋について考察している。

　第2章から4章までは、フランス緑の党の発展から国政議会への進出、政権参加までを具体的に検証している。冒頭には、政治的エコロジーの新しさやユニークさを理解するために、フランス緑の党をニュー・ポリティクス（新しい政治）の観点から分析する章を設けている。次に、68年5月の運動の挫折から新しい社会運動の活発化を経て、1984年の緑の党の結成、1997年の国民議会での議席獲得と政権参加までのフランス緑の党の生成と発展の歴史が紹介され、あわせてフランス緑の党の組織や運動スタイル、支持者のプロフィールなどが扱われている。この3つの章が本書の中心的な内容であり、それによってフランス緑の党の全体像を理解すると同時に、ニュー・ポリティクスの観点からフランス緑の党を理解することができるだろう。

　第5章では、1997年に成立するジョスパン政権に参加した経験が分析され、フランス緑の党が政権に参加することの政治的意味と、ニュー・ポリティクスの政党が現実政治に深くコミットメントするときに経験する困難を明らかにする。また、第5章には、ジョスパン政権に参加した経験をフランス社会党との関係から分析した補論が追加されている。そこでは、新しい政治を体現するアクター（＝フランス緑の党）と古い政治を体現するアクター（＝フランス社会党）の確執と両者の複雑な駆け引きと協力関係が分析されると同時に、両者の本質的な相違が明らかにされている。

　第6章では、今世紀に入ってから今日までのフランスの政治的エコロジーが扱われている。政治的エコロジーは政権参加後の低迷状態を脱するために、起死回生策としてエコロジー陣営の再編に乗り出す。緑の党を超えた「ヨーロッパ・エコロジー（Europe Écologie）」への結集が進められ、その試みが

選挙での成功をもたらすことになる。好調な滑りだしを見せた「ヨーロッパ・エコロジー」は、緑の党との正式な合流によって組織を強化するなかで、2013年の大統領選挙、国民議会選挙への挑戦に乗り出そうとしている。この章では、地球環境の悪化と格差社会のヒズミのなかで支持と期待が高まっているフランスの政治的エコロジーについての最新の情報が提供されている。

終章では、フランスにおける政治的エコロジーが、結局はどのような政治運動であるのかを総括的に考察している。「近代社会の克服」、「改良主義的改良」、「もう一つのグローバル化」をキー・ワードに、その世界観や変革方法論を紹介し、その政治運動が登場してきた歴史的・政治的意味にも考察は及んでいる。

本書を通じて、様々な困難や課題を抱えながらも、新しい価値観と発想に立脚するエコロジー政党が、個人の価値観やライフスタイルの転換を重視しながら、新しい経済社会モデルへの転換を提案する政党であることが理解できるだろう。

宮台真司氏は、日本では幸せ＝経済が豊かになることといった話ばかりで、幸福や尊厳についての思考停止があると指摘している。そして、「今までの自明性の地平を掘りくずして、現在の自明性を前提とした単なる個人のライフスタイルの選択ではなく、自明性を支えるソーシャルスタイル全体を変えることについて合意形成していく必要がある」と述べている［宮台・飯田：2011：132］。3・11東日本大震災を経験した私たちは、ようやく思考停止から脱却し、自明性の前提を掘り崩そうとしている。

その作業は当然、政治の場でも自明性を問い直し、制度や政策の実現を通じてソーシャルスタイル全体を変えることを必要とする。そして、既成政党にその作業が不可能なら、新しい政党を地方自治体や国政の場に登場させることが必要になる。フランスの政治的エコロジーは、異端扱いをされながらも現在とは異なった政治と社会をつくりだすために忍耐強く闘ってきた。本書が研究者にとって役に立つだけでなく、思考停止から抜け出し、自明性を問い直すことを通じて、遅ればせながらセヴァンの訴えに応えようとしている人々の参考になることを何よりも願っている。

目　次

まえがき　Ⅲ

第1章　政治的エコロジーとは何か……………………………………1
はじめに　3
1　近代社会の行き詰まりと環境問題　4
　　──近代社会のいくつもの超え方
2　近代社会の行き詰まりをどう超えるか？　8
　　──「エコロジー的近代化」という超え方
3　新しい経済社会を求めて　11
　　──「エコロジズム」という超え方
4　緑の党と新しい政治　15
　　──現実政治のなかのエコロジー
おわりに　19

第2章　ニュー・ポリティクスとしての政治的エコロジー………23
はじめに　25
1　戦後政治の行き詰まりとニュー・ポリティクスの挑戦　26
2　ニュー・ポリティクス政党とは何か　30
　　──政治的エコロジーの新しさ
おわりに　36

第3章　フランス緑の党の結成と発展………………………………41
はじめに　43
1　新しい社会運動から政治への越境　43
2　エコロジストの政治参加への模索　49
3　フランス緑の党の結成へ　55
4　新しい理念と政策を掲げて　59
5　新しい組織モデルと政治スタイル　65
6　支持者と活動家のプロフィール　70
おわりに　76

第4章　フランス緑の党の成功と変容　　　　　　　　　　　　　　　89
　　　──現実政治のなかの政治的エコロジー

　はじめに　91
　1　「純粋緑」の路線の確立と展開　　91
　2　政党システムへの参入と定着　　98
　　(1) 緑の党の選挙での伸張
　　(2) 政党システムへの参入
　3　フランス緑の党の戦略転換　　108
　4　地方政治での経験　　113
　5　フランス緑の党の変容　　117
　おわりに　123

第5章　政権に参加したフランス緑の党　　　　　　　　　　　　　139
　　　──現実政治との格闘

　はじめに　141
　1　フランス緑の党の政権参加　　142
　　(1) フランス社会党の政権戦略としての「多元的左翼」
　　(2) フランス緑の党の戦略転換
　2　「多元的左翼」政権とフランス緑の党　　146
　　(1) 社会党との協力と緑の党の政権参加
　　(2) 「多元的左翼」政権の限界とフランス緑の党
　おわりに　154

補論　緑の政治から見たフランス社会党　　161
　はじめに　161
　1　戦後政治秩序の変容とフランス社会党　　163
　2　新自由主義路線の勝利とフランス社会党の挫折　　164
　3　緑の政治の挑戦とフランス社会党　　166
　4　「多元的左翼」の勝利と緑の党の政権参加　　167
　5　緑の政治とフランス社会党の隔たり　　169

おわりに　171

第6章　フランス緑の党の新世紀 …………………………………… 175
　　　──緑の党から「ヨーロッパ・エコロジー」へ

はじめに　177

1　新世紀のフランス緑の党　177
　　──「多元的左翼」政権の敗北と試練

2　フランス緑の党の新たな挑戦　183
　　──緑の党から「ヨーロッパ・エコロジー」へ
　(1)「ヨーロッパ・エコロジー」という結集のプロジェクト
　(2)「ヨーロッパ・エコロジー」が成功した理由

おわりに　194

終　章　緑の社会へ ……………………………………………………… 203
　　　──ユートピアでもエコロジー的近代化でもなく

はじめに　205

1　近代社会を超えるプロジェクトとしての緑の社会　205

2　緑の社会への長い道　211

3　もう一つのグローバル化を目指して　216

おわりに　220

参考文献リスト　223

あとがき　233

関連年表　237

事項索引　238

人名索引　242

第 1 章
政治的エコロジーとは何か

写真は、フランス緑の党の党員募集用のリーフレットの表紙。環境保護と失業・排除との闘い、男女平等が緑の党の重点目的として説かれている。フランス緑の党は、個別の政策を扱ったリーフレットを含めて様々な宣伝用文書を発行しているが、美しい色彩や斬新なデザインは目を見張るものがある。

はじめに

　2009年には、日本でも本格的な政権交代が起こり民主党を中心とした新政権が成立した。鳩山首相（当時）は、国際公約として2020年までに温室効果ガスを1990年比で25％削減する方針を打ち出した。そのような目標を、国内排出量取引制度や再生可能エネルギーの固定価格買取制度、地球温暖化対策税といった政策を総動員することで達成することを目指している。政権交代によって、環境問題に消極的であった日本政治の姿勢が大きく転換しようとしているかに見えた。

　だが、野党の自民党と与党の民主党は、相変わらず成長戦略をめぐって応酬を繰り返している。成長の果実の配分について、公共事業を中心として地方に再配分するか、こども手当のような形で個人に直接再配分するかといった違いはあるが、景気回復を訴え、経済成長を自明視するという点では両党は遜色がない。また、アメリカやヨーロッパの先進国では「グリーン・ニューディール」による環境と経済成長の両立が目指され、中国やインド、ブラジルといった新興国での経済成長が世界経済の牽引役を果たすことも期待されている。地球環境や資源の問題に関心が集まる一方で、世界は新たな経済成長の時代を夢見ているように思われる。果たして、環境と経済成長は両立するのだろうか。

　そのような問いは、環境と政治を考える上で重要な意味を持っている。それは、経済成長を前提に組み立てられてきた近代という時代を問い直すことを意味するからである。環境・資源問題が深刻化し、物質的豊かさが人間社会の幸福に直結することに疑念が深まっている現在、環境問題などを通じて新しい視点と発想をもつ思想や運動が登場し、それは「ニュー・ポリティクス（新しい政治）」と呼ばれている。もちろん、「新しい」という形容詞はこれまでも多くの思想や運動に自称・他称で適用されてきた。ここでは、現在の経済社会が多くの面で行き詰まりを見せている時代に、それを乗り越えることを目指す新しい価値観や理論、経済社会モデル、それに立脚した運動や政党という意味で「新しい政治」という言葉を使っている。

これまでに出版された、「環境政治」を扱った著作では、世界的・地域的な環境問題とそれに対する国際的な取り組みやガバナンス、各国・各地域での環境保護運動とその歴史、行政を中心とした環境問題への対応と政策の変化などが主要な内容であった。そのような著作に欠落している領域がある。それは、政策決定の場である議会や政党システムの領域である。環境問題の政治の場での争点化、環境親和的な社会経済構想の提示、個人の環境意識の変容や環境・資源効率を改善する方向での科学技術の活用、環境親和的な産業政策や制度改革の提案など、エコロジー社会を展望した理念と総合的な政策構想を提示する役割を担う政党の役割は重要である。そのような政治的主体が不在のまま環境問題は大幅に改善されることはないし、現に、そのような判断から多くの国ではエコロジー政党が結成されて議会に進出し、オルタナティヴな経済社会モデルを掲げて活動を展開している。

　本章では、近代を超える思想としてのエコロジズムと、その政治領域での担い手であるエコロジー政党に焦点を当てることで、環境と政治について考えてみたい。

1　近代社会の行き詰まりと環境問題
近代のいくつもの超え方

　地球温暖化に象徴される現代の環境問題が重要であるのは、それが単なる「環境の問題」を超えて大量生産－大量消費という近代の経済社会モデルの行き詰まりを表現しているからである。1970年代に、国民国家と資本主義経済を主要な要素とする近代のプロジェクトがその成功とともに多くの弊害を露呈したとき、近代社会の価値や制度を否定して超える「非近代のプロジェクト」としてエコロジズム思想が登場し、それを政治の場で体現する政治的エコロジーが新しい社会運動や緑の政党として出現する。本章のテーマであるエコロジズム思想とその現実政治における展開である政治的エコロジーは、「蓄積された脱産業的危機の申し子」として登場してきたのである［O'Neill, 1997：3］。

　戦後のヨーロッパ政治は高度経済成長を背景に安定した時期を経験した。

いわゆる「黄金の30年」には、左右の既成政党の対立を軸として安定的に政治が運営され、経済成長によって豊かな社会が築かれていった。そのような時代は1973年の石油危機によってピリオドが打たれるが、それまでの政治を支配してきた「古い政治」は福祉国家的な大衆統合の政治であり、国家を媒介とした経済的再配分を通じて国民の支持を調達するメカニズムが安定的に機能していた。すなわち、ケインズ主義的な経済・財政政策による経済成長が可能とした完全雇用と社会福祉を通じた再配分政策によって国民の統合が図られていたのである。戦後ヨーロッパを特徴づける福祉国家は、右肩上がりの安定した経済成長を不可欠の背景としていたのであった。

　しかし、石油危機によって引き起こされる「73年の転機」によって「黄金の30年」は終わりを迎え、「近代」の到達点である安定と成長の「20世紀システム」は大きく変容していく。高原基彰によれば、「20世紀システム」は、地球全体を覆う主権国家と主権平等の原則に基づく「国際社会」、大量生産・大量消費により労働者の労働管理と健康維持や福利厚生を両立させ、労働力と市場を同時に形成しながら経済発展を行う「フォーディズム」を特徴とするが、それと同時に諸個人を組織に囲い込み、企業や国家の両面でかっちりとした「官僚制」的組織を構築することが最重要課題として追求された。だが、経済成長の終焉とともに、そのような「官僚制」と「20世紀システム」からなる「近代」は終焉に向かう。そこから立ち現れたオルタナティヴは「先端科学」「生産性」「創造性」といった評価軸に従って先進国も途上国も、そしてその内部の諸個人も自助努力を求められ、脱落すれば「置いてきぼり」をくらう新しい「近代」である［高原, 2009：77］。

　「近代」の行き詰まりから、それに対処する異なった方法論が争われることになる。石油危機をきっかけとした経済不況の時代は経済成長を前提とした「古い政治」を機能不全に陥らせたが、そのような事態の打開を図るために新たな政治的プロジェクトが登場する。それは高原が「立ち現われている」と指摘しているイギリスで始まる新自由主義のプロジェクトであり、近代の価値や生活を守るために前方へと飛躍する解決法である。グローバル化によって世界を市場経済で覆い尽くし、競争と効率の原理を貫徹させ、社会的格差や貧困という副作用をものともせずに物質的豊かさを追い求めるとい

う方法論である。つまり、後期近代社会へ向かっての疾走するプロジェクトといえる。

　高度成長を背景にした「古い政治」が行き詰まりを見せたとき、その突破口は新自由主義によって独占されていった。だが、イギリス政治で登場したサッチャー首相に代表される新自由主義の政治は、経済的なパフォーマンスは改善したが、社会的格差や失業、貧困、犯罪などの問題を悪化させ、環境や資源の問題にも対応できなかった。そこから、保守政権から社会民主主義政権への交代が起きることになった。イギリスのブレア首相に代表される「新しい社会民主主義」は、社会的公正や雇用などの問題に配慮しつつも、国家機能の縮小・効率化や市場原理の尊重といった新自由主義の政治を基本的に継承している。結果として、左翼－保守と政権交代を繰り返しながら、新自由主義以外の選択肢はないかのような「単一思考（pensée unique）」が支配することになった。2008年秋のリーマン・ショックをきっかけとした世界同時株安・不況の後は、新自由主義に対する評価は大きく変化しているが、現在でも近代の行き詰まりを突破するプロジェクトとして大きな影響力をもっていることには変わりがない。

　環境と政治の関係を問い直す考え方は、大きく2つに分類できる。一つは、人間中心主義－技術中心主義的なプロジェクトであり、もう一つは、生態系中心主義的なものである。前者は経済成長と生態系の持続が両立するという前提から出発する考え方であり、新自由主義（そして新しい社会民主主義）の立場と親和的である。後者は生態系の持続可能性を基盤とするエコロジー思想であり、経済優先の「近代社会を超克する」ことにその本質がある［Bourg, 2000：225］。それは、持続可能でない近代社会を乗り越える「非近代のプロジェクト」であり、「ディープ・エコロジー」「エコロジズム」「エコ・フェミニズム」といった異なったアプローチをもたらした［丸山正次, 2005：53-56］。

　近代化に対するオルタナティヴという意味で「非近代のプロジェクト」であるとすれば、ディープ・エコロジーは「啓蒙主義」の人間中心主義的な自然認識に抗して反近代化を求め、近代の歪められた自我原理を捨てて本来のエコロジー的自我を回復する精神的・宗教的形而上学への「パラダイム・シ

フト」を説いている。他方、「エコ・フェミニズム」の立場は、近代化が欠落させてきたフェミニズムの視点を加えることで近代化を再転換させることにあり、環境破壊と女性の抑圧を同根の現象としてとらえて女性解放と自然との共生を同時に実現することを志向している。

「ディープ・エコロジー」も「エコ・フェミニズム」は近代社会批判として説得力をもっているし、個人の思想や価値観、生き方に倫理的・道徳的な影響を与えていることは否定しない。だが、それらは近代を超える社会経済モデルを提示することも、具体的な変革運動の思想的支えになることもない。その点で、同じ「非近代のプロジェクト」といっても「エコロジズム」の近代の超え方は先の2つと大きく異なっている。それは思想や倫理的態度にとどまらず、政治的・経済的・文化的制度の構築による「エコロジー的に持続可能な社会＝緑の社会」の実現を志向しているからである［松野, 2009：31］。

エコロジズムは、現実の経済社会に対して持続可能な社会＝緑の社会を対置するが、その独自性は、そのようなオルタナティヴを現実政治に介入して制度改革を通じて実現する点にある。それは決して思想や言説レベルでの影響力行使にとどまるものではないし、また、私的空間での環境への配慮や「できる範囲での行い」に満足するものでもない。エコロジズムは社会を変える思想であり、豊かな社会のなかで出現している新しい争点に取り組む新しい社会運動を基盤に、エコロジー政党を結成して政党システムに参入すること、議会政治を通じた制度改革によって持続可能な社会へと漸進的に接近していくことを重視する。つまり、現実政治に介入して制度を変えていく意志にエコロジズムの独自性がある。

さて、いくつかの国では、エコロジー政党の現実政治への介入は時代の追い風を受けて着実な成果をあげている。1970年代以降の環境問題の深刻化と世論における関心の高まりがエコロジー政党に追い風となったことは明らかだが、それに加えて、新自由主義の政治が台頭するなかで、既成左翼が新自由主義の立場に接近して政治的オルタナティヴとしての魅力を失っていることも、エコロジー政党の支持を高める要因となっている。左翼支持者の間に閉塞感や無力感が広がり、そのような状況のなかで新しい選択肢として政治的エコロジーの影響力が拡大しているのである。

2　近代社会の行き詰まりをどう超えるか？
「エコロジー的近代化」という超え方

　近代の超え方としての政治的エコロジーは、個人のレベルで近代社会の肥大化した欲望を抑制し、「便利で安楽な」ライフスタイルを変えることを要請するだけに、資本主義経済のもとでは多数派形成は容易ではない。それに対して、政府、企業、個人のレベルで受容されている近代の行き詰まりへの処方箋は、「エコロジー的近代化」という科学技術と制度的工夫による解決法であり、物欲を否定することなく個人のライフスタイルや現行の資本主義経済を維持する手段として活用されている。

　「エコロジー的近代化」は、政治的エコロジーによって近代社会を超えて緑の社会を築く手段としても利用できる。現に、ドイツでもフランスでも、赤緑連立政権によって脱原発やエネルギー消費を抑制する手段として推進されている。だが、実際は既存の経済社会モデルを延命させる手段として活用され、政府や産業界、国民の多数派にとって近代の行き詰まりを超える万能薬となっている感がある。というのは、エコロジー的近代化は、環境問題と経済成長は両立するという立場から出発するからである。

　たとえば、経済学者の佐和隆光の次のような発言にエコロジー的近代化の発想が鮮明に表れている。「環境制約を打ち破ることが技術革新（イノベーション）の標的となり、そうした技術革新が経済成長を牽引する」という彼の主張は、技術革新と経済成長を結びつける典型的なエコロジー的近代化の表現である。佐和は、地球環境問題を重視しながらも経済成長の必要性を説き、個人の消費支出、民間企業の設備投資、公共投資などの内需を喚起することや正規雇用を創出することを求め、新しい産業革命としての「グリーン・ニューディール」を切り札として提唱している［佐和, 2009：6, 116-117］。

　佐和の提唱する「グリーン・ニューディール」は、オバマ政権によって現実化されつつある。それは、新しい技術の開発や新しい制度の設計による環境産業の育成を軸とした経済発展を構想したものである。オバマ大統領は優

先的な課題である経済再建の中核に「グリーン・エコノミー」を位置づけて、ソーラーパネルや風力タービン、省エネ型の自動車や住宅、スマート・グリッドのような新しいエネルギー関連技術をつくりだすことで新たな経済成長と雇用創出を実現し、それと同時に地球環境を守ることを追及している。

それは一定の成果をあげつつある。たとえば、鉄鋼と石炭でかつて繁栄したペンシルベニア州では再生可能エネルギーを政策的に推進しているが、スペインのガザメ社が風車製造工場を建設して新たに1000人の雇用が生まれ、オレゴン州でもドイツのソーラーパネル製造会社であるソーラーワールド社が工場を建設して1000人の雇用が予定されている［飯田・寺島・NHK取材班, 2009：16-49］。

グリーンな技術開発の象徴的な例としては「スマート・グリッド（賢い送電網）」が注目されている。それは、送電網にITを組み込むことで電気と情報を双方向に流すという技術である。消費者は各家電の消費電力を知ることで電力消費を節約し、再生可能エネルギーの消費を選択することができる。また、電力消費の逼迫時には家庭の家電製品や電気自動車から高い価格で電力を逆流させるなど、供給が不安定な再生可能エネルギーの弱点を補いながら電力消費自体も節約する画期的な技術である。スマート・グリッドとその関連の投資にはエクセル・エナジー社やゼネラル・エレクトリックなどが乗り出し、オバマ政権もその整備に110億ドル（約1兆1000億円）の予算をつけている［飯田・寺島・NHK取材班, 2009：50-61］。

以上のように、エコロジー的近代化は技術的ブレークスルーを最大の手段としている。「技術主義（テクノロジズム）」こそが近代社会に特有の発想であり、物事を技術的、合理的に処理できるという考え方を特徴としている［佐伯, 2009：48］。ディープ・エコロジーやエコ・フェミニズムが近代を超える思想であるとすれば、エコロジー的近代化は、近代化自体のなかで内部変革を求める立場といえよう［丸山正次, 2005：56］。

人間社会が地球温暖化や世界の食料問題、エネルギーの枯渇といった問題に直面していることは確かだが、エコロジー的近代化の立場は、人間の英知によるリスク管理能力、技術的対応能力を信頼することを前提としている。その点が、多数派に共有されている科学技術信仰にフィットするし、何より

も、人間の欲望やライフタイルを大幅に変えることなく、これまでの安楽で快適な生活や経済活動を続けることができることは魅力である。エコロジー的近代化の考えは、その点で社会の多数派にとって心地よいメッセージを発している。

ただし、「非近代のプロジェクト」の「エコロジズム」は、制度を通じた改良主義の立場をとるので、エコロジー的近代化を改良の手段として利用している。たとえば、ドイツでは1998年の連邦議会選挙で社会民主党と90年同盟・緑の党との連立による「赤と緑」の連立政権が成立した。同政権の成立に当たって締結された連立協定「出発と刷新――21世紀へのドイツの道」において、エコロジー的近代化が政治の目標になり、環境政策において「先駆者」の役割を果たすことが目指された[1]。

ドイツは当時、失業問題の克服と経済の活性化が最大の課題であったが、同協定の第4章「エコロジー的近代化」において「エコロジー的近代化は、自然的生活の基礎を保護し、多くの雇用を創出するためのチャンスである」と述べられている。そして、目標として「経済的に成果をあげることのできる、社会的に公正な、エコロジー適合的な発展」「環境破壊の原因の解決のために投入されるテクノロジーや法、イノベーティブな生産物やサービスの発展と導入が、将来の雇用創出に寄与する」「エコロジー的近代化が新しいテクノロジー政策と産業政策の重点となるべきである」と説かれている［坪郷, 2009：11, 73-77］。

ドイツの赤緑政権にとって、政権が踏み出した脱原発路線を維持し、地球温暖化やフランスの電力への依存を回避するためにも再生可能エネルギーを推進することが必要であった。また、エネルギー供給を抑えると同時に、社会保障負担の削減による労働コストの削減を通じた雇用の維持と創出を追求する環境税制改革もエコロジー的近代化の主要な手段であった［星野, 2005：71-73］。

だが、冷静に考えてみると、エコロジー的近代化は現代社会が抱える苦境を打開する有効な処方箋なのだろうか。たとえば、原子力発電が化石燃料の枯渇という危機に対処する得策として喧伝されているが、本当にそうなのだろうか。原子力発電の燃料であるウラン自体が可採年数72年と言われてお

り、原子力は決して再生可能なエネルギー源ではない。また、プルトニウムを原料として使用して、使った以上のプルトニウムを生み出す高速増殖炉という「夢の原子炉」も技術的困難性や経済性を理由に撤退する国が相次いでいる。事故の可能性や莫大な廃棄費用（耐用年数がきた原子炉や放射性廃棄物）も考慮に入れれば、原子力発電という技術がエネルギー枯渇への有効な対策であるとはいえない。その他にも、核分裂ではなく核融合によるエネルギーの産出、回収した二酸化炭素の地中・海中への封じ込め、太陽発電衛星による宇宙空間での発電などのアイデアも出されているが、その費用対効果や実現可能性を考えたとき、技術的ブレークスルーがいかに難しいかが分かる［倉阪, 2002：98-115］。

リサイクル産業が盛んになり、それが資源の節約になり新しい雇用を生み出すとしても、他方では、その産業の増殖は現行の消費スタイルを継続させて過剰消費を促進する効果をもたらす可能性がある。

地球を損なうことなく経済成長を推進して、多くの人々を貧困から救い出すというエコロジー近代化に沿った言説の背後に透けて見えるのは、グリーン・テクノロジーを創造してひろめる国家、コミュニティ、企業は未来の経済で主要な地位を占めることができるという「勝つための戦略」「ビジネスチャンス」であり［フリードマン, 2009：255-259］、先進国とその企業にとっての生き残り戦略を意味している。

エコロジー的近代化の新しい技術と生産システム、市場、制度の開発という手法は、緑の社会に舵を切る際にも重要な役割を果たすことは否定しない。だが、大量生産－大量消費を前提にした便利で効率的な生活を問い直すことなしには、近代社会の行き詰まりを根本的に超えることはできない。

3　新しい経済社会を求めて
「エコロジズム」という近代の超え方

「環境思想」をテーマとした著書のなかで、松野弘は、「環境思想」に関する視点・考え方は哲学・倫理学的カテゴリーから脱却しておらず、環境意識の変革という環境問題の内面的変革にとどまったままであると指摘している。

つまり、環境哲学・環境倫理学という内面的変革志向の思想から、環境政治思想・環境経済思想、環境法思想などの現実的（政策的）、かつ、外面的変革志向の思想へと環境思想を転換させていくことは、欧米に比較するといまだに未成熟なのである［松野, 2009：8-19］。

「環境思想」における政策思考的で実践的な政策の希薄さの根底には、個人の意識や行動のレベルを重視する発想が存在している。それは個人の意識や心がけ（「自然や環境にやさしい」）へと環境問題を還元する発想の強さとして表れている。個人的な行為を促すことで、あたかも環境問題が大きく改善されるかのように「クールビズ」や「打ち水」が推奨されている。そこには、個人の善意（行）を超えて政治による制度的変革を通じて環境問題を改善していくという発想はきわめて弱い。

フランス緑の党が出版した『希望を再建する』（"Reconstruire l'espoire!"）は、「多くの人々は、科学がいつか未解決の問題を解くことができると考えてきた」という文章で始まっている。そのような発想は今日でも支配的である。人類は便利で豊かな暮らしを追い求め、そのような願望を科学技術が可能にするものと考えてきた。科学技術信仰は近代の特徴であり、多くの人々は今日でも科学技術による問題解決を信じつづけている。

フォーディズムに象徴される産業主導型成長モデルの停滞から金融主導型成長モデルに転換したが、2008年9月以降の世界同時不況でそのような成長モデルにも翳りがみられる。だが、新たな成長モデルを目指して、先進国の経済社会は最先端の科学技術を駆使して新たな産業を興し、環境と資源問題の隘路を突破しようとしている。

近代的な社会経済モデルが立脚する産業主義と科学技術主義という思想とそれを支えてきた社会制度を批判的に検討して変革しない限り、今日の環境問題をはじめとした社会経済的な課題は解決することはできない［松野, 2009：238］。個人のレベルで環境意識やライフスタイルに変化をもたらすこと、社会運動のレベルで個々の課題に取り組むことは現状を変えていくことに貢献をするだろう。しかし、現在の個人の価値観やライフスタイルから経済社会制度までトータルに問い直すことなしに環境と共生する経済と社会は実現できるのだろうか。そのような問いかけが社会のなかで本格的に生起す

るのは1970年代に入ってからのことであった。

　1972年には、地球資源の有限性について警告したローマクラブの報告書『成長の限界』が発表されるが、それによって無限の経済成長思想に対する疑問が生まれてくる。物質主義的価値観に基づく生活のあり方への自省や、地球環境問題が『宇宙船地球号』に居住するすべての生命体にとって重大な脅威であるとの認識が広がっていく。そのような価値観や意識の変化を背景に環境や開発の問題などに取り組む新しい社会運動が先進社会を中心に登場し、草の根型の大衆的環境運動が1980年代のヨーロッパで環境政策の進展に大きく寄与することになる［松野, 2009：98-102］。

　確かに、エコロジー的近代化が強調するような技術的・制度的な対処も個々の環境・資源問題の解決に有効であることは否定できない。ただ、その解決法は、個々の環境・資源問題を有機的に結びつけた総合的な視野に欠けること、社会構成員の問題解決への貢献や参加を想定していないこと、環境・資源問題に限定されていて多くの社会問題への視点を欠いていること、といった難点がある。そこで、エコロジズムという近代の超え方が登場する。

　エコロジズムの最大の特徴は、第1には、現行の発展モードを否定することにある。つまり、現在の発展モードが環境と資源の限界に直面している現在、それが回答であるとは見なせない。それに代わって、より多く消費することやショッピングセンターに行くことに幸福を見出さないような発展モードに転換することが求められる。

　第2には、それが包括的（holisme）であることである。エコロジズムは環境問題に限定することなく社会全体の改革を展望している。その意味で、エコロジズムは「環境思想」ではなく、社会のトータルな改革を指向する思想である。

　第3に、エコロジズムは、大量生産のイデオロギーに対して、生産が現実の社会的ニーズに対応し、自然資源を保全するような生産の質的考え方を対置する。つまり、エコロジズムの登場は、脱物質主義や新しい諸価値、すなわち、1970年代中葉にR. イングルハートによって明らかにされた、現代社会で増加しつつある新しい階層がもつ美的で知的な、そして、アイデンティティをめぐる新しい社会的ニーズと相関している［Bozonnet, 2000：12-13；

Hastings, 2000：74]。

　第4に、前述したように、エコロジズムは、節電や自動車に乗らないといった個人の日常生活における「よき態度」に限定されない政治的領域での行動を重視する社会の転換に向けた包括的プロジェクトである［Bozonnet, 2000：197]。

　日本で頻繁に見られるように、日常生活で環境にやさしいことをコツコツやることを推奨するのは決して間違ったことではない。より少なく働き、より少なく消費し、よりよく生きるという個人レベルでの意識やライフスタイルの変化は、緑の社会への土台である。消費に明け暮れる生活からの脱却や「喜ばしい自己制約」に基づいたスローライフは環境親和的である。だが、問題は、それを政治の領域に延長して思考・行動し、環境親和的な新しい社会経済的モデルを構想することであり、何よりも政治の場でその実現を追求することである。

　政治的エコロジーは、政治を通じて社会の編成と発展のモードを持続可能なものにすることを目指している。現行の経済社会が持続的でないのは、個人や集団、地域の間の不平等や更新不可能な資源の浪費をもたらし、少数者のために自然破壊を引き起こしているからであり、生活様式の画一化や大量生産され標準化された製品による文化的独自性の破壊をもたらしているからである［Les Verts, 2002：6]。

　ゆえに、環境と同時に人間の暮らしや文化に配慮することが必要である。というのは、環境に優しい社会に向かうとしても、それが必ずしも人間に優しい社会になるとは限らないからである。つまり、環境は改善されるが、社会的な格差や貧困、労働における搾取や阻害が放置される可能性があるからである。

　環境問題と同時に社会的な問題の解決も重視するエコロジズムにとって、環境的使命をもった社会的経済、すなわち、民主主義的参加や人間的連帯、社会的公正、文化的多様性に根ざした経済社会モデルに転換することは自明のことである［Vaillancourt, 2000：109]。というのは、資源の枯渇と人間の搾取は同じ源泉からきていて、短期的な収益を優先する経済のあり方がそれをもたらしているからである［Les Verts, 2002：2]。

エコロジズムの本質は新しい経済社会モデルを追求する非近代のプロジェクトである点にある。19世紀に近代社会とその価値に立脚した自由主義やマルクス主義といった新しい思想が登場するが、エコロジズムは20世紀に登場した唯一の新しい思想である［Fremion：2007：15］。

4　緑の党と新しい政治
現実政治のなかのエコロジー

　先進社会では、エコロジズムを体現するエコロジー政党が1980年代に入ると国政の場に登場する。「環境政党」「運動政党」「反政党的政党」と性格づけられる緑の政党は、争点、理念、政策、組織構造、政治スタイルにおいて既成政党と異なるユニークな存在である。そして、とりわけ既成政党と比べて異なっているのは、社会が抱える個々の問題を超えるオルタナティヴな社会経済モデルへの強い志向性である。

　彼／彼女ら産業社会の生産力主義的でテクノクラート的な側面と高度消費社会の現実を批判し、消費の欲望を過剰に刺激して自然資源を大量に浪費している経済社会モデルの転換を求めている。つまり、環境的価値を軸とする経済社会、社会的公正を軸とした連帯社会、反権威主義的で自己決定と自治、分権を基盤にした社会像を掲げる政党が現実政治の場に乗り出している［Sainteny, 1991：53-58；Vialatte, 1996：193, Prendiville：1989, 92-93］。

　エコロジー政党が政党システムに参入することによって、初めて近代を超えることを訴える政党が既成政党と対立する図式が出現することになった。これまで歴史的に政党システムの内部では左翼と右翼とに別れて対立してきたが、左から右までの既成政党は経済成長や科学技術主義といった近代のパラダイムを共有している。三車線の高速道路で、走行する車線は左、中央、右と違っても自動車は同じ方向に走っているようなものである。

　近代的価値を共有する既成政党は、左右の政治的立場の違いを超えてエコロジストには無理解であり敵対的である。エコロジストが体現する脱物質主義的価値観は生産力主義に立脚する既成政党とは異質であり、エコロジー政党は既成政党にとって理解不可能な存在であった。

たとえば、フランス共産党元党首のR. ユー（Robert Hue）は、原子力発電に反対するエコロジストを「石油ランプへの回帰」と揶揄している。また、保守系のジャーナリストA. デュアメル（Alain Duhamel）は「成長することのない永遠の青年」というレッテルをエコロジストに貼っている［Hasting, 2002：94-96］。その点はフランス社会党も同様であり、彼／彼女らも再配分のアジェンダと産業主義的パラダイムに明確にコミットメントしており、無限の経済成長という物質主義的前提を受容していた［O'Neill, 1997：4］。
　結局、左翼、ドゴール主義、自由主義の各政治勢力は、ともに生産力の強化と経済成長を社会の幸福追求への手段と考える生産力主義的幻想を共有していた［Hastings, 2002：94］。そのような状況は、日本でも同様である。経済成長を優先する発想は自民党から共産党まで共有されてきたし、それは現在の民主党まで一貫している。「経済成長戦略」が必要であるという点では、政党からメディアまで強力なコンセンサスが支配している。
　そのような強固なコンセンサスに挑戦する政治勢力は、先進社会では1960年代の終わりに登場する。産業社会の行き詰まりは新しい政治的争点を生起させ、それと取り組む新しい社会運動を出現させた。運動圏で始まった新しい社会運動はやがて制度圏へと越境していった。政党システムに新しいタイプの政党が参入し、そのような現象は先進社会で拡大していった。
　フランスでも、新しい社会運動の活発化、地方政治への参入、全国的組織化の模索と進み、1984年には緑の党が結成されている。緑の党は、比例代表制で実施される欧州議会や地域圏議会、市町村議会の選挙を通じて議会に進出し、1997年の国民議会選挙で初めて議席を得て国政に進出し、同時に、ジョスパン政権に入閣して国土整備・環境大臣のポストを獲得している（第2-5章参照）。
　ドイツでも同じようなプロセスが見られた［小野, 2009：8-11］。ドイツ緑の党も、環境保護運動だけでなく多彩なテーマを掲げる新しい社会運動をルーツとしていた。1960年代の学生運動にまで遡ることができる住居共同体運動や性的マイノリティ、第三世界、女性解放・フェミニズムなどの新しい争点に取り組む運動を基盤に緑の党が結成されている。緑の党は、若くて、教育水準が高く、脱物質主義的価値観をもつ都市在住の支持層に依拠し、底

辺民主主義や集団指導体制、議員職のローテーション制度、党の役職と議員の兼職の禁止、会議の公開などのユニークな党運営や政治スタイルを採用していた。先進社会では、経済成長や身体的安全を重視する物質主義的価値と、生活の質といった非経済的課題や倫理的・道徳的自己実現を優先する脱物質主義的価値の対立軸が形成され、後者に立脚するエコロジー政党が次々と登場してくる。

エコロジー政党が現実政治に影響を与えることができるかどうかは、各国の多様な条件に規定されている[2]。特に、選挙制度の違いが緑の党の政党システムでの成功を左右している。結局、比例代表制を基本に選挙が実施されている国で、エコロジー政党は国政議会に進出して政権参加も果たしている。

国政への参加を通して緑の政党は、かつてエコロジストに強いアレルギーをもっていた社会の領域にその考えを浸透させることに成功している。1992年のリオデジャネイロや1997年の京都のように、緑の政党は部外者ではなく制度的決定に参画することで事態の前進に貢献している。初期のように思想的純粋性の護持を優先する姿勢から転じて「制度への長征」を選択することで、政治的エコロジーは漸進的ではあるが、より広範で深い制度的変化の起動力となる可能性を手にしている［Vaillancout, 2000：114］。

そして実際に地方や国政で政権参加を果たすことで、彼／彼女らが求めてきた政策が一部であるが実現を見ている［金丸, 2010］。たとえば、国政レベルでは、1997年に発足する社会党中心のジョスパン政権に緑の党が参加することで、多くの政策が実現されている。もちろん、政権内部での力関係から比例代表制の導入や脱原発など緑の党の主張が通らない課題も多々あったが、緑の党の政権参加が政治を大きく変える可能性は証明されている（第5章・補論参照）。

地方レベルでも、緑の党は着々と改革の成果をあげている。たとえば、2001年の市町村議会選挙で緑の党は大きな成功を収めたが、その象徴がパリであり11.08％を得票して執行部に参画することになった。社会党のドラノエ市長のもとで緑の党は改革へのイニシヤティヴを発揮している。路面電車の建設促進、バス専用レーンの設置、コンピュータ制御のレンタサイクルの導入、水道の水質改善、ゴミ分別の開始、騒音対策、ホームレスの住居対

策と多様な領域で成果をもたらしている。たとえば、公共交通政策によって、自転車交通は47％増加し、反対に自動車交通は15％減少している［Fremion, 2007：275, 348, 354］。

だが、政治的エコロジーの政界への参入と定着は、現実政治との摩擦も生み出している。産業主義的で経済主義的な価値を否定する争点や言説を駆使する政治的エコロジーは、「危険な存在」として既成政党の側に激しい嫌悪と反発を引き起こしている。世論が環境問題に関するエコロジストの議論に耳を傾け始めると、最初はエコロジストの「ユートピア性」を告発していた既成政党や行政は、次第に自らの言説を「エコロジー化」する方向に転じた。エコロジストの独占状態を打破するためにエコロジーの擁護者として自己を提示し、エコロジーについての意味を換骨奪胎するなど、エコロジーの脱エコロジスト化が図られている［Hasting, 2000：91-97］。

そのような既成政党側からの抵抗と回収の試みに抗して、政治的エコロジーが現実政治への影響力を強化するためには多くの課題が存在している。

第1には、政治的な信頼性を獲得することである。「環境政党」と呼ばれるように環境問題に対しては造詣が深く、問題解決能力も認められているエコロジストだが、いくつかの地域、とりわけ、経済・産業と安全保障の領域で信頼性が低いことは否定できない。経済・産業的領域に関しては、エコロジストは「環境的使命をもった社会的経済」といった方向を掲げている。歴代政府の新自由主義的方向を批判するだけではなく、エネルギーや交通、廃棄物、都市整備、林業、農業といった経済社会生活の諸分野において持続可能なプロジェクトを掲げ、環境や資源の保護だけではなく雇用創出にも関心を向けていることが強調されている［Vaillancourt, 2000：109］。

第2に、政治的エコロジーが内部対立を抱えて、それが有権者の支持を失う要因になっていることである。

政治的エコロジーが理念重視型の運動だけに、これまで路線や理念めぐる内部対立が恒常的に運動を苦しめてきた。経済社会的・環境的な危機に直面して緑の党はラディカルな変革を指向する政党としてのオリジナリティとアイデンティティを維持しながら、既成政党が支配する政党システムで政治的ゲームを展開しなければならないというジレンマに直面する［O'Neill, 1997］。

そこから、運動の成果よりも純粋性を保持することを優先する「原理派」と、政治的妥協も辞さないで現実政治への影響行使を重視する「現実派」の対立が党内で生起する。

1990年代には「現実派」が勝利して政権参加も果たすが、環境政党への純化か社会問題を重視するか、他の政党への「開放戦略」か自立路線かといった論点をめぐって党内対立が執拗につづき、時には分裂にまで至っている。2009年の欧州議会選挙をめぐっても開放戦略が提起されるが、緑の党内部からは多くの抵抗を生んでいる。結果として、開放戦略が勝利し、それが効を奏してエコロジストの結集体である「ヨーロッパ・エコロジー」は16.28％（14議席）を獲得している［Lenglet et Touly, 2010］。そして、その選挙を契機にして、フランスでは政治的エコロジーは既成政党にとって無視できない勢力へと成長している。

おわりに

2008年9月のリーマン・ブラザースの破綻によって顕在化した金融市場のパニックは世界同時不況の波を広げた。そのような現象は、人間の欲望や自由の無限の拡張運動であり、理性や技術のもつ力を限りなく信頼して合理性と効率性を果てしなく追求するという意味での「近代主義」の破綻と解釈することができる［佐伯, 2009：30-31］。そこから、これまで当然と考えられてきた「無限の消費欲求」に立脚したパラダイムへの疑いが広がっている。

確かに、「欲望の総量を抑えるべきであるという考え方は、とても政策とはいえない」［倉阪, 2002：204］のかもしれないが、と言って無限の欲望を前提に政策を組み立てる必然性もないだろう。消費への欲望は、人間の本能的なものではなく社会的・歴史的に形成されたものだからである。資本主義経済以前の歴史において、人間は自然から資源を無限に収奪して無限に消費していたわけではない。また、人間の欲望が必ずしも物質的な手段によって満足されるものばかりでもない。考えてみれば、経済成長が必要であるという強迫観念も、より多く働き、より多く消費し、よりよく生きるという近代

社会の価値観の所産にすぎない。

　現代社会は欲望と消費をめぐって大きく変化している。1970年代にはR.イングルハート（Ronald Inglehart）が青年層の中に「脱物質主義的」価値観が広がっていることを指摘しているが［日野, 2004：26-32］、現在では慢性的な過剰生産による「消費飽和」現象やモノ離れの傾向が語られている。新世紀に入った日本でも、青年たちに広がる消費に重きを置かない「嫌消費」の傾向が指摘されている［松田, 2009］。

　そのような物質的消費からの離脱傾向とともに、スローな生き方や社会を志向する動きも見られる。先進国で広がる「スロー」を冠した文化や運動がそれである（「スローフード」「スローライフ」など）。そのような現象の背後には、現在のファストな大量消費社会に対して、「時間（ないしプロセス）の消費」から「時間の享受」（コストとしての時間から享受の対象としての時間）への根本的な価値転換がある。そのような新しい価値観やライフスタイルに立脚する「喜ばしい」行為としての自己制約を通じて、現在のファストな社会とは違ったスローな社会の実現が語られている［丸山仁, 2004b：194-206］。

　そして、政治の領域でそのような動きを代表するエコロジー政党の登場と伸長。そのような時代に私たちは生きている。しかし、日本では、いまだにGDPに象徴される経済成長主義が支配している。巨大開発で環境を破壊しても、環境破壊が引き起こす健康被害を治療してもGDPは増大する。現在の経済が抱えている多くの問題は経済成長が足りないからではなく、経済成長が過剰であることに由来している。先進国に限ってみれば物質的供給が不足していることが問題なのではなく、労働生産性の向上と過剰生産による消費の飽和が経済不況をもたらし雇用を縮小させている。

　フランス緑の党は、自然資源の限界に直面している現在、経済発展は解決策ではないと明言している。地球を救い、みんながより良く生きるためには、現行の発展モデルの基本原理を変え、新しい社会契約を結ぶことが必要である。そのような主張は、資本主義へのロマンチックな批判や単なる「失われた自然についてのノスタルジア」からではなく、標準化された製品の大量生産が民主主義後の発展にも個人の自己実現にもつながらないし、個人の幸福が商品性能の向上やショッピングセンターで買物ができることでは測れない

ことを前提にしている［Les Verts, 2002：24-25］。

　私たちの国でも、戦後に営々と築いてきた日本的システムは行き詰まりを見せ、これまでの発展モデルは転換を迫られている。それに代わって社会と経済の行き詰まりを打開する有効な選択肢がどの政治勢力からも提示されないことが、何よりも日本政治の貧しさを表現している。近代社会を根本的に問い直すエコロジズムの思想と運動が有権者から受容され、政治的エコロジーの挑戦が始まることが日本でも必要ではないだろうか。

注
1）　ドイツ緑の党が「エコロジー的近代化」の手法に肯定的なのは、その政治的基盤である環境団体の志向性を反映させたものと言える。ドイツの場合は、環境団体は、個人の環境意識や行動の変化を超えて企業の姿勢の現実的な変化、すなわち、環境を尊重した汚染の少ない製品を製造することを望み、その技術的可能性が存在することを示して具体的な取組みを迫った。たとえば、ドイツのグリーンピースは、1980年代末に政府や企業との対決路線を再考して、企業が環境配慮型の生産に取り組むことを促した。その成果が1993年に開発された脱フロン型の冷蔵庫であった。1994年には、グリーンピースは、経済を環境親和的な方向に導くための税制改革に取り組み始めている［Jacquiot, 2000：176-179］。
2）　たとえば、ドイツとアメリカは新しい社会運動が活発な国であるが、ドイツでは緑の政党が大挙として地方議会や国政議会に進出しているが、アメリカでは、緑の党は議会では存在しない。ヨーロッパの比例代表制を採用している国と比べて、カナダ、アメリカ、イギリスで採用されている小選挙区制はエコロジー政党の議会進出に不利に作用している［Vaillancourt, 2000：99］。

第2章
ニュー・ポリティクスとしての政治的エコロジー

緑の党の結成には多くの「68年世代」に属する人物が参加している。その典型的な例が、68年5月に大活躍した「赤毛のダニー」ことダニエル・コーン=ベンディット（Daniel Cohn-Bendit）である。ドイツで社会運動を経て緑の党に参加した彼は、1994年の欧州議会選挙でドイツ緑の党のリストで当選し、1999年の欧州議会選挙ではフランス緑の党の候補者リストを率いることになった。その後も、コーン=ベンディットは党の発展と革新に尽力するが、2009年の欧州議会選挙に向けてエコロジスト陣営の広範な結集を目指して奔走する。その結果として誕生した「ヨーロッパ・エコロジー」は、欧州議会選挙と地域圏（州）議会選挙（2010年）、県議会選挙（2011年）と上昇気流に乗り、2012年は大統領選挙、国民議会選挙と勝負の年を迎える（写真は1998年に出版されたコーン=ベンディットの対談集〈*Une envie de politique*〉の表紙に使われたものである）。

第2章　ニュー・ポリティクスとしての政治的エコロジー

はじめに

　フランス緑の党は、既成政党に挑戦する新しい政党として 1984 年に登場する。既成の政治家や政党に対する有権者の不信と不満を背景に、新しい社会運動を基盤として結成されたフランス緑の党は政党システムに参入・定着し、国政議会への進出と政権参加も経験している。

　その新興政党の登場は既成政治に根本的な疑問を投げかけ、左右両翼の伝統的な対立構図を超越した政治的オルタナティヴを志向するという意味で新しい政治の挑戦であった。すなわち、脱物質主義的価値に立脚した新しい争点群（環境、女性の権利、生物多様性、性的マイノリティの権利、原発、移民問題など）に依拠し、参加民主主義と政治的アマチュア主義を掲げ、政治と市民との乖離を批判して市民社会による政治のコントロールを構想するといった彼／彼女らの主張と政治スタイルは、これまでの政治には見られないユニークなものであった。

　1980 年代にヨーロッパ諸国で顕著になるエコロジー政党の台頭に関する一般理論や通説的な見解は存在していない。環境意識の高まりや既成政党の衰退、有権者における党派的忠誠の低下などの共通現象を背景にしながらも、エコロジー政党の形成や発展は、各国における政治文化のタイプや経済発展のレベル、政党システムの性質や選挙制度などの政治的機会構造といった多様なファクターによって規定されている。ゆえに、エコロジー政党の台頭といった現象はヨーロッパ諸国で多くの共通の側面をもちながらも、その形成と伸張の時期や程度、その組織・行動スタイルや政治戦略において多様性が見られる。

　戦後のフランス政治の行き詰まりのなかで、古い政治に対抗する新しい政治（ニュー・ポリティクス）を体現する緑の党が登場するが、本章では、それが登場してくる時代的背景とその「新しさ」について検証してみたい。

1 戦後政治の行き詰まりとニュー・ポリティクスの挑戦

　戦後ヨーロッパ政治は高度経済成長を背景に安定した時期を経験する。いわゆる「黄金の30年」は左右の既成政党の対立を軸に安定的に政治が運営され、社会秩序も基本的に安定していた時期であった。そのような時代は1973年の石油危機を契機に転換期に入るが、それまで安定的に支配していた政治を「古い政治」と呼ぶならば、それは福祉国家的な大衆統合の政治であり、国家を媒介として階級中心的な構図のなかで経済的再配分が施される政治であった。

　だが、1973年の石油危機を契機に経済成長の時代が終焉して不況の局面に突入すると、再分配と完全雇用の資源は急速に縮小し、古い政治のメカニズムは機能不全に陥ってしまう。そのような古い政治の行き詰まりのなかで、国家機能を縮小し（「小さな政府」）、市場の役割や市民社会の伝統的規律を重視するサッチャリズムに代表される新保守主義の政治的挑戦が始まる。それは福祉国家的「大きな政府」に対抗する政治プロジェクトであり、民営化と規制緩和、減税などを通じて市場を活性化すると同時に、行財政改革を通じて国家機能を縮小することで経済の再生を図るという政治戦略であった。

　しかし、そのような政治戦略によって経済的パフォーマンスは改善したが、他方では、社会的格差の拡大、失業の増加、社会的弱者への打撃、犯罪の増加などの社会・経済的な弊害が露呈した。そのような新保守主義改革の陥穽を批判して、1990年代後半にはイギリスのブレア政権に代表される「新しい社会民主主義」の政治プロジェクトが国民の支持を集めることになる。その政治戦略は、国家機能の縮小と市場原理の尊重といった方向性を新保守主義から継承しつつ、教育や職業訓練の充実を通じた機会の平等とコミュニティの再生、分権化による市民社会の再構築を重視するものであった。その実態はともかく、市場原理と社会的公正の両立を掲げた点に新しい社会民主主義の特質があった[1]。

　そのような古い政治の行き詰まりと新しい政治のプロジェクトの挑戦は、フランス政治においても見られる現象であった。1980年代にグローバル化

が本格化する時代のなかで、フランスにおいても戦後の安定した経済社会秩序がゆらぎ、既成の政治システムの行き詰まりが表面化する。ドゴール政権期からつづいてきたフランス経済の成長と近代化の時代は 1973 年の石油危機を契機に頓挫し、1981 年に登場するミッテラン政権によるケインズ主義的政策も起死回生の打開策にはならなかった。1983 年には左翼政権による改革は「休止（ポーズ）」を余儀なくされ、ファビウス首相のもとで新自由主義にそった経済運営へと大きく舵は切られた。それ以降、フランス政治は 1986 年に発足するシラク内閣の時期に新保守主義へと傾斜していった。保守と左翼の間で政権交代が繰り返されながら経済不況や失業、治安などの問題に取り組まれたが、状況が根本的に改善されるには至らなかった。

　国家が主導的な役割を果たすディリジスム（国家主導主義）的手法で経済が運営され、成長の成果を国民に配分するフランス的「大きな政府」路線は機能不全に陥り、グローバル化の進展のもとで左右両翼の政権は新自由主義を基調とした政策に収斂することになる[2]。1960－70 年代に、国家主導のもとで経済成長とその果実の公平な配分を可能にしたフランスの「60 年代モデル」は行き詰まり、エリートと市民社会の乖離、公的セクターの硬直化、代表制の危機といった現象が目立つようになった。フランス的「大きな政府」という成功したモデルは、今や産業政策や失業対策の非有効性、外国人嫌いの台頭、「新しい貧困」の増大、教育制度の失敗、国家装置の硬直化といった難問に振り回されることになった［Lesourne, 1998：89-167］。

　特に失業問題は深刻であった。歴代の政府による新自由主義を基調とした政策運営のもとで「失業の危機」が深刻化し、長期失業や青年層の失業が大きな問題になった。失業者数は 1974 年の 50 万人から新たな段階に入り、1977 年には 100 万人、1993 年には 300 万人と急増している。平均失業期間も 1970 年代半ばから 1990 年代初頭にかけて倍増し、1975 年から 1993 年に登録求職者数は 3.5 倍に増加する一方、長期失業者は 9.2 倍に増えている。

　1980 年代には、雇用危機によって生み出される危機的な現象として「新しい貧困」がメディアで喧伝されたが、ホームレスを典型に雇用の欠如がもたらす経済的不安定、社会的孤立、社会的紐帯の切断を意味する「社会的排除」の問題がメディアで、また社会のなかでも大きな議論の対象になった

［ドマジエール, 2002：24-30；児玉・中村・都留・平川, 2003：203-33］。

また、失業と並んで犯罪の問題も深刻化する。1972－83年で犯罪件数は倍増し、特に大都市部とその近郊で顕著になる。国民の治安への不満は高まり、左翼政権の治安対策への満足度は1984年の28％から1986年の22％へと低下していた［Friend, 1989：123］。2002年大統領選挙でも犯罪の争点が最も脚光を浴び、犯罪問題は1980年代から今日まで国民の恒常的な関心事となっている［Le Gall, 2002：11］。

経済の暗転と社会的な混乱は、当然のこととして既成の政治システムへの不信と不満を高めた。フランスの戦後政治は1980年代までは安定した政治秩序が支配し、高度経済成長を背景に左右の政治的対立軸にそって政党システムが安定的に編成されており、有権者の既成政党への忠誠は強く脱編成（dealignment）のいかなる兆候も示していなかった。だが、1980年代に入ると政党システムは大きな変容と試練に曝されることになった。

何よりも伝統的にフランス政治を特徴づけてきた左右の対立軸が後退していったことは、フランス政治の根本的な変容を示していた。1983年以降、左翼・保守の経済政策の方向性は収斂に向かい、繰り返される政権交代とコアビタシオン（保革同居政権）の経験のなかで両者の基本政策の違いは希薄化していった。また、豊かな社会の到来と中間層の増大は階級対立を希薄化し、その面からも左右の対立軸が不鮮明になっていった。フランス革命に対する評価、宗教に対する姿勢、階級を基盤にした対立などの旧来のクリーヴィッジ（対立軸）にそって歴史的に形成されてきた左右の対立構図は有効性を低下させていった［Mossuz-Lavau：1994：70-71］[3]。

そのような旧来の対立軸が後退すると同時に、1980年代には「文化的リベラリズム」をめぐる新しいクリーヴィッジが出現する。個人の自立と自己実現を重視し、生活様式の自由な選択を認め、人種、宗教、性別、社会的地位の相違を超えた万人の本質的な平等に立脚する反権威主義的な価値システムの発展は、フランス人に政治的選択の新しい基盤を提供することとなった。そのような価値システムは、たとえば、社会における女性の地位やセクシュアリティ、宗教に関する個人主義的で寛容な姿勢をめぐって、あるいは、移民やEU統合に対する姿勢をめぐって世論を分裂させ、「開かれた社会」と

第2章　ニュー・ポリティクスとしての政治的エコロジー

「閉じられた社会」の選択が有権者に突きつけられることになった［Perrineau, 1998：294-298］。

　社会が直面する課題に有効に対応できない政治に対して、国民の不満と失望は広がっていった。フランス政治は混迷の様相を呈し、いわゆる「政治的代表制の危機」が語られるようになった［Rosanvallon, 1998：207；Potelli, 1987：296］。そのような状況のなかで、1980年代の政治的雰囲気と政党システムは大きく変化していった。すなわち、社会的・政治的諸制度への不信や不満の高まり、政党システムの変容と政治的断片化、選挙での棄権の増大と投票行動の流動化、新しい争点群の登場（環境、社会的公正と政治参加など）といった現象が表面化するのだった［Betz, 1993：413］。

　たとえば、1984年の世論調査では「政治家は真実を語っている」と考える回答者は10％にすぎず、82％は否定的な回答を寄せていた。「政治家が国民の考えていることに配慮しているか」という設問でも、1977年には53％が肯定的な回答をしていたが、1983年には45％に低下している［SOFRES, 1985：21, 25］。2000年の調査でも、回答者の61％は政治家を腐敗していると考え、政党によって代表されていると感じている回答者は26％にすぎなかった［SOFRES, 2000：279］。

　そのような既成政治家・政党への信頼性の低下と不信の増大は、選挙での有権者の投票行動としても表現されている。1981年と1995年の大統領選挙を比較してみれば、1981年の大統領選挙の第1回投票では反体制的勢力はエコロジスト3.88％、極左2.3％、統一社会党1.11％の合計7.29％で、棄権も18.91％であったが、1995年の大統領選挙では、国民戦線（FN）15％、極左5.58％、緑の党3.32％と、反体制的政党の得票は約24％に達している。それに、棄権が21.62％、白・無効票が2.82％を記録していることを加味すると、有権者が既成政治への異議申し立ての手段として選挙を利用していることがうかがわれる［Fieschi：1997：137-138］[4]。戦後の左右両翼の両極化を特徴とする政党システムは、周辺的で反体制的な政党の出現によって混乱の様相を呈するようになり、そのような変化は第5共和政モデルの漸進的な消滅を最も可視的に表現していた［Duhamel et Forcade, 2000：188-191］。

　古い政治である福祉国家路線の行き詰まりのなかから、ヨーロッパ政治に

おいては新保守主義と新しい社会民主主義の政治プロジェクトが出現したが、1970-80年代のヨーロッパ政治にはその他にも2つの新しい政治勢力が政党システムに登場する。すなわち、新しい右翼と本書が対象とするエコロジー政党である。

　フランス政治においても、他のヨーロッパ先進諸国と同様に「大きな政府」の政治プロジェクトが行き詰まりを見せ、社会経済的に不安定な状況が生まれ、政治領域においても安定した秩序が揺らいでいた。そのような状況を打開すべく新保守主義や新しい社会民主主義の政治的プロジェクトが登場するが、状況を根本的に改善できないまま国民の既成政治への不信と不満は高まっていった。そして、左右両翼の政治勢力の政策的立場が接近することで成立していた「フランス的コンセンサス（le consensus à la française）」に基づく政治［Guillaume, 2002：247-248］を批判して、新しい右翼を代表する国民戦線（FN）とエコロジー政党のフランス緑の党が登場してくる。新しい右翼政党をニュー・ポリティクスに含めるかどうかは難しい問題であるが[5]、フランスでも1980年代中葉には国民戦線が、次いで80年代末には緑の党が政党システムへの参入に成功して定着している。本書では、従来まで競合してきた既成政党とは根本的に異質なアクターであり、体制のドラスティックな転換を掲げるニュー・ポリティクスの政治プロジェクトを体現するエコロジー政党を考察の対象とする。

2　ニュー・ポリティクス政党とは何か
政治的エコロジーの新しさ

　1972年にニュージーランドで価値党という名称で誕生したエコロジー政党は先進社会を中心に瞬く間に広がり、今日のヨーロッパでは各国の政党システムの恒常的要素として定着している。政党システムに彗星のごとく登場した新しい政治的アクターはニュー・ポリティクス政党を体現する政党であるが、本書が対象としているフランス緑の党もそのようなカテゴリーに属する政党である。本節ではニュー・ポリティクスについての基本的な定義とその「新しさ」の質について考察する[6]。それは、ニュー・ポリティクスの政

第 2 章　ニュー・ポリティクスとしての政治的エコロジー

党として次章以降でフランス緑の党について本格的に考察するための前段的な作業である[7]。

　古い政治は経済や安全保障の争点の優先や政策決定の代表制的形態の優位、通常の政治行動によって特徴づけられる政治であるとすれば［Poguntke, 1989：177］、エコロジー政党が体現するニュー・ポリティクスは戦後の支配的な政治的パラダイムに挑戦するものである。

　ニュー・ポリティクス政党は理念型的モデルとして、理念と政策、組織と政治スタイル、支持者のプロフィールといった3つの特徴によって性格づけられる［Shull, 1999：444-445；Müller-Rommel, 1998：146］。

　まず、第1に理念と政策の次元であるが、環境、権利の平等（特に性的、民族的マイノリティの）、政治参加、分権・自治、エコロジカルな思考、第三世界との連帯、軍縮・平和、制約のない経済成長への異議申し立てと脱物質的豊かさへの希求、個人主義、自己実現・自己決定といった関心や価値観によって特徴づけられている。それは、近年の先進社会で顕著な政治的・イデオロギー的クリーヴィッジ構造の変化（新しい対立軸の出現、古い対立軸の影響力低下）を反映したものであり、エコロジー政党の出現は、成長と安全、物質的配分といった価値に立脚する古い政治のパラダイムに対抗する脱物質主義的・非配分的で自立とアイデンティティを強調する新しいパラダイムに立脚している。その意味で、それは、既成の価値に依拠したエスタブリッシュメントに対するエリート挑戦的運動である。

　ニュー・ポリティクスを古い政治と区別する理念面でのメルクマールとしては、産業主義や生産優先主義、経済成長、物質主義の自明視といった近代的価値への批判的姿勢が重要である[8]。現在の経済社会への批判はエコロジーを前面に掲げて展開され、環境問題が最大の争点となる。また、68年5月の運動に根ざすエコロジー政党にとって[9]、反権威主義的でリバタリアン的な価値も同様に重要で、自己決定と政治参加への強い欲求、マイノリティの権利の強調はそのような価値に立脚している。

　変革の方法論においても、エコロジストはユニークな発想に立っている。国家権力を重視して、その掌握による上からの社会経済秩序の変革を追求する既成政党に対して、彼／彼女らは市民社会からの変革を重視し分権や市民

のイニシアティヴを変革の重要な手段と見ている[10]。すなわち、68年5月の運動を継承し、新しい社会運動に依拠する政治的エコロジーは国家を優先した変革の方法論を否定している。「生活を変える」ことが「国家を変える」ことで可能となるとは考えない彼／彼女らは、国家の掌握を通じた変革よりも直接民主主義や個人の行動を重視し、市民社会に対する国家のコントロールを縮小することを志向している。

たとえば、1980年に結成された「政治的エコロジー運動（MEP）」の「社会変革は必ずしも中央権力の掌握を通じてではなく、人々自身によって生活のすべてのレベルでの責任の引き受けることによってなされる」といった主張や、B. ラロンド（Brice Lalonde）の「共和国大統領はフランス社会の大統領であるべきである。すなわち、彼は国家の人間であってはならない。エコロジストは社会の人間で、国家の人間ではない」といった発言には、国家ではなく市民社会に依拠した変革という発想が表現されている［Sainteny, 1993a：70］。

以上のように、エコロジー政党は既成政党とは大きく異なったプログラム的・イデオロギー的思考に立脚しているが［Müller-Rommel, 1989：8］、彼／彼女らは、そのような価値観から従来の経済成長を前提とした既成政治とは異なった争点群に敏感に反応し、既成政党に対する異議申し立てに向かった。その政治的プロテストは、本質的には既成の「包括政党」が政策決定の回路に環境争点を取り込むことに失敗したことに根ざしており、既成政党の新しい争点への応答性の欠如がエコロジー政党の登場と成功の中心的な理由であった［Müller-Rommel, 1985：484］。

第2に、政治的エコロジーの組織と政治スタイルの特徴は新しい組織モデルや政治スタイルへの希求にある。すなわち、草の根からの自発的な動員に基づく政治参加と、ヒエラルキー化や官僚制化といった社会編成原理への批判に由来する直接民主主義への強い志向性である。それは彼／彼女らの理想とする社会の組織原理であるのみならず、エコロジー政党自体の組織・活動原理としても追求されている。すなわち、新しいタイプの党の組織や行動スタイルとして、既成政党に比べて下部党員に党運営への参加が保障され、党指導部の特権化・プロフェッショナル化が抑制されている。また、外部への

会議の開放や地方組織を重視した分権的な組織構造といったユニークな組織・活動モデルが採用されている［Rihoux, 2001：23-26］。

　第3に、支持者のレベルにおいてもエコロジー政党は他の政党とは異なった特徴を示している。エコロジー政党にとっての潜在的支持者は、脱物質主義的価値観や社会的ポジションによってニュー・ポリティクスの争点に反応する個人からなっている［Poguntke, 1989：186］。

　すなわち、選挙におけるエコロジー政党への平均的な投票者は、相対的に年齢が若く、高学歴で、知的職業やホワイトカラー、公務員などの新中間層に属するといった特徴をもっている。政治的エコロジーは、脱物質的争点、とりわけ、環境問題に関心の高い有権者によって支えられており、支持者の核には新しい社会運動の支持者が多く存在している。ゆえに、少なくとも初期においては、エコロジー政党は、エコロジー、平和、女性の権利、反原発、マイノリティの権利などの争点をめぐって形成される新しい社会運動の要求を政治の場において表出する役割を重視していた。また、支持者の多数派は、以前は既成の左翼政党に投票し、自己を政治的スペクトラムの左側に位置づける傾向がある。

　新しい価値観と理念、新しい組織・行動スタイル、脱物質主義的争点に敏感な支持者といった特徴はエコロジー政党の基本的な特徴であるが、それは戦後ヨーロッパ政治を支配してきた福祉国家の政治や、その行き詰まりを克服すべく登場してくる新保守主義と新しい社会民主主義とは異質なものである。エコロジー政党は、古い政治である福祉国家戦略を批判する点においては新保守主義と新しい社会民主主義と共通しており、福祉国家の中央集権的で肥大化した国家やヒエラルキー的・官僚制的組織を批判し、国家の機能と規模の縮小を説いている。だが、脱物質主義に立脚したポスト産業社会的要求、すなわち、経済成長とその果実の再配分を核とした政治を批判する点では両者と根本的に相容れない社会経済秩序を志向していた。

　考えてみれば、新保守主義と新しい社会民主主義はともに経済成長と物質主義を否定しているわけではない。市場の役割を手放しで肯定することによってか（新保守主義）、それとも、市場の肯定と社会的公正の価値の結合によってか（新しい社会民主主義）はともかく、戦後の経済成長の時代が終わっ

てからは両者とも社会を経済成長の軌道に戻し消費を回復させることを中心的な目標として掲げてきた。その点では新保守主義と新しい社会民主主義は共通しており、ニュー・ポリティクスとは根本的に異質である。特に、西欧諸国の社会民主主義政権は、エコロジストと重なる主張を一部は共有しながらも、無限の経済成長と物質主義的文化を自明視した産業主義的パラダイムと再分配政策によって支配されつづけている［Shull, 1999：4］。エコロジー政党が好んで使っていた「われわれは右でも左でもなく前にいる」というスローガンは、そのような既成の左右両勢力の基本的な価値原理における産業主義と経済成長優先主義、物質主義という共通性を意識したものであった。

産業革命以来、マルクス主義を含めてすべての政治勢力は産業主義的価値に囚われ、経済成長を自明な目標として設定してきた。過去において「新しい政治勢力」であることを掲げてきた政党や運動は存在してきたが、産業主義や物質主義の価値原理を否定する政治主体は、20世紀の終わりに登場してきたエコロジストだけである。そこにこそ、彼／彼女らの最大のオリジナリティを見出すことができる。環境と資源の制約が明らかに自覚された現代において、経済成長を前提にした産業主義的発展を否定して定常型社会を希求するエコロジー政党こそが、言葉の真の意味においてニュー・ポリティクスを代表する政党であると言えよう。

ゆえに、エコロジー政党は、現行の経済社会を根本的に改革する政治的オルタナティヴとして自己を提示するのである。初期のエコロジー政党が既成政治と政党へのラディカルな批判勢力として登場し、他党との協力を拒否し、自立的ポジションを選択する理由はそこにあった。だが、政党システムに参入することでオルタナティヴな経済社会モデルへの転換を実現することを決意したエコロジー政党が、当初の純粋な理想を貫徹できているわけではない。多くの場合、政党システムへの参入とともにエコロジー政党は改良主義的ポジションに転換し、現実政治のなかでは左翼陣営の一員としてのポジションを選択することになる。それはある意味で必然の選択であり、社会民主主義政党を中心とした赤緑政権への参加が各国での常態になっている。それは、平等主義や社会的公正、市場への社会的コントロール、社会的弱者への配慮といった価値観を社会民主主義と共有しているからである［丸山仁, 1997：

56]。

　エコロジー政党が、現実政治のなかで政治的オルタナティヴであることを追求することは至難の技であり、結局、彼らの変革戦略は「非改良主義的改良主義」[11]へと落ち着くことになるが、そのような路線が確立されるまでには激しい党内対立が繰り返された。すなわち、エコロジー政党の内部には「オルタナティヴな緑のラディカル政党」と「純粋緑の改良主義政党」の2つの志向性が存在し、前者は「社会的・政治的諸制度の根本的な変革を要求するラディカルな緑の政党として社会民主主義政党との同盟を拒絶する」のに対して、後者は「穏健で純粋な環境政党として社会民主主義政党との同盟を厭わない」というのが、両者の原則的立場と政治戦略上の相違であった［丸山仁，2002：78][12]。同一政党内に変革の基本理念や方法論をめぐって論争と確執が生み出され、党内の力関係の変化によって緑の政党の戦略的方向性は決定されることになる。

　以上のように、ニュー・ポリティクス論の観点からエコロジー政党の性格づけを述べたが、前言したように、各国でのエコロジー政党の具体的な組織と運動のあり方や選挙での成功の程度は、各国の具体的な条件によって多様である。それは、各国の経済社会的な状況的要因や政治的伝統、政治文化といった構造的要因、選挙制度をはじめとした制度的要因[13]、既成政党の布置状況や新しい争点への応答性、既成政党による新しい政党への対応など多彩な要素によって規定されている。一般論として言えば、政治的代表制をめぐる制度的障壁が低く、政党システムにおける既成左翼政党による代行的代表の可能性が低く、古い階級的対立軸の重要性が低い場合、エコロジー政党にとってのチャンスは大きくなる［Alber, 1989：207-208]。

　また、上記のような要因が新興政党の出現と成功に大きな影響を与えることは確かであるが、エコロジスト側の適応能力や戦略の有効性といった主体的なファクターが、彼／彼女らの政党システムへの参入と定着にとって重要であることは言うまでもない。エコロジー政党が依拠する新しい争点を有効かつ効果的に提示する能力、社会的アクターを忠誠化して政治的エコロジーの組織と目標へのアンガージュマンを促す能力、既成政党の側に党員や支持者が回収されることを防ぐ能力、マージナル化や消滅を回避する能力などを

有効に活用し、社会・政治・文化・制度的機会を最大限に活かす能力がエコロジストの側にも要求される［Sainteny, 2000 : 22-25］。

さて、政党システムにおける伝統的な政治ゲームの要請とニュー・ポリティクス政党としての原則的立場との間で政治的エコロジーは、ジレンマに直面する。その結果、各国で政治参加の戦略と方法をめぐって様々な論争が交わされ、各国のエコロジー政党は多様な政治的軌跡を描くことになる。既成政党とは根本的に異なったイデオロギーや価値観、組織原理や行動スタイルを志向するニュー・ポリティクス政党が現実政治の場に乗り出すとき、成功と試練のドラマが紡ぎだされることになる。

おわりに

本章ではニュー・ポリティクス政党の視点からエコロジー政党（政治的エコロジー）の基本的性格を紹介したが、理念とプログラム、変革の方法論、組織と政治スタイル、支持者の社会職業的プロフィールにおいて、彼／彼女らは既成政党と大きく異なっていることを確認した。近代社会の行き詰まりを克服する思想として20世紀後半にエコロジズムが登場し、その理念を政治の場で体現するアクターとして政治的エコロジーの思想と運動が登場することになった。そして、政治的エコロジーは古い政治を代表する既成政党と根本的に異なったニュー・ポリティクスを代表するアクターとしてユニークな組織論や運動論を展開している。次章以下では、フランス緑の党がそのようなニュー・ポリティクスに属する政党であること、ニュー・ポリティクス政党が現実政治のなかで成功を手にし、その結果でもあるが、その政治戦略や組織、行動スタイルにおいて変容を経験することをフランス緑の党の組織活動にそって検証することにする。

注
1）　福祉国家の行き詰まりと新保守主義、新しい社会民主主義の登場については近藤［2000］を参照。

2) フランスの経済政策の変遷については、渡邊［1998］を参照。
3) 伝統的な左翼・右翼の概念の有効性をめぐって、有権者の意識も大きく変化している。「左翼・右翼の概念の妥当性」についての設問に対して、1981年には「いまだに妥当する」という回答が43％、「妥当しない」が33％であったが、91年には「いまだに妥当する」が33％、「妥当しない」が55％と逆転している。左右両翼の相違が有権者の意識においても希薄化していることが分かる［SOFRES, 1992：59］。
4) 1970年以降のフランスの政党システムは、左右両陣営の4政党——共産党、社会党、フランス民主同盟（UDF）、共和国連合（RPR）——によって支配されてきたが、表2注−1（次頁）のように既成政党の得票の割合は80％台から低下傾向を見せており、そこには既成政党への有権者の不信・不満が明らかに読みとれる。
5) 1980−90年代のヨーロッパでは、エコロジー政党と新しい右翼政党が戦後妥協の政治モデルへのプロテストとして登場してきた。P-A. タガートは、社会民主主義、コーポラティズム、福祉国家、ケインズ主義という4つの柱で特徴づけられる戦後政治モデルが実現してきた社会的コンセンサスや政治機構、いくつかの共有された経済目標の行き詰まりに由来する「不満の政治」を表現するものとして両者を性格づけている［Taggart, 1996］。タガート以外にも、新しい右翼政党と緑の党をニュー・ポリティクスに含める指摘はある。たとえば、S. フラナガンは、権威主義者と物質主義者からなるオールド・ポリティクスに対して脱物質主義的でリバタリアン（自由至上主義）的なニュー・ポリティクスを対抗させるR. イングルハートの図式に対して、物質主義者のオールド・ポリティクスに対して脱物質主義者のニューレフトと権威主義者のニューライトをニュー・ポリティクスの次元に分類している［Flanagan, 1987：1304］。また、P. イニャーツィも、脱物質主義の拡大とともに、それに刺激されるかたちで新しい文化・政治的な態度と感情が生まれ、その一部は新保守主義によって表現されてきたが、近年になって新しい右翼の台頭としてそれが表現されているとして、エコロジー政党と新しい右翼政党がともに「ニュー・ポリティクスの子どもたち」であると結論づけている。彼によれば、新しい右翼政党は既成政党によって充足されない脱産業社会で生起している諸要求とニーズ（国民的アイデンティティの危機への対応や法と秩序の強化、カリスマ的リーダーの待望、調和と安全の希求、代表制のメカニズムと手続きへのいら立ち）への回答として登場したのであり、その意味で、エコロジー政党が「静かなる革命」の産物であるなら、新しい右翼政党は「静かなる反革命」の産物だと性格づけている［Ignazi, 1992：6；Idem, 1996：561］。

新しい右翼政党をニュー・ポリティクスの次元に含める議論は、日野愛郎によっても展開されている［日野, 2002］。日野は、ニュー・ポリティクスの次元をニュー・レフトとニュー・ライトの2次元から考えることを前提に、フラナガンのリバタリアン志向対権威主義志向というニュー・ポリティクスの対立軸を修正して、参加民主主義志向対権威主義志向のモデルを提出している。

「古い政治」である福祉国家の政治プロジェクトの行き詰まりを克服するべく、新保守主義と新しい社会民主主義の政治プロジェクトが台頭するが、3つの政治

表2注－1　国民議会選挙における主要既成政党の得票割合（%）

	共産党	社会党 （+急進左翼）	UDF	RPR	合計
1978	20.61	24.98	20.42	22.43	88.44
1981	16.12	37.77	19.16	20.91	93.96
1986	9.78	31.54	40.98		82.3
1988	11.32	35.87	18.49	19.18	84.86
1993	9.18	19.2	18.64	19.84	66.86
1997	9.91	25.55	14.7	16.8	66.91

出典）Hayes［2002：80］。

　プロジェクトは「大きな政府」と「小さな政府」という違いをもちながらも物質主義と産業主義、経済成長主義の価値観に立脚しているのに対して、ニュー・ポリティクスは脱産業主義と脱物質主義、脱経済成長主義を掲げて登場した。その点にニュー・ポリティクスの主要なオリジナリティを見出すわれわれにとって、新しい右翼をニュー・ポリティクスに分類することには疑問がある（たとえ理論的には脱物質主義的でリバタリアンな新しい右翼が可能であるとしても）。筆者はフランスの国民戦線の研究を通じて新しい右翼を考察してきたが、それを本質的に「ポスト冷戦時代のグローバル化が進行する時代の新しい極右の運動」であると性格づけている。彼／彼女らは議会制民主主義の制度的枠組みに適応し、グローバル化の時代に国民国家の再強化（国民的利益を優先しない既成エリートへの挑戦、強力で権威主義的国家の再建、国民国家の純化＝国民国家に異質な要素の排除、国民的アイデンティティの再確立）という処方箋を打ち出すことで政治的な成功を収めているが、その本質においてニュー・ポリティクスとは異質である。

　国民戦線の主張における個々の要素は目新しいものではないし、組織や運動スタイルにおいても、カリスマ的な指導者を中心とした集権的組織構造と上意下達的な行動スタイルを採用している。また、その支持層においても、エスノセントリックで権威主義的な価値観をもった極右の有権者を核としている。グローバル化という状況のなかで彼／彼女らのポピュリスティックな主張は新たな政治的意味を獲得し、民衆的有権者のなかの不安や不満を動員している。結局、エリート挑戦的で既成の政治システムの急進的な変革を主張する点ではエコロジー政党と共通性はあるが、現実のヨーロッパ諸国での新しい右翼政党の思想と運動はニュー・ポリティクスとは大きく異なっている。新しい右翼を理解するために、国民戦線については畑山［2007］を参照。

6）　本書での基本的用語についてここで確認しておこう。第1章で扱ったように、近代社会を超える思想として登場してきた「エコロジズム」を政治の領域で体現するアクターを「政治的エコロジー」と呼ぶことにする。それは具体的には、市民社会でのアクターである「新しい社会運動」や政党システムにおけるアクター

である「エコロジー政党」（多くは緑の党という名称を使用している）を指している。そして近代社会の基本的価値や経済社会モデルに立脚した「古い政治」を批判して脱物質主義的で脱成長的なビジョンに立脚する政治的志向性を「ニュー・ポリティクス（新しい政治）」と呼ぶこととする。
7) ニュー・ポリティクスを理解するためには、丸山仁［1997］、同［2000］、畑山［2001］、小野［2002］も併せて参照されたい。
8) その意味で、エコロジー政党は、19世紀末に急速に進む近代化自体を問い直すことなくその弊害の部分的是正を追求する「自然保護運動」ではなく、それを超えるものとして1960年代に登場し、近代化自体を問題にする「環境保護運動」＝「エコロジー運動」を体現している。ただ、近代化を問題にするといっても、彼／彼女らは精神の領域を重視して反近代の方向へと近代社会を乗り越えようとする「ディープ・エコロジー」や新しいタイプのテクノロジーの開発や市場の利用、国家主導による環境配慮型の「構造改革」に活路を見出している「エコロジー的近代化」とは部分的に重なりながらも本質的な立場を異にしている。政治的エコロジーは、「持続可能な社会」に向けて社会制度を変革することで近代社会の転換を図る「エコロジズム」の処方箋に立脚している［丸山正次, 2000］。そのような立場を緑の党の指導的人物の一人であるN. マメールは「民衆的エコロジー」と呼んでいるが、それはディープ・エコロジーでもエコ・ビジネスでもなく、思考と行動の中心に人権の擁護を置き、恵まれない人々の生活条件の改善と持続可能な発展を結びつけるものである。そこから、黙示録的呪文ではなく具体的で現実的な成果を重視して、社会的力関係と社会的動員を重視する運動として性格づけている［Mamère, 1999：316］。
9) フランス緑の党は「ソワサント・ユイタール（68年世代）」を中心に組織された政党であり、その点においてはドイツ緑の党も同様であった。ドイツの「68年世代」がドイツ緑の党の誕生や活動に大きな影響を与えていることについては西田［2009］を参照。
10) エコロジー政党は、理念や政策のユニークさとともに従来とは異なった政治的発想の面でも異彩を放っている。すなわち、生活や社会を変えることが国家を通じて可能であるという発想の拒絶と、政治活動を他の日常生活の側面から分離することや政治をプロに委ねることの拒絶に立脚している［Sainteny, 2000：228］。そこから、個人の価値観やライフスタイルの変革を強調し、社会運動との連携を重視する運動論や分権的で参加型の独創的な組織論が導き出されている。
11) 「非改良主義的改良」は、改良主義が体制の枠内での問題解決に政策を限定するのに対して、「改良」政策を推進すれば必ず体制の変革につながらざるを得ないような改良を追求する。それは、その推進が体制自体の変革を導き出す改良主義を意味している［武者小路, 2002］。エコロジー政党が選挙と議会を変革の手段として選択し、体制内での議会活動を通じた改革に重点を移した時、彼／彼女らの変革の方法論をそのような言葉で表現するのが適切である。
12) ただ、丸山がその論文のなかで指摘しているように、ミュラー・ロメルの「純粋緑の改良主義政党」と「オルタナティヴな緑のラディカル政党」といった二分法はいささか単純で、「純粋緑」が改良主義的・現実主義的であるとは限らない。

実際には、「純粋緑」的でありながら既成政党に対して非妥協的であることは考えられる。より根本的には、そもそも「純粋緑」というポジション自体が非現実的であるという丸山の指摘は妥当である。その格好の例が、フランス緑の党の場合である。フランスの場合、1986年から党内で支配的になる「純粋緑」の路線は既成左翼政党との協力を拒む自立路線であり、社会のラディカルな変革を追求していた。1994年から党内でヘゲモニーを握る左翼オルタナティヴ路線は既成左翼との協力を肯定して、議会や政権内部での改良主義的改革を追求するものであった。その意味で、丸山が可能性として想定する「現実的でありながら、同時に十分に左翼リバータリアン的な緑」とは、1994年以降のフランス緑の党が体現しているものである。また、緑の政党の2つの類型またはエコロジー政党内での2つの潮流の存在が多くの研究者によって指摘されているが、前言したミュラー・ロメルの二分法の他にもポグントケは穏健派とファンダメンタリストの対立、国家と議会政治の役割に関する異なったコンセプトに関わる改革の可能性をめぐる対立と見ているし［Poguntke, 1989：191-192］、W. ルーディグは、「純粋アプローチ」と「レインボー・アプローチ」の対立として、その根拠を経済政策の違いであるとし、エコロジーを軸に生産の再編を含むユートピア的経済モデルの希求と福祉国家の防衛を強調する左派社会主義的ポジションとの対立を見ているように［Rüdig, 1985：70］、2つの潮流の対立についても様々に性格づけられている。なお、そのようなエコロジー政党の2つのタイプへの分類は、T. シャルの議論が典型であるが、1980年代のドイツ緑の党とフランス緑の党の違いを土台にして議論されている。環境主義的なテーマを資本主義社会への包括的な批判に組み込み、経済的に不遇な社会集団と労働組合の支持を引き出し、ドイツでの物質的生産システム全体の再編を追求する政治的エコロジーの左翼バージョンであるドイツ緑の党と階級的な紛争ではなく、環境の危機をすべての問題の鍵として包括的な分権化と大衆的参加を社会的目標とし、文化的少数派と地方の住民を同盟者や支持者と想定するラディカルで非マルクス主義的なフランス緑の党を対置している［Shull, 1999：2］。確かに、1980年代のエコロジー政党を分類するモデルとしては適合的であるが、1990年代には、ドイツ緑の党が1980年代の末に環境のテーマを強調することになり、フランスの緑の党が1990年代半ばに社会問題を強調する方向に変化することによって、2つのエコロジー政党のモデルは収斂に向かう傾向を見せている。

13) 制度的要因としては、選挙制度の他に公選職の兼職制度や政党助成金制度、メディアへのアクセスの難易性、選挙の実施される頻度と順序、圧力団体の政策決定や制度へのアクセスの可能性、国家の分権・集権のタイプなどがあり、それらによって各国の運動の差異や戦略の選択を部分的に説明することができる［Sainteny, 2000：15-16］。

第3章
フランス緑の党の結成と発展

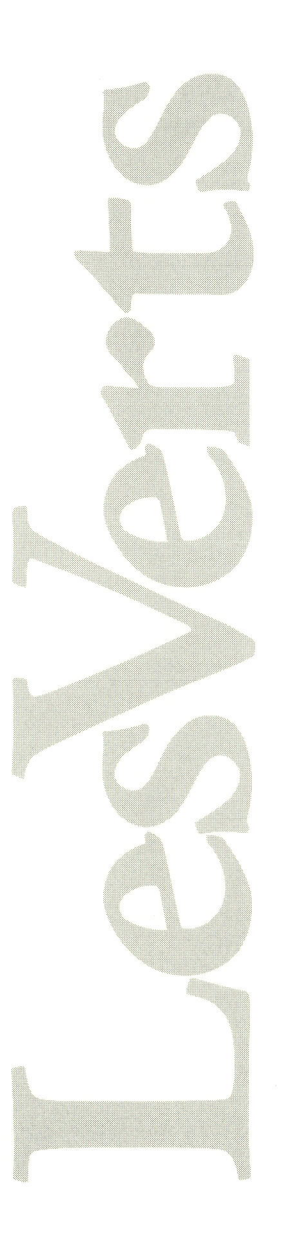

写真は1999年に発行されたフランス緑の党の基本政策集（*Le Nouveau libre des Verts. Et si le vert était la couleur du XXIe siècle*）。「選挙期間中に使われるための『消耗品』ではなく、あらゆる種類の困難な課題に挑戦しようとする、真剣でやや禁欲的な著作」（D. ヴォワネ）としてつくられたものである。2001年には、日本語に翻訳され『緑の政策事典』（真下俊樹訳、緑風出版）として刊行されている。

第 3 章　フランス緑の党の結成と発展

はじめに

　政治的エコロジーは 1968 年の運動から生まれたと言っても過言ではない。それは「68 年世代」と呼ばれる、68 年の闘争を経験した活動家が緑の党を牽引してきたという意味でもそうだし（たとえば、ドイツ緑の党のヨシュカ・フィシャー、フランス緑の党のイヴ・コッシェ、ダニエル・コーン＝ベンディット）、前衛党の指導下に武装革命も辞さないという変革の方法論の否定（議会制民主主義の肯定や非暴力主義）、「底辺民主主義」や分権・自治といった組織モデルも 68 年運動の経験に由来している。本章では、新しい社会運動を経てフランス緑の党が結成されるまでの過程を辿り、次に、その党の理念や組織、支持者と活動家のプロフィールなどを紹介する。そのことで、フランス緑の党が、既成政党とは異なったニュー・ポリティクスの政党であることを確認したい。

1　新しい社会運動から政治への越境

　エコロジー政党の理念や政治スタイルは新しい社会運動に由来しているが、本節では、新しい社会運動からフランスのエコロジー政党が形成されるプロセスを検証してみたい。

　フランスにおける「古い政治」への挑戦は、1968 年の学生・労働者の反乱と新左翼運動の高揚の時期に始まる。68 年 5 月の学生・労働者・市民の運動を揺籃として、他国と同様にフランスのエコロジー運動も形成されることになる[1]。68 年 5 月に頂点に達する政治・社会運動の本質的特徴は、豊かな社会の到来のなかで顕在化してくる、柔軟性に欠け、ヒエラルキー的で権威主義的な組織や制度に対するリバタリアン（自由至上主義）的なプロテスト運動であることにあった。パリ大学ナンテール校の学生寮の管理をめぐる大学当局の権威主義的で強圧的な姿勢への告発が闘争に至るエピソードの一つとして語り継がれているように、具体的・日常的な場での権力関係や自由

を問い直すことが学生たちを突き動かしていた。占拠されたキャンパスでは自然発生的な討論と自主的な行動が組織され、束の間の祝祭的な雰囲気を帯びた解放空間が現出した。そして、パリで学生たちによる学園闘争として始まった運動は瞬く間に全国に、そして、労働者・市民へと波及していった。

しかし、闘争の長期化と問題解決への展望の不在、繰り返される学園や街頭での警官隊との衝突は、運動を膠着状態に追い込んでいった。やがて運動が後退局面に入ると、一般学生や労働者を巻き込んだプロテスト運動は新左翼の主導によるセクト的で政治主義的な運動へと変質していき、闘争方法も急進化・暴力化していった。ドゴール政府による厳しい弾圧と選挙の実施による合法的枠組みへの世論の誘導、労働組合指導部による闘争収束の画策に直面して、急進的闘争は支持を失って孤立化し、運動全体は終焉に向かっていった[2]。

以上のように学生と労働者の運動は衰退に向かうが、1968年5月の反乱は3つの意味でフランスにおけるニュー・ポリティクスの出現に貢献している。第1に、従来までの物質主義的な要求運動ではなく、原発や環境、女性やマイノリティの権利、第三世界との連帯、平和などの新しい争点群をめぐって社会運動が形成されていったことである。大量生産と大量消費が全般化した社会では、政治的関心は生活水準や成長の果実の配分をめぐる「古い政治」から生活の質や環境をめぐる政治へと転換し、進歩の神話が問い直されることになった［Bréchon, 1993：163］。

第2に、マルクス主義的イデオロギーにそった国家権力の奪取による政治革命とは異なった変革の方法の模索が始まったことである［Jacques et Pronier, 1992：32］[3]。

新しい社会運動は、代議制民主主義への批判と参加民主主義的方向での民主主義の深化を追求し、政治権力だけではなくすべての権力への異議申し立て、ヒエラルキーの拒絶、あらゆる権威主義への批判、国家権力の万能視の否定、生活における変革の重視、リバタリアン的価値を共通の特徴としていたが、そのような傾向は新しい社会運動から政治的エコロジーへと継承されることになる。また、ポスト・マルクス主義の局面で登場したニュー・ポリティクスは、日常生活のミクロな領域とライフスタイルをめぐるアイデンテ

ィティの政治への強調が特徴であるが［O'Neil, 1997：9］、そのような価値観や発想も68年の運動のなかから生まれたものであった。

　第3に、新しい社会運動の出現をもたらすことでエコロジー政党の誕生につながったことである。68年の闘争に挫折し失望したラディカルな活動家たちの大部分は、新左翼活動へと向かった者たちを除いて政治空間から退出していった。だが、一部の者たちは、新左翼的な方向とは違った社会変革の可能性を模索しつづける。

　彼／彼女らは、一方では、ミクロな世界のなかでオルタナティヴな生活を追求するユートピア的実験であるコミューン運動へと身を投じていった。ブルターニュやプロヴァンスの農村での共同生活による「共生的（convivial）」な生活や中央集権国家の下で滅びつつある言語や文化の保護を通じた自己発見の「内面への旅」に乗り出したが、1970年代半ばにはそのような運動の波も引いていった［Jacques et Pronier, 1992：177；Prendiville, 1992：28-29］。

　他方で、上記のような「自己覚醒」の厭世的・自閉的な道を拒絶するものたちは政治の周辺に踏みとどまり、平和や反原発などをテーマとした社会運動に活路を見出した。つまり、革命に問題の解決を託すのでなく、社会の具体的な問題に取り組むことで社会を変えていく運動へと合流していった［Jacques et Pronier, 1992：34］。

　1960年代末から70年代末のフランスは、既成政治では対処できない女性の権利、人権、教育、環境、地域、生活の質、核エネルギーなど多くの新しい争点が浮上し、新しい社会運動によってそれらの問題は表現されていた。とりわけ、産業社会がもたらした新しい争点の一つである環境問題は世論の高い関心を集めていた。1972年の世論調査では、「人類の将来に脅威を与えると思われる深刻な危険性」のなかで、「汚染、自然破壊」は「世界戦争」「経済危機」「深刻な病気」を押さえてトップだった。また、1973年には、最も重要な問題として、物価上昇、科学研究、貧困、失業、ドラッグなどを遙かに引き離して「環境汚染」が世論調査のトップを占めていた［Sainteny, 2000：41-42］。

　そのような環境への関心の高まりのなかで、多くの環境保護団体が結成さ

れていく。1969年初めには「自然保護団体全国連盟（la Fédération nationale des société de protection de la nature）」（後に「フランス・自然・環境（France Nature Environnement）に改名」）が多くの地方環境団体の連合体として結成された。その他にも、「汚染ノー（Pollution-Non）」(1970年)、「地球の友フランス支部」(1971年)[4]、「フェッセンハイムとライン平野防衛委員会（la Comité de sauvegarde de Fessenheim et de la plaine du Rhin）」などの団体が誕生し、『ラ・グール・ウヴェルト』(1972年)、『エコロジー』(1975年)、『ソヴァージュ』(1973年)などのエコロジー雑誌の創刊も相次いだ。また、1969年のヴァンヌ国立公園でのスキー・リゾート建設計画に対する大規模な反対運動や1971年のラルザックでの軍事基地拡張反対運動、各地での原発建設反対運動、フェミニズム運動などが活発化し、1970年代のフランスは社会運動の季節を迎えていた［Prendiville, 1992：7-8］。

　エコロジー政党の母胎となる新しい社会運動は、独特の価値観と組織様式を共有していた。厳密に組織された集団への不信、下部からの持続的統制を伴わないリーダーシップの拒絶、自分の所属する組織も含めた政治組織や制度一般への忠誠の低さ、構成員の組織運営への自由で直接的な参加志向、政治についてアマチュアであることの肯定、組織内におけるエリートへの権限と権威の集中の拒絶、目指すべき理想社会を運動のなかに先取りすることへの熱意といった特徴を示している。

　エコロジー政党は人材や政治理念・スタイルにおいて新しい社会運動との親和的な関係を維持し、彼／彼女らの組織形態や政治スタイルは、少なくとも初期には上述のような新しい社会運動の特徴を踏襲していた［Rihoux, 2001：23-24］。エコロジー政党は、新しい社会運動の利益や要求を政治の場で代表する役割を自覚しており、党員の多くは環境問題をはじめとした新しい社会運動への積極的な参加者であった[5]。

　新しい社会運動が政治的エコロジーの勢力拡大に重要な役割果たしていることは、反原発運動において象徴的に見られた［Bennahmias et Roche, 1992：24；Rootes, 1995：238］。1971年にアルザスのフェッセンハイム（Fessenheim）で原発建設反対のデモが組織され、フランスの反原発運動の始まりを告げた。1985年までにフランスの電力の70％を原発で賄うという「メ

スメル計画」に見られるように、ジスカール・デスタン政権のもとでの核エネルギーへの依存の深化は多くの 68 年世代を反原発運動へと駆り立てた。そのなかで、原子力社会の専門家支配と管理社会化や欲望と消費の様式、現代社会の発展モデルをめぐるテーマが浮上し、自然保護だけではなく、人間とその未来の防衛と民主主義的な社会への転換を非暴力的手段で実現するという発想が広がり、エコロジストに基本的な運動理念を提供することになった。また、反原発運動はエコロジー運動の多様なアクターを結合させることにも貢献し、反原発運動のネットワークのなかからエコロジー運動は少しずつ自己形成を遂げていく［Boy, 1995：10-11；Faucher, 1999：67；Jacques et Pronier, 1992：40-42］。

反原発運動の活発化はフランスの政治構造の特殊性を浮き彫りにすると同時に、それに対抗する運動の側にも政治戦略を問い直すきっかけとなった。フランスにおける政治・行政・司法のシステムは少数派・反対派の意見を採り入れる余地は極めて狭く、中央集権的な政策決定過程から異議申し立て運動は排除され、時には政府との暴力的な衝突にまで至った[6]。

たとえば、革命を準備する手段として反原発闘争を考える極左団体の介入によって 1977 年 7 月 12 日のマルヴィルにおけるデモは禁止され、戒厳状態のなか警官隊とデモ参加者との衝突に発展して 1 名の死者と多くの負傷者を出すに至った[7]。反対運動と警官隊との暴力的衝突は、原発建設計画のあったプロゴフで展開された 1980 年 2－3 月の闘争でピークを迎える。原発建設を強行しようとする政府に対して、現地闘争によって阻止を図る反対運動は有効な打開策を見出せないまま暴力的衝突が繰り返された。反原発運動の暴力への傾斜と行き詰まりを前に、エコロジストたちは新しい方向性を模索し始めた[8]。

国家権力との衝突という反原発運動の暴力化は、非暴力を掲げるエコロジストにショックを与えた。その時から、彼／彼女らは極左集団と距離を取り始める。1980 年代に入って、社会党と共産党による左翼連合政権が成立すると、フランスの反原発運動をはじめとした議会外の社会運動は退潮期を迎え、エコロジストは運動の再構築を迫られることになる[9]。議会外での社会運動による変革の追求から議会を通じた変革へと、エコロジストは活動の重

47

点を移し始めた。

 そのような社会運動の急進化による展望の欠如という限界以外にも、社会運動による社会の変革という運動論は本質的な限界を孕んでいた。単一争点の社会運動は限られた要求に基づいた限定的な改善を目指し、時には法規範による問題解決への期待から政治的中立を選択して公権力の認知を求める点で、社会構造の根本的な転換による問題解決を期待するエコロジスト活動家にとってはあまりにも狭い枠組みでの活動であった。

 反原発運動を例にとれば、個々の原発建設計画への反対運動が運動の中心目標であり、せいぜい各地の運動の全国的なネットワーク化によって、制度的政治の外側から原発政策の転換に圧力を行使するという行動様式に終始してきた。だが、1970年に結成される「地球の友」のような環境団体の行動では、閉鎖的な政策決定プロセスにおいては有効な役割を果たすことはできなかった［Rüdig, 1985：62］。ゆえに、単一争点を掲げる圧力団体的な運動を脱して、制度的政治のなかで対案を突きつけて政策転換を迫ることや多様な問題を相互に関連させて総合的な社会変革プランを提示する必要性が自覚されるようになる。多様な問題の相互関連性と問題を個別に解決することの不可能性に対する自覚は、エコロジスト活動家に社会運動から政治運動へと越境することを促した。制度的政治に関心をもち、政治参加の正当性を確信し、自らの能力を自覚した新しいタイプの市民が登場することになった［Faucher, 1999：64-65, 78］。

 以上のように、社会運動に依拠して運動してきたエコロジストは、やがて制度的政治の領域を再発見していった。フランスのエコロジストも他の国と同様に、新しい社会運動を母体として形成されるが［Faucher, 1999：258-259；Bréchon, 1993：164］、次第に制度的政治の領域の独自性を自覚し、内部からの変革へと向かい始めた。緑の党は新しい社会運動の政治的代表として、既成政党によって無視されてきた彼／彼女らの声を議会で代表する役割を引き受け［Müller-Rommel, 1985：17］[10]、政党システムへの参入に乗り出していくことになる。

2　エコロジストの政治参加への模索

　新しい社会運動の活発化と環境に関する世論の追い風を受けて 1970 年代にフランスの政治的エコロジーは発展していくが、それはドイツ緑の党と同様に地方組織の連携によって形成されていく。慎ましいものではあるが上向きの地方選挙での成果を土台に、フランスのエコロジストは全国政党の結成へと歩み始める［O'Neill, 1997：178］[11]。

　そのような過程には、ニュー・ポリティクスのアイデンティティが鮮明に刻印されていた。すなわち、政党、少なくとも既成政党の拒絶と地方を基盤とした分権的な運動の展開が基調であり、いかに「異なった政治を実践する (faire la politique autrement)」組織をつくりだすかという試みであった。伝統的な政党の組織形態を回避しながらいかに政党システムに参入するか、組織の効率性と党内民主主義の確保をいかに調和させるかといった命題が追求されていた［Sainteny, 1991：13-14］。

　まず、エコロジストの組織化をめぐる焦点は、政治への参入のために政党という形態を採用するべきかどうかということにあった。既成政党への不信と不満が渦巻くなか、政党結成の選択は多くの抵抗に出会った。1970 年代におけるエコロジストの政党拒否の言説は、そのような抵抗を象徴的に表現している。B. ラロンドは「私たちの目的はどのような場合でも政党になることではない」と発言し、P. ラダンヌ（Pierre Radanne）も「目的は政党結成の方向で対処することではない。エコロジストは反対に独自の組織形態を想像するべきである」と主張している。D. ビドゥ（Dominique Bidou）も「エコロジストであることは政党タイプの発展を排除することである」と述べている［Sainteny, 2000：238］[12]。1970 年代のエコロジスト陣営における対立の焦点は、政党システムへの参入を図るのか、それとも社会運動に留まるのかという選択をめぐるものであった［Jacques et Pronier, 1992：47, 50］[13]。

　多くのエコロジストは社会運動に留まることを選択するが、政治の場に参入することを選択したエコロジストも、選挙や権力は運動の目的を実現する手段であると考えていた。1980 年代末まで、緑の党は権力の獲得を目標を

持っていなかったし、政権への参加も重視していなかった。選挙は得票や当選者の増加が直接の目的ではなかった。自分たちの思想を普及させ、有権者への情報発信によって他の政党が自分たちの政策を採用するように圧力を行使することを優先していた。1970年代の多くのエコロジストたちは選挙への参加は否定しないが、それは多くの活動のうちの一つにすぎず、ましてや、政党を連想するような組織形態は受容できなかった［Richardson and rootes, 1995：51］。

確かに政党システムに参入するには組織が必要であるが、かといって政党という形態は忌避したい。そのようなジレンマを抱えながらエコロジストは各種選挙へのチャレンジを繰り返し、徐々に政党的な組織形態の受容へと向かっていった。

さて、エコロジストの選挙への参加と政党への歩みをより具体的に見ておこう。1973年の国民議会選挙では「進歩と環境（Progrès et Environnement）」がアンで、「エコロジーと生き残り（L'Écologie et Survie）」がミュルーズで初めて候補を擁立しているが、本格的な全国的選挙への参加は1974年の大統領選挙であった［Bennahmias et Roche, 1992：36-38］[14]。その選挙では「自然保護ジャーナリスト・作家協会（l'Association des journalistes et écrivants pour la protection de la nature）」と「地球の友」の有志たちをはじめとした28のエコロジー運動が、農業経済学者ルネ・デュモン（René Dumont）を大統領選挙の候補として担ぎ出すが、早くもエコロジスト陣営内部に確執が表面化している。

一つは、多くの自然保護団体が大統領選挙への候補擁立に反対するが、それは「エコロジーの政治化」を反対理由としていた。政党の結成はもちろん、政治領域への参入自体に反対し、社会運動として地域の課題への取り組みに集中することを主張するエコロジストが多かった［Chafer, 1982：205］。他方では、左翼統一候補ミッテランの勝利を妨害するべきでないという反対論も根強かった。そのことは、左翼に共感をもつエコロジストが多く存在していたことを示している[15]。

ルネ・デュモンの選挙運動を担ったエコロジストたちは「エコロジー運動（Le Mouvement écologique＝ME）」を結成して政治への関わりを継続したが

第3章　フランス緑の党の結成と発展

（MEは78年まで存続）、エコロジストは徐々に選挙への参加を容認し、政党に関しても原理的な否定から既成政党のようなタイプの政党への拒絶にスタンスを変えていった[16]。すなわち、効率的で合理的な政党モデル（中央集権、プロ化、選挙優先、政治的妥協）と民主主義的な新しい政党モデル（分権、アマチュアリズムの尊重、党内民主主義の徹底、イデオロギーの優先）を対置して、後者のモデルにそった政党形成へと向かうことになる。

　他国と同様に、フランスでのエコロジー政党の形成プロセスは地方から始まる。草の根民主主義と分権的組織の原理を重視するエコロジストは、地方を基盤にした組織形成によって地方・国政選挙にチャレンジする試みを展開した。民主主義政治を実践する最適のレベルは日常生活や地方のレベルであるという信念から、彼／彼女らは草の根での活動に強い執着を示し、より大規模でより組織化された政党の形成に乗り出すことに懐疑を抱いていた。たとえ全国政党を望むにしても、安定した地方での基盤が不可欠であることについては合意が存在していた［O'Neill, 1997：178-179］。ゆえに、地方選挙での既成政党への挑戦が優先されて、国政選挙の場合は暫定的な組織で臨み、恒常的な組織の結成と統一という過程には慎重な姿勢が見られた。

　そのような発想に支配されたエコロジストが緑の党を結成するまでの歩みを整理しておけば、次のような2つの段階を経ることになる［Sainteny, 1991：43］。

　第1の時期である1970年代は、政党自体は拒否するものの国政選挙のために期間限定の組織を結成し、選挙が終われば解散することを繰り返していた。制度化を嫌う彼／彼女らにとって、恒常的な組織の形成はその始まりを意味していた。多くのエコロジストは恒常的で全国的な政党組織を作らないこと、個別の選挙ごとに組織を結成することで政治の場に入っていくことを受容していた［Jacques et Pronier, 1992：50-51；Bozonnet et Jakubec, 2000：144］。「ルネ・デュモン後援会（un Comité de soutien à René Dumont）」（1974年）、「エコロジー78（l'écologie 78）」（1977–78年）、「エコロジー運動地域間調整グループ（la Coordination interrégionale des mouvements écologiques）」（1978–99年）、「ヨーロッパ・エコロジー（l'Europe-écologie）」（1979年）、「今日エコロジー（Aujourd'hui l'écologie）」（1981年）など、次々と

51

選挙のための全国レベルもしくは地方レベルの組織がつくられては消えていった。個々のグループが自由に候補者リストを作成して連携する方法はローカル・レベルでの長い交渉と調整の手続きを必要としたが、選挙後にはせっかく作り上げた組織を解散するというプロセスを繰り返した［Rudig, 1985：63］。たとえば、1977年の市町村議会選挙では、各地で他の諸集団（統一社会党のようなオルタナティヴ左翼政党や「非暴力オルタナティヴ運動（Le Mouvement pour une Alternative non-violente）」のような社会運動）と協力して共同の候補者リストが作成されている[17]。

以上のように、1970年代の政治的エコロジストは、全国的で恒常的な組織の欠如を特徴としていた［Sainteny, 2000：240-241］。だが、そのような期間限定の組織で対応する方式では選挙の成果を活用することも、活動家の経験やプログラムと組織化の面での整備における成果を蓄積することも困難であった［Sainteny, 2000：246］。そのような状態を克服する動きがなかったわけではない。たとえば、1977年の市町村議会選挙の後に全国規模の恒常的組織の結成が模索されたが、ピラミッド型組織と指導・被指導の関係を忌避するエコロジストの強力な反対に遭遇し、挫折している。迅速性と効率性を確保しながら民主主義的であるような運動を組み立てるという難題は、1970年代には答えが出せなかった［Prendiville, 1992：21-27][18]。

結局、1970年代のフランスのエコロジストは、特定の選挙に向けた一時的連携を超えた組織化の誘惑に抵抗していた。だが、恒常的組織の欠如が1981年の国民議会選挙での低調な結果につながったことや、1983年連邦議会選挙でのドイツ緑の党の成功が、全国政党結成の必要性を活動家たちに納得させることになった［Faucher, 1999：74；O'Neill, 1997：179］。

1980年代に始まる第2の時期には、組織化に関するエコロジストの発想と行動に大きな変化が観察される。恒常的な組織が形成され、やがては政党をめざしてエコロジー運動の連携が本格化することになる。

1979年には、アルザス出身のS. フェルネックス（Solange Fernex）を中心に欧州議会選挙に挑戦して4.38％を獲得した。だが、5％の壁を突破できずにエコロジストは欧州議会に議員を送り出せなかった。この選挙の反省から、全国的な恒常的組織、つまり政党結成の考えが浮上した。1979年11月25日、

ディジョンで開催されたエコロジストの会議では政党否定が多数派であったが、安定した政治組織を望む少数派はME、ヨーロッパ・エコロジー、エコロジー78を担った活動家たちや未組織のエコロジストを結集して、1980年6月に「政治的エコロジー運動（Le mouvement d'écologie politique=MEP）」を正式に結成することになる。その結成は、エコロジストの間で恒常的な組織が政治的武器として必要であるという認識が共有され始めていることを示していた［Chafer and Prndiville, 1990：179］。

MEPの主目的は、持続性を欠いて分散的な政治的エコロジー陣営の現状を克服して一貫性のある政治的プロジェクトを創り出すこと、全国的な結集の支柱を設定することにあった。それは、全国規模の恒常的な組織形成のプロセスの始動を示していたが、MEPが「運動」という呼称を採用しているように政党化は公式には否定されていたし、「地球の友」や多くの社会運動を優先するエコロジストはMEPへの参加を拒否していた。

1981年11月、MEPは「緑の党－エコロジー政党（Les Verts-parti écologiste=VPE）」に改組され、初めて「政党」という言葉が使用されている。しかし、「政党」という言葉はメイン・タイトルには使われておらず、その組織形態も既成政党とは大きく異なっていた。地域圏組織が全国評議会のメンバーの4分の3を選出し、単独の党首ではなく4人のスポークスパーソンを置くなど、後のフランス緑の党に近い組織形態をとっていた。

1981年12月には、もう1つの結集組織である「エコロジー連合（Confédération écologiste=CE）」が結成される。CEは全国組織ではあるが地域や下部集団を優先し、明確な執行部をもたず、事実上の二重加盟を認めるなど通常の政党モデルからほど遠い組織であった。1982年11月、CEは「緑の党－エコロジー連合（Les Verts-Confédération écologiste=VCE）」に改組し、執行部と議決機関の権限と規模を明確にし、二重加盟を禁止するなど政党の内実を整えていった。ただし、MEPも含めて、この段階のエコロジスト組織では、地方組織は不在か不均等な発展状態で組織基盤は極めて脆弱なままであり、その実態は自立した地方組織の緩やかな結合体であった［Sainteny, 2000：241-249；idem：1991：18］。

以上のように、フランスのエコロジストの社会運動から政治への越境は、

決して順調に進捗したわけではなく長い道のりを要した。それは、新しい政治の可能性を模索し、組織化の方法と政治スタイルを実験する長い過程であった。その困難を極めた過程には、ニュー・ポリティクスの特徴が刻印されている。既成政党への否定的評価というニュー・ポリティクスの特徴から政党組織を選択することへの強い抵抗が存在し、選挙という制度的手段に訴えることへの躊躇と政党システムに参画することへの根強い拒否感が政党の結成にブレーキをかけていた。前言したように、大部分のヨーロッパのエコロジストは、制度化が「異なった政治の実践」への意志を阻害することを恐れて政党結成に躊躇していたが、フランスでも純粋性と非政治性への執着がエコロジストの政治的選択に影響していた［Faucher, 1999：72-72］。

　結局、フランスでも新しい社会運動の政治的有効性は認めながらも、政党システムの内部で政策決定に影響力を行使することを重視するエコロジストたちは緑の党の結成へと向かう。だが、新しい社会運動に起因する政党への強い不信感や嫌悪感を克服するために、彼／彼女らは独特の工夫を余儀なくされた。すなわち、既成政党とは違った新しいタイプの政党というイメージが必要であり、そこには脱中央集権的な組織とスタイル、市民社会の活性化に立脚した変革戦略、新しい社会運動の政治的代表としてのアイデンティティといったニュー・ポリティクスの特徴が色濃く反映されていた（第3章第5節参照）。

　ラディカルな変革へのイニシアティヴが有効であるためには戦略的思考を必要とし、それを醸成し助長するには政治的エージェントを必要とするが、運動の多様なアクターを効率的で強力な戦略へと統合するエージェントとしては政党が最も適している［O'Neill, 1997：474-475］。だが、一般の政党とは違って政治的エコロジーはオルタナティヴな政治をめざす政党というオリジナリティとアイデンティティを維持することにも配慮しなければならなかった。政治的エコロジーに独特なそのような二重の課題はフランス緑の党の形成過程を支配したが、それ以降も組織やスタイル、政治戦略を規定しつづけることになる。

3 フランス緑の党の結成へ

　1980年代初めの政治環境は、政治的エコロジーにとって必ずしも良好なものとは言えなかった。経済危機と失業の増大による不安は有権者のなかに物質主義的態度を強化し、環境に対する世論の関心は相対的に低下していった（表3-1）。また、個人主義的傾向の強化はアソシエーション（社会団体）への参加志向を弱め、脱アンガージュマン（関与）と私生活への退却現象をもたらした［Sainteny, 2000：89-98］。

　政治的な面でも社会運動における動員力の低下現象が生じている。1981年の大統領選挙では左右両翼の対立が前面化し、既成左翼への期待が高まった。左翼政権は、プロゴフ原発の建設中止やラルザックの基地拡張計画の中止などエコロジストに期待と幻想を与える政策を実施していった[19]。1981年大統領選挙ではB. ラロンド（Brice Lalonde）を統一候補として100万票以上を集めた政治的エコロジーであったが、直後に実施された国民議会選挙では約27万票しか獲得できなかった。政党システムの二極構造の強化と既成左翼への期待の上昇は、エコロジストの占める政治空間を狭隘なものにした。

　だが、左翼政権へのエコロジストの期待は長くはつづかなかった。ミッテラン政権は選挙公約に反してフランスの核防衛戦略を擁護し、原発に関する国民投票の実施や代替エネルギー開発の約束も果たさなかった。左翼政権が多くの政策分野で保守勢力とそれほど変わらないことへの失望は、エコロジストの恒常的組織化に向けた気運を加速する効果をもった［Shull, 1999：93-94；Sainteny, 2000：124-125］。1983年に左翼政権が新自由主義を基調とする政策を採用することで既成政党の「コンセンサス政治」への傾斜は鮮明になり、ラディカルな政治的アクターが占拠できる政治空間が創出された。すなわち、「異なった政治（politique autrement）」を希求する政治的エコロジーが掲げる新しい争点（環境、移民、第三世界、フェミニズムなど）や参加民主主義の要求が既成政党によって統合されることは困難になり、彼／彼女らは独自の政党結成へと向かうことになった。

　フランスの政治的エコロジーは基本的な理念とスタイルを共有しながらも、

表3-1　環境汚染に関する世論の推移（1977－84年）（％）

	1977	1978	1981・3	1981・6	1982	1983	1984
環境保護に中立・否定的意見	12	12	18	29	18	20	19
環境保護に肯定的意見	88	88	82	77	82	80	81

出典）Sainteny［2000：107］。

　様々な政治的傾向を含んでいた。ブルターニュの地域主義的色彩をもつエコロジスト、アルザスの環境重視のエコロジスト、そして、パリのエコ社会主義や新左翼に近いエコロジストと、異なったニュアンスをもつエコロジストの間には基本的な政治目的や他の政治組織、社会運動との連携をめぐって対立と緊張の関係が存在していた。環境を重視した自立的な政治勢力か既成左翼との連携か、それとも、新左翼やラディカルな社会運動も含めた広範な連携かといった運動の戦略的選択をめぐって、エコロジスト勢力の内部では複雑な対立が潜在していた［O'Neill, 1997：180］。

　そのような多様な傾向をもつエコロジスト勢力を一つの組織にまとめることは非常に困難な課題であったが、1980年代初めには運動の基本的方向性をめぐる対立は先鋭化して、1981年の大統領選挙後に表面化することになる。同大統領選挙には、B. ラロンドがエコロジストの統一候補として出馬し3.37％の票を集めた。だが、大統領選挙後はイデオロギーから戦術まであらゆる点でラロンドとA. ヴェシュテル（Antoine Weaechter）との対立が顕在化する。そこにはイデオロギー対立と個人的な確執が重合していたが、ミッテラン政権の誕生は二人の間に新たな対立の要因をつけ加えた。左翼政権による変革への期待のもと広範な左翼勢力の結集を望むラロンドと、政治的自立性を重視するヴェシュテルとの間で対立が先鋭化する。両者が代表する左翼との協力路線と自立路線との対立に加えて、左翼政権の「裏切り」を前に、エコロジストが政治過程に影響力を行使するための全国政治との関わり方をめぐってもエコロジスト陣営内で立場が分かれた。

　一方は政治ゲームへのさらなる加担と統一された全国的な政治運動として

第 3 章　フランス緑の党の結成と発展

の発展を主張し、他方は既成政治から距離を置き、社会運動による政治的影響力の行使を重視していた。政治重視のエコロジスト活動家の多数派は分散状態の政治的エコロジーが政党へと融合することに好意的であったが、社会運動派は選挙と政党結成には否定的で、社会運動を通じた社会変革という方針を堅持していた［Sainteny, 2000：263, 266］。

　1970 年代には、恒常的な全国的な政治組織の不在がエコロジストの選挙活動に不利に働き、低調な結果がつづいていた。1981 年の国民議会選挙でも「今日エコロジー（Aujourd'hui Écologie）」は 1.1％の得票に終わった。1983 年の欧州議会選挙では比例代表制という有利な選挙制度にもかかわらず、エコロジストにとって結果は惨憺たるものであった。そのような低空飛行を克服すべく、エコロジストにおいては恒常的で統一された政党結成の気運は高まっていった。

　フランス緑の党は、前述したように 2 つの中心的な組織である「緑の党－エコロジー連合（VCE）」と「緑の党－エコロジー政党（VPE）」の統一から誕生するが、その過程は 1980 年代に入って始動する。1982 年 10 月、様々なエコロジーのグループが集まって議論を交わした結論がコミュニケとして発表されたが、そこでは既成政党からのエコロジストの自立の必要性が強調されるとともに、彼らの理念や政策を有権者の間に浸透させ、政党競合に対処するために恒常的組織をつくることが説かれていた。そして、エコロジー政党における党規律の必要性や二重党籍の禁止、党内での少数意見の尊重を前提とした多数決制での党運営など、政党結成に向けての踏み込んだ提言がそこには含まれていた。寡頭制的な逸脱の危険性を回避して、グラスルーツでの多様性を認めながらも政党としての最低限の要件を満たす必要性がそこには表現されていた［O'Neill, 1997：182］。

　1984 年にクリッシーで開催された集会で、前記の提言をもとにエコロジストの全国政党が結成されることになる。「緑の党－エコロジー政党」と「緑の党－エコロジー連合」を中心に新党は結成され、「緑の党－エコロジー政党・エコロジー連合（Les Verts-parti écologiste-confédération écologiste）」という複雑な名称をとった。新党の名称が 2 つのエコロジー組織のそれをつなげたものであったこと自体が、運動内に存在する対立と緊張を表現してい

た。すなわち、フランス緑の党の結成はエコロジストの潜在的支持者を最大化する試みであったが、それは諸グループ間の妥協の産物、自立性を重視する傾向のエコロジストと政治ゲームへの加担による影響力の拡大を重視するエコロジストとの間の妥協の産物であった［O'Neill, 1997：182］[20]。

　結局、既成政党に失望し、社会運動の限界も自覚していたエコロジストにとって、独自の政党を結成するしか選択肢は残されていなかった。政党の拒絶を克服した彼／彼女らは、既成政党とは異なった新しいタイプの政党という隘路を辿ることになる。支持の拡大と権力の獲得という政党固有の論理に閉じこもることなく、社会運動の代表として市民社会に開かれ、新しい社会経済モデルを追求するユニークな政党であることが、政党への不信と政党の必要性のジレンマをすり抜けるための解答であった。つまり、社会運動に依拠しながら生活を変え、世界を変え、市民社会を防衛すると同時に政治社会に参画するという実験に、プロフェッショナル化した政治の世界で取り組むことになる［Sainteney, 2000：261-263；idem, 1991：30-31］。

　さて、1970年代からの長い政治参加の軌跡の上に、フランスのエコロジストはついに独自の政党結成へとこぎ着けたが、そのような過程はフランスのエコロジー政党の苦難の歩みを暗示していた。それは、第1には、執拗な政党への不信と社会運動を優先する傾向が以降も克服されないままに続くことである。

　「地球の友」を典型として、政治への参画という変革の方法論を嫌い、社会運動の領域にとどまることを選択したエコロジストも多く存在したことは前言した。そのことは、新しい社会運動を基盤とする政治勢力にとって大きな制約となった。フランスでは、ドイツなどと比べても新しい社会運動が相対的に弱体であったが、新しい社会運動に活動家の供給を頼る緑の党にとって、多くのエコロジストが社会運動の領域に留まることは党員と活動家の少なさに直結していたからである[21]。

　第2に、B. ラロンドの不参加と緑の党に敵対的なライバル組織の結成が象徴的であるが、緑の党が政治的エコロジーの勢力をまとめ切れなかったことである。

　1980年代は緑の党が政治的エコロジーの代表としての地位を維持するが、

1990年には、ラロンドが「エコロジー世代（Génération écologiste）」を結成して緑の党の独占的な地位を脅かすことになる。エコロジスト陣営の分裂は、世論へのマイナス・イメージを与え、選挙にとって少なからぬ障害となった。
　第3に、外観的な統一にもかかわらず、緑の党の内部に対立する潮流を抱え込んでいたことである。エコロジー政党の自立性に固執し、組織や政治スタイル、理念における独自性とアイデンティティの維持を強調する立場と、他の政治勢力との協力を許容して現実政治に影響力を行使することを重視し、環境問題だけでなく社会的な問題へと守備範囲を拡大し、政党競合の論理に沿った組織や政治スタイルの変更を厭わない立場が党内に併存していた。そのような対立が表面化するのは、既成政党と異なったタイプの政党を目指すニュー・ポリティクスの政党が政党競合の場に参入したとき、初期のオルタナティヴ政党としての独自性とアイデンティティを維持することと、有権者の信頼性を高め、得票や議席を拡大するために効率性や合理性に配慮する要請が相容れないものである。その対立が党内で軋轢を引き起こし、1990年代における党の変容へとつながることになる（第4章参照）。
　以上のように、フランス緑の党は既成政党とは異なった政党であることを志して船出したが、そのような至上命題は緑の党を支配してきたし、現在でも支配している。次節以降では、新しいタイプの政党を目指すエコロジストがつくりあげた緑の党という政党の理念、組織と政治スタイル、党員と支持者像をニュー・ポリティクスの観点から概観してみよう。

4　新しい理念と政策を掲げて

　エコロジー政党がしばしば「環境政党」と呼ばれているように、環境保護を専門的に扱う単一争点政党というイメージが強い[22]。だが、そのような印象とは違って、彼／彼女らのビジョンはエコロジーや環境に限定されるものではなく、経済社会や政治の広範な領域に及んでいる［Richardson, 1995：11］。フランスの政治的エコロジーも環境の防衛を優先的課題としているのは確かだが、それに限定されるものではない。現代社会や経済、政治への根

底的な批判的視座は一貫しており、彼／彼女らの重視するテーマは 1970 年代の環境重視から軍縮・平和や経済・雇用、移民、社会的排除、持続可能な発展、欧州統合などへと拡大していく [Sainteny：2000, 288-289]。本節では、現行の社会や政治を批判し、ラディカルな変革の理念と政策を掲げるエコロジー政党の基本的理念や政策を概観してみたい。

エコロジー政党は、伝統的な政党システムの対立構造に新しい紛争の次元を接合することで既成の争点構造の安定性に挑戦している [Müller-Rommel, 1989：16]。すなわち、脱物質主義的な争点がその主張のオリジナリティを規定している。というのは、産業社会からポスト産業社会への移行は、物質的で量的な要求に立脚するよりも、むしろ、脱物質的で質的な要求に立脚する新しい対立軸を出現させ、それは新しいタイプの政党の出現を促すからである。エコロジー政党は、そのような新しい対立軸に適応し、新しい要求の担い手として登場するのである。

ゆえに、エコロジストの思想や言説は、現代社会を批判する「アンチ」を本質とする異議申し立ての表現を特徴としている。彼／彼女らが批判するのは産業社会の生産力主義的でテクノクラート的な諸側面と高度消費社会の現実であり、経済成長を基調とした社会のなかで消費の欲望を過剰に刺激し、自然資源を大量に浪費する経済社会モデルの転換がその本質的目標であった [Sainteny, 1991：53-58；Vialatte, 1996：193；Prendiville, 1989：92-93]。そのために、政治的エコロジーは、エコロジーや社会的公正、自己決定と自治の3つの中心的な価値を軸とした変革のビジョンを描いている。つまり、環境的価値を軸とした経済社会の再編、社会的公正の価値を軸とした連帯社会、反権威主義的で自己決定と自治、分権を軸にした社会をオルタナティヴな社会像として掲げている[23]。

まず、現代産業社会を根底から批判するエコロジストにとって、環境とエコロジーは最も重要な争点であると同時に、その成功の重要な要素であった。フランス緑の党の基本政策集を見ても、環境とエコロジーを重視して経済成長を優先しない社会像が提示されている。たとえば、1994 年版は「自然と人間の衝突」の章で始まっているが、「人間社会と環境の関係は今日危機的なレベルに達しているようだ」という基本認識から出発して、バイオ・テク

ノロジーや原発の危険性、生物多様性の縮小、自動車交通の弊害、農薬・殺虫剤による汚染など「25の主要な問題」が告発されている。

そして、彼/彼女らはエコロジーの問題を解決するための「エコロジスト独特のアプローチ」を提唱している。すなわち、世界の複雑性に配慮し、暴力に頼らない民主主義的議論によって自立と連帯、生物への責任といった価値に適合した解決策を集団的に模索することを求めている。そのようなアプローチは現行社会の急激な変革を前提とはしていない。エコロジーの問題の解決にはメンタリティと行動の変化が重要であり、そのためにエコロジー教育とエコロジー的公民精神の涵養が長期的な課題として掲げられている [Les Verts, 1994：23-35]。

1999年版では長期的なエコロジー改革を展望しながら、地域社会から地球までの持続可能な発展（développement durable）のための取り組みが説かれている。それは地球環境の悪化に対する闘いから、グローバル化のコントロール、世界の混迷を打開する連帯を軸とした国際関係の構築、平和と安全保障、民主的・社会的ヨーロッパの建設、地域や言語の復権、持続可能な国土開発、都市のエコロジカルな発展、公共交通の復興といった多様な課題から構成されている [Les Verts, 1999：53-122]。また、同書第4部の「自然と人間の融和」でも、健康やエネルギー、海洋、廃棄物、生物多様性、農業などのテーマが扱われており、持続可能な社会に向けた環境政策が具体的な提言とともに提示されている [Les Verts, 1999：65-67, 75-77, 205-257]。

緑の党の幹部であるヴォワネが言うように、フランスではこれまでエコロジーという政治的選択肢が本格的に試されてはこなかった。それは一部には制度的な阻害要因によるものであるが、何よりも、それが既存の習慣や考え方を一変させ、テクノクラートと産業・金融界の利害と衝突するからである。また、高速道路と原発が恩恵をもたらし、経済発展が万人に利益を与えるといったドグマに疑問を呈するものだからであった [Voynet, 1995：11]。

だが、彼/彼女らのエコロジーの言説は社会において孤立しているわけではない。1980年11月に実施された世論調査で、環境問題に最も重要性を付与している政治勢力として57％の回答者がエコロジストをあげていた。1976年の調査でも、環境問題は重要であり政府の対応に不満であるという

回答は 53％に達している。世論のなかには既成の政治的アクターが環境問題への応答性が欠如しているという印象があり、新しいアクターが出現する可能性が存在していた［Sainteny, 2000：50-52］。核エネルギーに関しても、1974-77 年に原発を支持する世論は著しく低下し（-34％）、1977 年以降は原発反対の世論は多数派に転じている。しかし、既成政党では原発推進のコンセンサスが支配し、この問題でも既成政党と世論のズレは顕著であった。エコロジー運動は核エネルギーとその政策決定のあり方に激しい批判を浴びせ、他の政治的アクターが沈黙している争点を掲げて世論の一部から信頼を獲得することに成功した［Sainteny, 2000：55-57］。

　前言したように、エコロジストは環境問題だけを語っているわけではない。むしろ、1990 年代の緑の党は社会的な問題にも多くの関心を傾注していた。ドイツ緑の党の 4 原則の中に「社会的」という項目があったように、政治的エコロジーの関心は環境のテーマだけではなく社会的公正の課題にも向かっている。環境のテーマと並んで「排除された者や搾取されている者、声なき者」の利益が重視されている［Faucher, 1999：57］[24]。

　1999 年版の政策集では、社会的公正と連帯の課題は第 2 部の「町から地球までの持続可能な発展」で国際的な格差是正と連帯の課題として扱われ、第 3 部の「新しい自由空間を開く」では、雇用、教育、市民権、女性、移民、ゲイとレズビアン、ドラッグ、障害者、社会運動といったテーマが扱われており、政治的エコロジーが社会的課題を重視していることをアピールしている［Les Verts, 1999］。

　エコロジストの社会経済的な課題に関する政策提言は、社会的公正への配慮によって貫かれている。たとえば、労働時間の短縮については最低賃金の 2 倍までは現行賃金を維持、それ以上は賃金保障を逆進性とすること、失業者や貧困層への対策として最低生活保障を 1 万 5000 フラン増額すること、失業者の交通費無料化、「社会参入最低所得（RMI）」の 25 歳未満への適用拡大、不法滞在移民への滞在許可証の交付や出生地主義による国籍の付与など社会的公正の課題を具体化し、失業者や移民、社会保障改悪に反対する社会運動への連帯を明らかにしている［Les Verts, 1999：133, 181-188］。

　緑の党の政策には、エコロジストのリバタリアン的で脱物質主義的な価値

第3章　フランス緑の党の結成と発展

も色濃く反映されている。たとえば、雇用のテーマでも彼／彼女らの脱物質主義的価値観が表現されている。緑の党は雇用問題への切り札としてワークシェアリングと時短を掲げているが、そのような政策は社会民主主義者によっても提唱されている。社会民主主義者が雇用創出や失業者削減の手段という視点からそれを求めているのに対して、緑の党はそのような時短の効果を否定するわけではないが、自由時間論といった独自の主張を展開している。

　すなわち、「労働時間短縮とは自由時間を取りもどすこと」であり、エコロジストは時短を人間にとって自律性の条件であると考えている。それは「自由な個人の社会とは自由時間をもつ個人からなる社会」だからである。生産力主義の成果を再配分し、購買力と大衆消費へのアクセスを保障するモデルから脱却し、「進歩をはかる尺度がより良い社会関係の質と結びついた万人の自由時間増加に置かれるような社会」が提起されている。そのような時短論は、現代社会の不幸が「持つ」ことの不足よりも「在る」ことが充実していないこと、つまり、存在論的貧困に起因しているという基本認識に根ざしている。人間として開花し、家族や社会と良好な関係を結び、世界に向かって自分を開き、市民権を行使するためには自由時間が必要なのである。所有や消費から自己実現や自己決定、関係性の豊穣化へ、量的発展から質的発展へと「豊かさ」の本質を組み換えるために自由時間の増加が訴えられている　[Les Verts, 1999：125-133]。

　脱物質主義的価値とともに、緑の党は反権威主義的でリバタリアン的な価値によっても強く刻印されていた[25]。そのことは女性と男性の平等化やゲイとレズビアンへの差別との闘い、ドラッグの「管理された合法化」といったテーマが政策プログラムの項目として掲げられていることからも分かる。権威主義的で保守的な道徳観・社会観とは対照的に、彼／彼女らは女性自身による身体と受胎能力のコントロール、同性愛者の私生活の尊重と同性愛者と異性愛者の権利の平等化、人種的憎悪の扇動を罰する法律の対象を同性愛者に拡大すること、麻薬使用者に対する罰則の廃止と麻薬使用者や末端の売人の特赦といった、かなりリベラルな政策が掲げられている　[Les Verts, 1999：157, 174, 179]。

　以上のように、緑の党は環境問題を中心としつつも総合的な政策を提示し

ている。ワークシェアリングや労働時間の短縮による雇用問題への取り組みや多文化主義の促進による人種差別との闘いの他にも、分権、自治、自己決定、非暴力、第三世界との連帯、地域の自立性を尊重したヨーロッパ統合、反原発などの多彩なテーマを展開している[26]。緑の党の掲げる多様なテーマは、経済成長とその果実の再配分を本質とし、社会の多様な物質的利益の媒介と調整を中心的役割とする既成政党とは異質なものであった［Faucher, 1999：14-15］。

ゆえに、そのような理念や政策プログラムをもつエコロジー政党は左右のエスタブリッシュメントへの対抗運動の性格を帯びることになる。徹底した民主主義と分権を核とした緑の党の組織原理とともに、そのオルタナティヴな経済社会モデルの希求は、政党システムにおいて既成政党から彼／彼女らを区別すると同時に、既成政党に飽き足らない有権者にとっての魅力の源泉であった。

ただし、緑の党が結党時から一貫して政策的優先順位や強調点を変えていないわけではない。1986-93年のヴェシュテル執行部のもとでは環境的な争点（環境保護、リサイクル、有機農業、動物愛護、原発、環境汚染、エネルギー）が優先され、1994年に指導権を掌握したヴォワネ執行部のもとでは社会的課題（社会経済問題、社会的公正と連帯、反人種差別、デモクラシー、自主管理、失業）が優先されている。もちろん、緑の党は環境問題を放棄したわけではなく、①1990年代初めに世論の関心の重心が環境から社会的な問題に移ったこと、②既成政党が環境問題をプログラムや言説に取り込んでいったこと、③環境問題の単一争点政党という世論のイメージを克服する必要性といった理由に対応した変化であった［Burchell, 2002：137-154][27]。

1990年代に緑の党が社会的問題にアクセントを移していくが、環境やエコロジーの問題と社会問題をリンクさせて、その解決をオルタナテイヴな経済社会モデルへの転換によって実現するという基本的理念へのコミットメントは維持されている。

5　新しい組織モデルと政治スタイル

　1984年に政党を結成することでフランスのエコロジストは制度的な政治の領域に踏み出した。それは「普通の政党」を結成することを意図していたわけではない。彼／彼女らの活動スタイルや政党組織の運営には既成政党とは異なった視点と発想が、すなわち、反政党的で反エリート的なエートスが刻印されており、集権化・ヒエラルキー化され、規律づけられた効率的闘争マシーンである既成政党とは異なった真に民主主義的な政党モデルが想定されていた。それは、新しい社会運動を経過している多くの緑の党の幹部がエスタブリッシュメントへの異議申し立てのロジックで新しい政党を考えており、新しい社会運動から継承した独特の組織的アイデンティティを共有していたからであった［Rihoux, 2001：22-23］。

　緑の党は既成政党とは異なって、開放的で民主主義的、市民参加を重視した政治を原理的立場としていて［O'Neil, 1997：428-429］[28]、「生活を変える」と「世界を変革する」という二重の課題を追求するニュー・ポリティクスを体現する運動の次元と、政党システムのアクターとして活動する制度的次元を両立させる新しいタイプの政党を目指す困難な挑戦にこそそのユニークさがあった［Sainteny, 1991：31］。

　エコロジストの組織・行動スタイルは、彼／彼女らの「理想的な」組織化モデルを表現するものであり、既成政党とは異なった新しいタイプの政党としてのアイデンティティの基盤であった。党活動への参加が個人の成熟をもたらし、組織の民主的な運営を保障することで各党員の自立と独立が実現できるような政党が目指されていた［Millaba, 2001：129］。そのため、極度に分権的で、ヒエラルキーと指導・被指導の関係の役割を拒否し、民主主義的運営を重視した組織モデルが採用されている。

　そのような新しい政党の組織モデルには、彼／彼女らの民主主義観が反映されていた。「我国は国民を代表しない少数の政治のプロによって指導されている」という緑の党の活動家の発言に見られるように［Faucher, 1999：192］、政治がエリートによって牛耳られ、参加・平等・自由といった基本的

価値が軽視されていることに西欧民主主義の欠陥を見ていた。個人と集団の責任に基づいて市民が決定過程に参加する直接民主主義が彼／彼女らの民主主義の劣化への処方箋であったが、そのような民主主義の現状への批判が党の組織化を規定していた。

表3-2は、新しい社会運動に出自をもつ「運動政党」であるエコロジー政党の組織の理念的な特質を列挙したものである。B. リウーがエコロジー政党の組織原理として指摘している各項目は、フランス緑の党にも該当するものである[29]。以下では、リウーの指摘する項目にそって緑の党の組織・政治スタイルについて検証してみよう。

集団指導とプロ化したリーダーシップの欠如については、フランス緑の党も指導者への権力と権威の集中に対する極度の警戒に由来している。その象徴的制度が4人のスポークスパーソン制度であったが、スポークスパーソンが強大な権力をもたないように配慮されている[30]。1990年代後半には、党の指導権は事実上 D. ヴォワネに掌握されていたが、彼女は党が集団的に指導されていることを強調し、「個人的リーダーシップ」を否定して底辺民主主義の伝統を支持していることをアピールしていた。かつてヴェシュテルが大統領選挙に立候補したというだけで、マスコミは彼を最高の地位に据えている。しかし、緑の党の議会である「間地域圏全国評議会（Conseil national inter-régional=CNIR）」で、ヴェシュテルは他のCNIRメンバーと同じ影響力しかもたないという趣旨の発言が党員から発せられているように、指導者の地位と権威を否定するコンセンサスが存在していた［Faucher, 1999：218-219][31]。スポークスパーソン制度の他にも、合議制の指導的機関としては4人のスポークスパーソンと全国書記長、財務担当者など10－15人のメンバーからなる「執行委員会（Le collége exécutif）」が設けられているが、執行委員会も党の基本方針を決定する権限を例外的にしか行使しなかった［Pronier et le Seigneur, 1992：92-93］。

緑の党の中央指導部は合議制を原則とするスポークスパーソンと執行委員会からなっていたが、党の最高決定機関はCNIRであった（定員120名）。CNIRは党内民主主義と分権的組織構造への配慮が加えられており、そのメンバーの4分の3は地域圏単位で選出され、4分の1が連合総会で選出され

表3-2　新しい社会運動に由来する「運動政党」の理念型的な組織特性

1. 集団指導
2. 構成員によるポストと公選職就任者への有効なコントロール（強制的委任）
3. ローテーション制度
4. 開放性（構成員の集会への自由なアクセスなど）
5. 下部組織レベル（地方レベル）の優位性と自立性
6. ポストと公選職の兼任の厳禁
7. 構成員に対する、党運営への参加と影響力行使の可能性の保障
8. プロ化したリーダーシップの回避（政治的アマチュア主義）
9. 男女間の公平性
10. 公選職就任者の個人所得の制限

出典）Rihoux［2001：26］。

ていた。党のスポークスパーソンや執行委員会メンバーはCNIRによって選出され、党執行部には草の根からのコントロールが担保されていた（次頁の図3-1参照）。以上のように、緑の党の組織構造は権力の集中回避と下部からのコントロールに配慮されていた。

　党内民主主義と分権に配慮した組織運営に関しては、他にも様々な工夫が凝らされていた。過度の権力集中と幹部のプロ化を防ぐために、党員による党役職と公選職の保持者へのコントロールと党役職と公選職の兼任制限が定められていた。議員と党役職にポイント制を設けて（たとえば、小規模な自治体の議員1ポイント、10万人以上の自治体の議員5ポイントといったように）10ポイントを超える兼職を禁じ、議員ポストのローテーション制度[32]を導入している。また、大統領選挙での候補者選定には予備選挙が導入され[Prendiville, 1993：100-101][33]、党内での直接民主主義制度として10％以上の党員の発議で実施される党内レファレンダムも制定されている。同制度は、CNIR、連合総会、5つ以上の地域圏組織の共同した発案で実施可能であるが、党員主導で実施する場合は3分の1の地域圏にまたがった10％以上の党員（1つの地域圏に所属する党員が5分の1以上を超えてはいけない）の請求で実施され、その結果は総会決定と同じ重みをもっている（規約第16条）。

　組織の外部への開放と党員に対する党運営への参加と影響力行使の可能性の保障については、党員が自由に参加して党の政策や運営についてオープン

図3-1　フランス緑の党の組織図

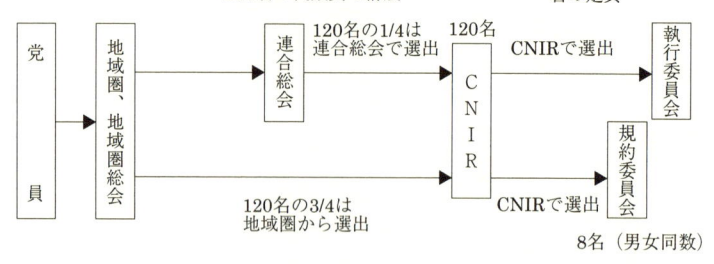

出典）フランス緑の党の規約をもとに筆者作成。

に議論し、党の基本方針を決定できる場として総会（地域圏総会・連合総会）が設けられている。総会は「緑の党の政治的方向性が決定される運動の最高審級」（規約第12条）であり、初期の緑の党では総会で基本方針が決定されると指導部は介入の余地がないほど絶大な権限が付与されていた［Pronier et le Seigneur, 1992a：93］[34]。

総会は2年に1回開催され、参加者は自由に提案する権利を保障されている。総会の場では党役職の上下にかかわらず平等な発言時間が保障され活発な議論が交わされるが、往々にして議論は混乱し総会は長時間に及んでいる[35]。

下部組織レベル（地方レベル）の優位性と自立性、分権性については、緑の党のなかには非ヒエラルキー的で分権的な政治への強烈な欲求が存在していた。彼／彼女らの政治スタイルにおいて、党員の自発的な参加とローカルなレベルへの執着が顕著である。「グローバルに思考し、ローカルに行動する（Penser globalement, agir localement）」はお気に入りのスローガンであり、「政治屋の政治（la politique politicienne）」とは対極にある「現場闘争（la lutte de terrain）」の重視は緑の党の文化の本質的要素であった［Boy, le Seigneur et Roche, 1995：46］[36]。

規約によれば、緑の党への加入は地域圏組織で受理され（規約第7条）、また、内規によれば、地方選挙での候補者選定の権限は地方組織に与えられていた（内規第10条）。そして、内規第11条では地方組織は最大限の自律性を

享受し、全国指導部の方針と不一致が生じた場合は、その決定の実施を留保する権利が認められていた。CNIRの4分の3のメンバーを選出する強い権限も考慮すると、緑の党は実質的には地域政党がネットワークしたような構造になっている。

地域圏組織は自由に活動を展開することが許され、唯一の制約は全国規約に反しないこと、地域圏総会を開催する義務だけだった。地域圏組織は地域政党のような自律性を確保し、党員を登録しており、全国レベルの決定機関であるCNIRの代議員を選出する権限を有している。また、地方選挙に関しては、地域圏議会選挙の候補は県組織で決定し、中央レベルでの承認は必要なかった［Faucher：1999：54］。緑の党が地方組織に大きな自立性を与え、分権的な組織構造をとっていることが分かる。

そのような組織モデルは、中央集権主義を嫌う党員の要求を満足させたが、その反面、組織の効率性と統一性にとっては大きな障害となった。たとえば、緑の党では地域圏議会での投票行動は規律を欠いていた。地域圏議員と党の関係は公式的には規定されておらず、議会での投票規律は欠如し、地域圏議員は制約なく自由に行動をしていた[37]。あまりに自由で厳格性に欠けた組織のあり方は多数の議員の移籍や離党をもたらし、緑の党の地域圏議会での影響力の低下、議席が空白の地域圏議会の出現を招いた。そのことは、緑の党の政治的影響力の低下だけではなく、財政的な面でも打撃を与えた［Faucher, 1999：100-104］。

男女間の公平性については、党の4人のスポークスパーソンは男女半数ずつであったし、選挙での候補者選定でも男女のバランスへの配慮が規定されている。だが、実態は必ずしも両性間の公平が実現されているとは言い難い。緑の党のジェンダーフリーな言説や理念にもかかわらず、1984年の全国レベルの指導的人物76名の中で女性は15名、1989年は74名中17名と、緑の党のエリートは男性中心に構成されていた［Sainteny, 1991：95-96］。

以上のように、フランス緑の党が「反政党的政党」「運動政党」として、既成政党とは異なった原理にそって組織されている。新しい社会運動に正統性と支持基盤を負っている緑の党は、下部からの参加を重視した形態を採用することが必要であった［Faucher, 1999：266］。また、反政党的エトスの

強さも少なくとも初期の緑の党の組織形態を強く規定していた。その結果として、彼／彼女らは通常の政党組織を拒絶することに由来するハンディキャップに苦しんだ。また、トップダウン型の政党とは対極の組織モデルに鼓舞される政党構造と結びついたリーダーシップ観は、党内対立の恒常的な源泉となった [O'Neill, 1997：185]。

緑の党は既成政党とは違って、組織運営において迅速性や効率性への配慮よりも党内デモクラシーを優先している[38]。そのような緑の党の特徴は現実政治の場で大きな試練に曝され、初期の運動政党の純粋性は大きく変更されることになる。それでもニュー・ポリティクス政党の組織と政治スタイルは基本的に維持されており、そのことが緑の党の魅力にもなっている。

6　支持者と活動家のプロフィール

フランス緑の党の活動家と支持者は、その社会職業的な性格と意識の面で独特な特徴を示している。彼／彼女らのプロフィールを描いてみると、平均年齢は相対的に若く、社会的カテゴリーとしては新中間層に属し、高学歴で政治的な関心も高く、アソシエーションの活動にも積極的に参加する、といった輪郭が浮かび上ってくる。

有権者レベルで、政治的エコロジーが最も支持を集めたのは18歳から34歳の年齢層から半数近く（46％）の票を集めている（表3-3）。活動家レベルでは、社会党に比べて34歳以下の比率が圧倒的に多く（44％）、緑の党が比較的若い年齢層に支えられていることが分かる。

1974年に実施された選挙権の18歳への拡大もあって、1970-80年代初めにかけてのフランスの有権者構成はかなり若返り、戦後世代の有権者が大量に誕生していた。新しい戦後世代、特に「68年世代」は前の世代に比べて新しい価値観や発想に敏感で、既成政党との一体感が希薄なこともあって、新興政党である緑の党を支持する可能性は高かった。「戦争を体験することで、『耐乏』という言葉を極めてネガティヴで制約の多い占領イメージと結びつけるのは前の世代である。『無限の進歩』というイデオロギーはそこか

表3-3 緑の党と社会党の活動家と支持者の年齢構成（％）

	緑の党総会参加者 （1989年）	緑の党投票者 （1989年欧州議会選挙）	社会党大会参加者 （1990年）	社会党投票者 （1989年欧州議会選挙）
18-24歳	10	15	4	8
25-34	34	31	14	20
35-49	38	29	56	30
50-64	13	17	21	23
65歳以上	3	8	4	19
不明	2	9	1	0
合計	100	100	100	100

出典）Prendiville [1993：157]。

ら生まれてきた。今日、国家の指導的地位に就いているのはそのような世代である。〔……〕我々は戦前や戦中、占領、戦争直後に自己形成をしていない」[Dumont, Lalonde et Moscovici, 1978：30] という B. ラロンドの発言は、緑の党に結集する、戦争を知らず、貧しさを知らない新しい世代の存在を証言している。68年5月の運動を経験し、文化的リベラリズムの価値観を身につけた新しい世代の存在は、新しい政党の誕生と躍進にとって欠かせない要素であった [Sainteny, 2000：63-65]。

緑の党の支持者と党員の教育水準は、新中間層の支持者と党員を多く抱える社会党に匹敵する高学歴傾向を示している（次頁の表3-4）。党員では高等教育修了者が60％と社会党大会の参加者（64％）と同程度であるが、緑の党の投票者においては34％と、社会党への投票者（23％）を大きく上回っている。緑の党の党員と支持者が比較的高学歴の有権者によって支えられていることが確認できる[39]。

男女の比率については、緑の党は女性の政治的要求を重視し、党内でも候補者選考や指導部選出の際には男性優位の傾向を是正する努力が払われてきた。それにもかかわらず、1989年の党員を例にとれば、男性が70％、女性が27％と圧倒的に男性優位の構成になっていた。他方、投票者のレベルでは、1989年欧州議会選挙の場合を例にとれば、男性49％、女性51％と逆転

表3-4 緑の党と社会党の活動家と支持者の教育水準（％）

	緑の党総会参加者 （1989年）	緑の党投票者 （1989年欧州議会選挙）	社会党大会参加者 （1990年）	社会党投票者 （1989年欧州議会選挙）
初等教育	3	22	1	39
中等教育	19	23	17	18
工業・商業教育	12	21	11	20
高等教育	60	34	64	23
不明	6	0	7	0
合計	100	100	100	100

出典）Prendiville［1993：164］。

表3-5 緑の党と社会党の党員・支持者の男女比率（％）

党員	緑の党 (1988)	緑の党 (1989)	社会党 (1990)	投票者 （欧州議会選挙）	緑の党 (1989)	社会党 (1990)
男性	74.6	70	81		49	52
女性	25.4	27	19		51	48
合計	100	97（不明3）	100		100	100

出典）Prendiville［1993：154］。

している（表3-5）［Prendiville, 1992：143］。

このように、女性の権利や地位に敏感な緑の党の場合も活動家レベルでは男性優位のバイアスを克服することは困難であった。確かに、投票者レベルでは男女の比率が均衡しているが、その点では社会党も同様の傾向を示しており、緑の党だけが男女が均衡した支持者構造をもっているわけではない。問題は、フェミニズムの洗礼を受けている緑の党が党活動のレベルで男性優位の状態を是正できないことであり、そのことは、フランス政治全体を支配している男性優位の克服がいかに困難であるかを示している［Prendiville, 1993：153-154］。

緑の党の社会職業的性格に関する表3-6から、緑の党に投票している有権者は、中間管理職・技術職、事務職、教員といった新中間層が中心である

第3章　フランス緑の党の結成と発展

表3−6　エコロジストと他の政党の投票者の社会職業的性格（％）
（第1回投票）

	1995年大統領選挙								1978年国民議会選挙
	ラギエ	ユー	ジョスパン	ヴォワネ	バラデュール	シラク	ド・ヴィリエ	ルペン	エコロジスト
職業									
学生	15	8	13	11	7	14	12	8	
労働者	19	27	12	8	8	10	8	26	9
事務職	24	27	25	28	22	23	22	27	12
中間管理職・技術者	14	17	19	20	21	17	15	13	21
教員	8	6	12	16	6	4	5	2	
企業家	1	1	1	1	3	3	5	2	5
商業・手工業者	4	4	2	4	6	6	10	8	
上級管理職	4	2	7	5	9	7	7	3	
自由業	2	1	3	4	6	8	5	4	8
農業	1	1	1	1	2	2	3	1	4
無職	8	6	5	2	10	6	8	6	38
政党支持									
極左政党	10	2	3	4	0	1	1	1	6
共産党	9	60	4	1	1	1	0	2	左翼34
社会党・急進左翼	29	16	71	15	3	5	9	6	
エコロジスト	11	2	3	54	4	3	4	3	
UDF	7	3	2	4	43	16	26	4	中道36
RPR	3	1	0	1	20	52	26	9	右翼16
国民戦線	2	1	0	1	3	2	10	53	
無回答	29	15	17	20	26	20	24	22	8

出典）Sainteny［2000：418-419］。

　ことが分かる。特に高等教育修了者を多く含むと推定される中間管理職・技術職と事務職、教員からの得票が多いことから、緑の党は高学歴の新中間層を支持基盤としているといえる。また、教員の比率が他の政党候補と比べて極めて高いのは、知的職業である教員のなかに緑の党のオルタナティヴな経済社会のビジョンが受容されているからと解釈できる。逆に、労働者の割合

（8％）の低さは、緑の党の脱物質主義的で反産業主義的な主張が産業セクターで働き物質主義的価値観が強い労働者層には受容できないことが推定される。

そのような新中間層にバイアスのかかった傾向は、党員においても見られる。1988年の調査によると［Prendiville, 1993：163］、党員構成において上級管理職・知的職業（32.5％）、中間管理職（21％）で全体の半分を超えている。他方、労働者は1.8％と極めて少ない割合を占めているにすぎない。そのような労働者の党員が極端に少ないことは、緑の党では民衆的な社会層に属する党員が非常に少ないことを象徴している。支持者の構成と比較しても、党員のほうが新中間層のバイアスがより顕著であり、新中間層の政党としての性格をより鮮明に示している。

最後に、緑の党の党員と支持者の政治的傾向に触れておこう。1989年の総会に出席した活動家への調査から党員の関心構造が見て取れるが、重視するテーマに関しては予想どおり環境問題がトップで（73％）、社会的不平等の是正（54％）、「排除」との闘い（49％）、自由の擁護（46％）と続いている。同年に実施された支持者への調査では、雇用創出がトップで（77％）、次に環境問題、社会的不平等の是正と続き、支持者のほうが党員より社会的テーマに関心が高いことが分かる［Boy, 1989：241, 250］。

また、既成政治への不信は緑の党を支持する動機になっているが、1989年の調査では、緑の党の支持者の37％が「政治を軽蔑している」と回答しており（回答全体では29％）、47％が国会議員を信頼していないと答えている（信頼している42％）［Bennahmias et Roche, 1992：172］。政治は名誉ある活動かという設問でも、緑の党支持者の42％が名誉ある活動と評価していない（「評価する」という回答は54％）。国民戦線の支持者が名誉ある活動と考えるものが36％、そうでないものが64％と突出して否定的な回答が多いが、新しい右翼の支持者ほどではないにしても緑の党支持者でも政治家への評価はそれほど高くない。

同様の傾向は、政党に代表されていると感じているかという設問に対してもみられる。緑の党支持者で肯定的回答は28％だけで（国民戦線16％）、否定的回答が59％に達している（国民戦線76％）［SOFRES, 1990：165, 168］。

第3章　フランス緑の党の結成と発展

多くの有権者は既成政治・政党に対して不信や不満、否定的評価をもっているが、緑の党が体現しているのが既成政党と政治制度への拒絶や政治の新しい形への願望を体現する緑の党にとって、政治に不満をもち、既成の政治的枠組みに収まり切らない有権者の存在は有利な政治的リソースであった [Sainteny, 2000：67]。

次に、緑の党の党員の政治的経歴であるが、1980年代後半のヴェシュテル派の党内支配を理解する上で興味ある事実は、初期の緑の党では過去に政治経験のない党員が大半であったことである。

1984-89年の統計では、68年5月の運動や統一社会党（PSU）、極左などの党派活動を経験している党員を除いては、新入党員の72-85％が政治的前歴のない新参者であった。そのことから、彼／彼女らは左翼志向を強く刻印されておらず、党の自立路線に馴染みやすい体質をもっていたと推定できる。ただ、1989年には、社会党、共産党からの移行組が9％を占めており、1990年代に緑の党が左翼協力路線に転じる要因もうかがわれる。

支持者のレベルでは、左翼親和的傾向はより鮮明である。1988年大統領選挙で A. ヴェシュテルに投票した有権者の44％は、86年の国民議会選挙で社会党に投票していた。また、1986年の欧州議会選挙で緑の党のリストに投票した有権者の39％は、1988年の大統領選挙ではミッテランに投票している。1989年欧州議会選挙では、1988年の大統領選挙でオルタナティヴ左翼候補（Ph. ブッセル、P. ジュカン、A. ラギエ）に投票した有権者の22％と共産党に投票した有権者の8％が緑の党に投票しており、緑の党への投票者が左翼に親近感をもっている傾向が確認できる [Shull, 1999：27-28]。

緑の党の場合、党員は左右の政治的分類の発想から相対的に解放されているように思われるが、支持者のほうは第2回投票で左翼に投票したり、左右両翼の軸上では左翼陣営を選択する傾向が強い [Sainteny：1991：94]。既成政党には批判的なスタンスをとりながらも、緑の党の支持者は左右の軸上に位置づけられることを基本的に受容していたと言える[40]。

さて、党員と新しい社会運動との関係についても見ておこう（次頁の表3-7）。緑の党の場合、一般に党員は積極的にアソシエーション活動に参加している。緑の党が新しい社会運動を基盤に発足した経緯は既述したが、新し

表3-7　緑の党と社会党でのアソシエーション加入状況（%）

加入状況	緑の党 (1988)	緑の党 (1989)	緑の党 (1990)	社会党 (1990)
最低限1つ参加	89.5	——	74.2	——
参加せず	10.5	——	25.8	——
合計	100		100	
アソシエーションの タイプ（複数回答）				
環境団体		62	67.3	11
社会・公民的団体		49	33.6	59
その他		0	9.7	0

出典）Prendiville [1993：173]。

い社会運動の政治的表現であるという党の基本的な性格は、党員とアソシエーションとの関係からも確認できる。また、アソシエーションのなかでも環境をテーマとする団体への参加が圧倒的に多いのは、環境問題を重視する緑の党の性格からして当然の結果といえよう。

　以上、緑の党の党員と支持者の社会的・政治的特徴を多角的に見てきたが、緑の党はその支持者と党員において、若くて高学歴で新中間層に属している社会層からリクルートされ、環境問題や社会問題に関心をもち、新しい社会運動と強い絆をもっているという特徴が浮かび上がってきた。政治的傾向に関しては、党員と支持者では違いがあるが、基本的に左翼への志向性を示している。そのような支持者や党員のプロフィールからも、フランス緑の党が多くの研究者によって指摘されているニュー・ポリティクス政党のモデルに適合することが確認できる[41]。

おわりに

　本章では、ニュー・ポリティクス政党という視点から緑の党を検証してきたが、新しい社会運動を基盤に登場してくるフランスの政治的エコロジーは、1970年代には恒常的政治組織を拒絶していたが、80年代に入って彼／彼女

らは従来の政党とは異なった新しいタイプの政党の結成に踏み出した。その新しさは、新しい社会運動に由来する新しい価値観と争点に立脚して、既成政党とは異なったユニークな組織構造と政治スタイルを選択していること、相対的に若くて高学歴の新中間層を支持基盤としていることにあった。

　彼／彼女らは権力の獲得という政党固有のロジックに閉じこもることなく、オルタナティヴな経済社会モデルを合法的改革を通じて実現するという極めて困難な方法論を選択している。だが、現実政治の場に乗り出した時、政治的エコロジーの非改良主義的改良主義の運動は予想外の成功とともに大きな困難にも直面することになる。次章では、緑の党の政党システムへの参入と定着、そして、そのなかで表面化する路線をめぐる党内対立、政治システムでの成功がもたらした党の変容といった、現実政治の場に乗り出したニュー・ポリティクス政党の経験に焦点を当てて検証してみよう。

　注
1）　フランスにおけるエコロジー運動が1968年5月の運動から大きな影響を受けていることは多くの研究者によって指摘されているが、1960年代に環境保護運動として始まったエコロジー運動は、68年5月の運動をくぐるなかで、環境保護の単一的なテーマを超えて社会的・文化的テーマを含んだ新しい政治文化を獲得していった［Prendiville, 1993：21］。後に、緑の党の基本的な政治文化となる党員の自由な参加による議論と決定の重視や分権的な組織構造、指導者への権力集中の回避、組織指導部や議員へのローテーション原則の適用、政治のプロ化の拒絶といった要素には68年の経験が刻印されている［Jacques et Pronier, 1992：34］。
2）　1968年5月に頂点に達する学生運動を中心としたフランスの運動については畑山［1995］を参照。
3）　一時はフランスの代表的なエコロジストであったB. ラロンドの「我々はエコロジーを生きており、上から社会を変えるには権力を掌握しなければならないという政治思想のように、特にそれを理論化することもなかった。反対に、我々は、ゲード主義者やレーニン主義者、権力を掌握することで上から社会を変革しようとする人々に抗してエコロジーに入っていった。社会は、運動や闘争、紛争を個人的に引き受けることを通じて変えることができるという極めて68年的な思想からエコロジーが形成されていくのは、それらの人々に対抗してであった」という発言は、政治主義的で権力志向的な発想への反発と抵抗が表現されている［Lalonde, 1993：35］。
4）　1971年に結成された「地球の友（l'Amie de la Terre＝AT）」は、新左翼組織から自立した最初の政治的エコロジーの活動家たちの拠点となった。初期のAT

は反資本主義、自主管理、社会主義を標榜していたが、1976年までその中心的人物であり、1990年に緑の党のライバル組織である「エコロジー世代（Génération Écologie）」を結成するB.ラロンドは統一社会党（PSU）のメンバーでもあった。ATには、Y.コッシエ、R.コナン（René Conan）、P.ラダンヌ（Pierre Radanne）など後に緑の党の幹部になる活動家もATに参加していた［Jacques et Pronier, 1992：38］。ただ、後に触れるが、ATはエコロジー運動が政党結成に乗り出すことには反対で組織としては社会運動の領域にとどまりつづけた。

5）　緑の党の党員を対象とした1988年と1990年に実施された調査では、それぞれの年で89.5％、74.2％が何らかのアソシエーション（社会運動団体）に加入していると回答している。その内訳は、1989年62％、1990年67.3％が環境系の団体、49％、33.6％が社会系の団体に参加している（複数加盟のため100％を超えている）。環境運動と社会的テーマの運動に関係している党員が圧倒的に多く、新しい社会運動が緑の党のリクルート源になっていることが分かる［Prendiville：1993：173］。

6）　中央集権的で官僚優位の国フランスでは、政策決定過程に介入する市民社会の伝統が弱く、反対派の意見を政治過程に吸収する機能を欠いていた。結果として、情報は遮断され、政策決定過程から排除された反対運動は、政策決定過程の外側からの圧力行使という形態を選択せざるを得なかった［Prendiville, 1992：31；idem, 1993：16］。そして、国家権力側が強圧的な弾圧に乗りだし、反対運動の側に暴力的行動が誘発されるとき、反対運動は容易に暴力的形態を帯びることになる。

そのような強い国家と市民社会の脆弱性の伝統は、環境系アソシエーションの貧弱さにも表れていた。1990年代初めの統計で、ドイツの「環境保護運動（Bund Naturschutz）」が構成員7万7000人、年間予算約2200万フラン、イギリスの「王立野鳥保護協会（Royal Society for the Protection of Birds）」が構成員85万人、年間予算約2億4200万フランであるのに対して、フランスの「地球の友」は構成員1600人、年間予算約32万フラン、「フランス・自然・環境（France Nature Environnement）」が構成員2万5000人、年間予算約36万フランであった。補助金について見ると、「環境保護運動」が予算の7％、「王立野鳥保護協会」が補助金を全く受けていないのに対して、「地球の友」は48％、「フランス・自然・環境」では補助金が60％を占めていた［Prendiville, 1993：86］。また、政治関連のイベントを見ても、1975年から1989年に組織されたイベントで新しい社会運動によるものが、フランス36.1％、ドイツ73.3％、オランダ65.4％、スイス61.0％で、新しい社会運動によらないものが、フランス63.9％、ドイツ26.7％、オランダ34.6％、スイス39.0％であった。イベントへの参加者数（人口百万人あたり）でも、新しい社会運動は、フランス7900人、ドイツ18万600人、オランダ15万人、スイス10万4000人、新しい社会運動ではないイベントの参加者数は、フランス14万1000人、ドイツ4万7000人、オランダ5万7000人、スイス11万1300人である。フランスで最も成功した新しい社会運動である反原発運動でも、運動への動員数（人口百万人あたり）は、フランス9000人、スイス2万4000人、ドイツ2万6000人、オランダ1万5000人である。フランスの場合は

第 3 章　フランス緑の党の結成と発展

労働運動のような旧い社会運動が強い影響力を維持しており、新しい社会運動が相対的に弱体であった [Duyvendak, Kriesi, Koopmans and Giugni, 1995：20, 161；Duyvendak, 1995：103]。
　　結局、フランスのアソシエーションの場合、組織が弱体であると同時に補助金への依存度から見ても公権力からの自立性も低いことが特徴である。新しい社会運動の政治的表現である緑の政党にとって、新しい社会運動の弱さは大きなハンディキャップであった。

7)　政府の社会運動に対する姿勢に関して、フランスではデモでの逮捕や起訴が多いわけではない。ドイツに比べてフランス政府が社会運動に対して特に抑圧的であると言うよりは、必要に応じて選択的に排除することを特徴としている。フランス国家の閉鎖性が、社会運動に政策決定のチャンネルを通じて働きかけることを困難にし、結果として、往々にして運動側の不満が爆発して破壊的で暴力的な手段を選択させるが、政府の側は社会運動が国家に脅威を与えると判断した時は迷わずに極めて抑圧的な手段を採用する傾向がある。その典型的な例が 1977 年のマルヴィルでの反原発デモであった [Duyvendak, 1995：56-66]。

8)　フランスとドイツの社会運動を経験した D. コーン=ベンディットは、反原発運動の行き詰まりのなかから「政治の異なったやり方」を発見する必要性についての自覚が生まれたことを証言している [Cohn-Bandit, 1998：48]。

9)　国家による暴力的弾圧、原発建設の既成事実化のほかに、1981 年に成立したミッテラン政権の影響も反原発運動の退潮の決定的要因であった。ミッテラン政権はプロゴフでの原発計画の中止、元統一社会党の H. ブシャルドー（Hugette Bouchardeau）の環境保護大臣への抜擢の他にも、CFDT（フランス民主労働同盟）のエネルギー問題のスポークスマンであった M. ロラン（Michel Rolant）を新設の「フランス・エネルギー管理局（l'Agence française pour la maîtrise de l'énergie)」の局長に充てるなど反原発運動を懐柔する政策を打ち出した [Prendiville, 1993：18]。

10)　1960 - 70 年代を通じて、左翼 - 保守の既成政党は世論のなかでの「エコロジー的感性」の高まりにもかかわらず、そのような新しい争点に対する関心と応答性は極めて低かった。その典型的な例が原発問題であった。1970 年代に世論のなかに原発への不安や反対が高まっていったが、既成政党においては原発推進のコンセンサスが支配しつづけていた [Sainteny, 2000：42-57]。

11)　エコロジストの政治への参加が市町村議会選挙から始まるのは、それが彼／彼女らにとって有利なものであったからである。第 1 には、基礎自治体レベルの政治的課題が、環境問題のような左翼 - 右翼の対抗図式に囚われないものであったこと。第 2 に、基礎自治体での争点が、日常生活に関わる問題についての期待と不満を投票の形で表現することに適しているからであった [Sainteny, 2000：73]。

12)　エコロジストの政党化への拒絶には、社会学者 A. トゥレーヌ（Alain Touraine）の影響が指摘されている。彼は、エコロジー運動に恒常的な政治勢力、とりわけ政党へと転換したり選挙に参加したりしないように忠告していた。トゥレーヌは社会党が自己革新して新しい要求を考慮するように、社会党の戦略に従いながら刺激を与えるために働きかけることを提案していた [Sainteny, 2000：

239-240]。
13) 1970年における選挙への参加の位置づけは、環境問題を政治のアジェンダに乗せ、既成政党と行政の姿勢を変えさせてエコロジー親和的な方向への妥協に踏み切らせ、必要な改革の実現に有利な力関係を築くことを目的としていた。そのような目的に沿った圧力行使の手段として選挙への参加は肯定されていたが、権力にアクセスする手段としては否定されていた［Sainteny, 1993a：78-79］。
14) 結局、ルネ・デュモンは約38万票（1.7％）の得票をあげている。フランスの政治的エコロジーは、この選挙でフランスの政治生活に本格的にデビューしたと言えよう。1995年に緑の党から大統領候選挙に立候補したD. ヴォワネ（Dominique Voynet）が「すでに20年以上も前に、L. デュモンが大統領選挙に際して、政治的エコロジーの言葉を発した」と書いているように、エコロジストのなかに、フランスの政治的エコロジーの源流をこの選挙に見る共通認識が存在している［Voynet, 1995：11］。ただ、ルネ・デュモンの選挙運動はエコロジストの統一的運動というより「星雲状態」であり、環境保護運動、反原発運動、消費者運動、第三世界運動、反軍運動に属する雑多な活動家からなっていた［Boy, le Seigneur et Roche, 1995：9］。
15) エコロジスト陣営では、政治的・戦略的な対立が運動の統一に障害となっていた。1978年には、親左翼のエコロジストは「自主管理戦線（Front autogestionnaire）」に参加し、左翼－右翼への一体化を拒絶して左右両翼の外に地歩を占めることを望むエコロジストは「エコロジー78」や「ヨーロッパ・エコロジー」の旗の下に結集していた［Ysmal, 1989：119］。そのような対立は、階級的な古い対立軸が支配的な当時のフランスでは、新しい社会運動のなかでもマルクス主義のイデオロギーが強い影響力をもっていることを示していた。新しい社会運動は左翼のイデオロギーを批判しながらもそれに囚われており、彼／彼女らの社会党への期待と左翼政権への幻想はそこに起因していた［Duyvendak, 1995：69-87］。そのような左翼的傾向の残存と脱左翼的な志向性との対立は、それ以降も緑の党のなかに色濃く残存していた。
16) 恒常的な政党組織を受容することは、直接参加ではなく代表のメカニズムや指導部による支配の可能性、党エリートの「プロ化」などを受け入れることを意味しており、多くの初期のエコロジスト活動家にとって、そのような結論は受け入れ難いものであった［D. Boy, 2002：63］。政党という言葉の拒絶、エコロジー運動の団結への執拗なアピールは、エコロジストに独特の政党嫌いという風土を超えて市民社会の関心と隔絶した存在である政党へのフランス人一般の蔑視を反映したもの、という指摘もある［Foucher, 1999：74］。緑の党の結成後も反政党的な発想は根強く残存し、1990年代の初めですら多くの環境保護や動物愛護の団体はエコロジストが政治に関わることを拒絶し、社会運動による政治の外側からの政党とエリートへの圧力と説得を加えることだけが、エコロジストの要求を実現させるという発想は根強かった［Jacques et Pronier, 1992：12］。
17) 1970年代のフランスでは、エコロジストは非既成左翼のオルタナティヴ左翼と協力関係にあった。1977年の市町村議会選挙では、分権的で反国家中心主義的な左翼勢力（統一社会党、CFDT、非暴力運動、地域主義運動など）との協力

のもと、多くの自治体で共同リストを作成して臨んだ［Prendiville, 1993：36］。
フランスの政治的エコロジーは形成期から親左翼傾向によって刻印されていたが、
それは緑の党結成後の「純粋緑」派との確執につながることになった。

18）　1970年代には、政治的エコロジーのなかで選挙優先と社会運動優先の人々に分岐していき、前者の人々は次々と選挙に向けた組織の立ち上げに参加し、後者の人々は「地球の友」のように選挙からは距離を置くことになる［Prendiville, 1993：38］。「地球の友」は、「純粋に政治的なエコロジスト組織の結成は明らかに不可避である」と認めてはいたが、エコロジスト陣営で単独の組織が独裁的に采配を振るう不安や補助金を失うことへの危惧、自らのヘゲモニーの弱体化の懸念などを捨て切れなかった。結局、「地球の友」は社会運動に専念することを選択する［Sainteny, 1991：20-21］。

19）　ミッテランは大統領選挙に向けて、地方・国政議会の原発をコントロールする権限や安全性のルールを定めた「原発基本法（loi-cadre nucléaire）」の制定、原発新設のモラトリアム、原発をめぐる国民投票の実施を提案した他に省エネや新エネルギーへの予算措置も打ち出し、大統領選挙の第2回投票では多くのエコロジストはミッテラン支持に回ることになった［Pronier et le Seigneur, 1992：57-58］。

20）　ラロンドは新党への参加を拒否し、1984年の欧州議会選挙には緑の党と対抗するリスト（「急進・エコロジスト協定 Entente Radicale-Écologiste」）で臨むことになる。多くのエコロジストが緑の党に結集したとはいえ、エコロジスト陣営の分裂はつづくことになる。

21）　緑の党の党員数は結党時の1000人から出発して、1992年に6000人に達してから減少に転じ、1996年以降は増加傾向を示して2000年には8500人に達している（次頁の図3注−1）。1986−93年の党員増加期は、ヴェシュテル執行部のもとでの党の統一性の強化、自立路線の鮮明化、選挙での躍進と党員増加に有利な条件が揃っており、1993年から減少に転じるのは、内部対立とヴェシュテル派の離反、選挙での低迷が災いしていた。1996年以降の増加期は、ヴォワネ執行部のもとでの統一性の回復、左翼協力路線の鮮明化、選挙での善戦によって説明される。ともかく、フランス緑の党の党員数は相対的に少なく、国政や地方議会の議員や地方と中央での党幹部に多くの人材が割かれているので、日常的な党活動を担う活動家の不足は明らかであった。

22）　「現在でも、あまりにしばしば世論は緑の党を『環境政党（parti de l'environnement）』と考えている」と、緑の党自体もそのことは認めている［Les Verts, 1999：15］。緑の党は、そのような固定したイメージを克服して「ジェネラリスト」の政治勢力と見られることを望んでいるし、それは緑の党の選挙向けのプログラムにも表現されている。たとえば、1995年の大統領選挙向けのヴォワネ候補のプログラムを見ても、エネルギー、交通、農業、労働、健康、女性、青年、民主主義、平和、ヨーロッパと世界など多岐にわたるテーマが扱われている［Voynet：1995］。そのような努力にもかかわらず、有権者に環境の擁護者と見られていることは否定できない［Bennahmias et Roche, 1992：12］。

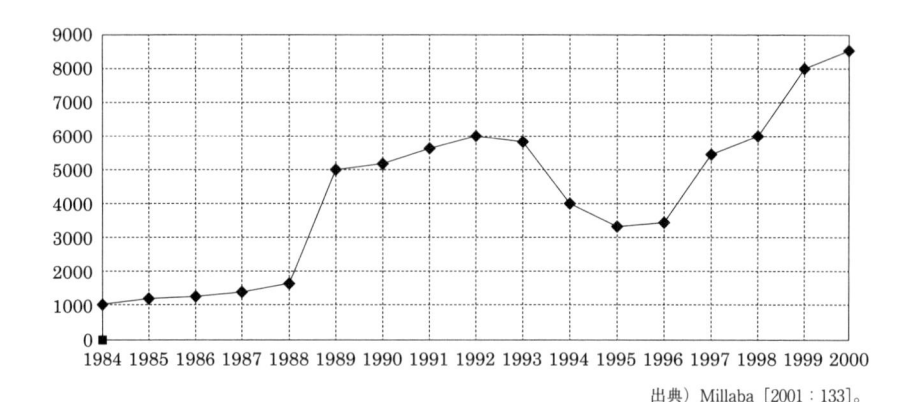

出典）Millaba [2001：133]。
図3注−1　緑の党の党員数推移（1984 − 2000年）

23)　そのような理念の背景には、68年5月の運動を継承するテクノクラート支配の国家に対する厳しい眼差しがあった。彼／彼女らは、現行の国家は個人の自立と市民社会を脅かして窒息させており、共同体（街区、コミューン、家族、アソシエーションなど）を押し潰していると見ている。ゆえに、国家の役割は制限されるべきなのであった [Sainteny, 1991：55]。テクノクラート支配の国家に対して、政治的エコロジーは市民社会のイニシアティヴを重視し、分権的で自主管理的な改革を前提とした「小さな政府」を目指している [Sainteny, 2000：283]。正確に言えば、小さな中央政府を目指して分権的体制を擁護して地域圏を中心とした分権的な国家構造への転換を説いているが、それはフランスのジャコバン的な中央集権体制へのアンチテーゼである [Shull, 1999：5]。なお、政治的エコロジーが個人の自己決定や地方の自治・分権を基盤に「小さな政府」論を採っているのは確かである。その点から、政治的エコロジーを新保守主義とともに福祉国家モデルの「大きな政府」に対抗する同一のカテゴリーに分類する議論もある。しかし、実態はそう簡単ではない。たとえば、アメリカ主導の遺伝子組み換え作物の国際的流通に関する規制や社会的排除への介入のように国家に保護主義的な規制や護民官的な役割を求めたり、環境省の権限強化のように行政領域によっては拡大・強化を訴えている事例も目につき、政治的エコロジーが一概に「小さな政府」を肯定しているとは言えない。

24)　社会問題にも重要な関心を示し、平等や社会的公正の価値に共感を寄せて市場原理の支配を拒絶する点では、政治的エコロジーは左翼の伝統的価値を共有している。だからこそ、政治的エコロジーの支持者の多くは左翼政党に好意を示し、連合戦略のパートナーとして左翼政党が選択されることになる。だが、他方では、政治的エコロジーは根本的なところで既成左翼とは相容れない面をもっている。それは、彼／彼女らが既成左翼の官僚主義的体質を蔑視しており、既成左翼の思

考を支配している階級闘争観を政治紛争についての時代遅れのビジョンだと考えているからであった［Faucher, 1999：87］。
25) エコロジストは反権威主義的でリバタリアン的な文化リベラリズムの傾向を強くもっている。たとえば、緑の党支持者を対象とした1989年の調査では、86％が非婚カップルを、67％がホモセクシュエルを肯定している。移民が多すぎるという考えには52％が反対し（国民平均では29％）、モスク建設にも3分の2が賛成している（国民全体では51％）。エコロジストは自立と自己実現に価値を置き、個人がライフスタイルを自由に選択することを認め、人種・宗教・性別・社会的地位に関わりのない人間存在の本質的平等を前提とする反権威主義的価値を共有している［Bennahmias et Roche, 1992：170-171］。
26) 緑の党は、非党員にも開放された専門家と活動家からなる多様なテーマごとの委員会を設けている。委員会は党の指導的機関（CNIR、執行委員会）のために分析や行動、方針を提案することを主要な任務としている。委員会は、農業、女性、文化、廃棄物、経済、エネルギー、子ども・教育、環境、エスペラント、極右、ゲイとレズビアン、ハンディキャップ、移民、司法、海洋・河川、平和・軍縮、健康、公共サービス、社会、超国家、交通、高齢者と世代間連帯といった多様なテーマにそって設置され、郊外、ドラッグ、政教分離、遺伝子組み換え作物、売春のテーマについては「委員会横断グループ（Groupes inter-commissions）」が置かれている［http://www.les-verts.org/commis.html］。
27) 緑の党のプログラムの総合的性格を示す例として、2002の年国民議会選挙のために作成されたプログラムの中心的な政策の柱と具体的項目を紹介すれば下記のようになっている［http://www.les-verts.org/toutvert.html］。
　◎環境と生活の質のために行動する
　――省エネ、更新可能なエネルギーの発展、脱原発
　――公共交通、環境にやさしい自動車、鉄道輸送と水運の優先
　――汚染の結果よりは原因への働きかけ
　――廃棄物の減量とリサイクルの一般化
　――より多く生産するのではなく、より良いものを生産する方向での農業支援
　――生物多様性と資源の保全、産業のエコロジー化、責任ある消費の促進
　◎持続的雇用と質的経済のために
　――エコロジー的に有益な投資に関するヨーロッパ・レベルのプログラム作成
　――労働時間短縮の推進
　――仕事の転換と資格制度の充実
　◎すべての形態の不安定性に反対して行動し、不平等と闘う
　――不安定な労働にペナルティを与えてフルタイムの安定した雇用を促進
　――所得格差の縮小
　――すべての社会的最低所得を最低賃金の80％に引き上げる
　――社会参入最低所得（RMI）の18－25歳への拡充
　――郊外居住者への緊急対策
　――年金制度と社会保険制度の維持
　――すべての差別との闘争：ハンディキャップをもつ人々の権利保護、男女の

真の平等に向けた諸措置の実施、ホモ・レズビアン差別との闘争
　◎ともに、よりよく生きる
　——郊外と都市部での公共サービスの強化計画
　——地域社会の保健政策と教育サービスの優先
　——ヨーロッパ・レベルでの公共サービスの充実
　——ユーザーと消費者の代表システム
　——社会的で連帯的な経済の発展を助長する法制度の実現
　——安全への権利：教員の増強、犯罪被害者への支援事務所の開設、警察機能の充実
　◎市民に言葉を戻す：第六共和制のために
　——法律を提案し、地方と全国でレファレンダムを実施する権利を市民に与えること
　——労働組合とアソシエーションを再活性化された経営参加制度に参画させる
　——分権化、市民と権力間の距離縮小、国家の改革
　——国民議会選挙の比例代表制による実施と上院の公選、国民議会の権力の回復、国会による大統領の選出
　◎リベラルなグローバリズムに抗する開放的で連帯的な社会の建設
　——民主主義的ヨーロッパ
　——社会的ヨーロッパ
　——貧困国の債務帳消し、途上国援助の国内総生産1％への増額、万人の医薬品へのアクセス、環境・労働・健康の領域での強力な国際機関の創設
　——外国人参政権、庇護権、不法滞在者の合法化、二重刑罰の廃止による開かれた共和国

28)　緑の党はオルタナティヴな政治理念を実践に移し、最大限の党内民主主義を実現することを望む党員の声に答える努力を払ってきた。その具体化のために、1988年に作成されて1993-84年に配布された小冊子『生活の選択（Le choix de la vie）』において、地域圏組織の優先、決定機関（CNIR、執行委員会）での集団指導制、直接民主主義（党内レファレンダム）、両性間の公平原則などを盛り込んだ基本原則が掲げられている［Millaba, 2001：130］。

29)　フランス緑の党の組織と行動スタイルについて、G.サントニーがその特徴を指摘しているが、それは前出のB.リウーのものと類似している（67頁参照）。サントニーの場合は「政権参加」「妥協-協力」「政治アクターとの関係」といった既成政党との関係を扱った項目が入っており、既成政党と比較するという形をとっているが、リウーと共通した組織的特徴が指摘されている（表3注-1参照）。

表3注−1　緑の党と既成政党の組織原理

	緑の党	既成政党
組織	流動的、未分化 非プロ化	形式的、分化 プロ化
指導体制	集団指導、不安定	安定
党大会	極めて開放的で民主的	閉鎖的
政権参加	中心的要求が受容された時のみ	本質的目的
妥協―協力	拒絶 目標の交渉不可能性を強調	受容
諸集団との関係	非公式で個人的関係	中央集権的でヒエラルキー的に統制された利益集団との関係
選挙の候補者選定	下部・地方からの選定	指導部による選定
政治家と政党指導部についての考え方	一時的に政治に奉仕、その後は私生活に復帰	長い政治と選挙の生活
選挙活動	活動の一つ	本質的活動
行動スタイル	非公式、アドホックで非連続的	公式的
政治的アクターとの関係	「彼ら−我ら」の対立に立脚、交渉の拒絶	交渉・妥協に立脚

出典）Sainteny [1991：42]。

30)　スポークスパーソンの役割は緑の党のポジションを公式的に表現し、状況の変化に積極的に対応することにある。彼／彼女らが発表する文章は4人のうち3人が承認することで公表が可能となる。また、スポークスパーソンは党の象徴的なポストで、党内各派の力関係を示すバロメーターの役割も果たしている。たとえば、1986-91年までは、4人のスポークスパーソンのうち少なくとも3人はヴェシュテル派が掌握してきたが、1991年にA. ブッシュマン（Andrée Buchmann）がD. アンジェ（Didier Anger）に敗れて2人になり、ヴェシュテル派支配の終焉が予示されていた［Pronier et le Seigneur, 1992：92］。

31)　確かに、緑の党のなかには特定の個人に権威と権力が集まることを嫌う体質があった。だが、実際はマスコミ報道に登場する個人が党の内外で脚光を浴びる傾向が存在していた。選挙キャンペーンのためにD. ヴォワネが地方を訪れた時、「パリから来た有力者」を快く思わない党員もいたが、他方では、彼女をうっとりと眺める者もいた。底辺民主主義と平等主義を重視する原則にもかかわらず、地方活動家は、著名なスポークスパーソンの来訪や集会と記者会見への同席がローカルなマスコミの注目を集めることを知っていた［Faucher, 1999：224, 283］。全国的な指導者は、実際上は緑の党で重要な役割を果たしており、底辺民主主義を掲げる緑の党ではあるがスター的な人物が生まれることは回避できなかった。

32) 議員への権力集中を回避する手段として設定されたローテーション制度であったが、実際の実施は困難であった。ローテーション制度は任期途中で交代する制度であるが、1989年欧州議会選挙で当選した議員の多くが辞職を拒否したように、議会運営への習熟を理由に中途辞職には強い抵抗が見られた。その制度がエコロジスト議員の議会活動への習熟と経験や技術的専門性の蓄積を妨げるからである [Boy, le Seigneur et Roche, 1995：188-189；Sainteny, 2000：59]。
33) 1988年の大統領選挙の候補者選定に初めて実施され、87年4月4日から5月25日まで全国9カ所で実施されている。結果は、ヴェシュテル58.8%、コッシェ28.7%、ブリエール12.5%の得票率だった [Prendiville, 1993：96]。
34) 1994年の組織改革で、それまでの全国総会だけの方式から、各地域圏で全国一斉に開催される「地域圏総会（l'ssemblées générales régionales）」と、各地域圏総会で選出された代議員250名を集めて翌月に開催される「連合総会（l'Assemblée fédérale）」の2段階開催へと変更されている。また、臨時総会がCNIRのイニシアティヴや党員の20%か5つの地域圏組織の請求で開催されることになっている（規約第13条）。
35) 総会が一般党員の参加による意見の表明と党のコントロールの有効な場になっているわけではない。総会の議論は退屈で複雑なもので、初参加の場合は大部分の出席者は手続きも分からず、多くの修正案をめぐる駆け引きのなかで途方に暮れていた。新規参加者の発言を引き出そうとする議長の努力にもかかわらず、同じ人物がマイクを独占する光景が見られた [Faucher, 1999：227]。また、議論は手続き論で長時間におよび、欧州議会の候補者リストを決定するのに15回の投票が延々と繰り返されることもあった。1991年の総会でも、党の戦略に関する文章をめぐって74の修正案に投票しなければならなかった。緑の党は「異なった政治」のスタイルを重視していたが、それを証明するためにあまりにも組織運営が非生産的になる代償を払っていた [Pronier et le Seigneur, 1992：81-82, 91]。
36) 党員の積極的な党活動への参加を前提にした底辺民主主義を組織原理にしている緑の党では、30%の党員が積極的に党活動に参加するに過ぎないドイツ緑の党に比べて、フランス緑の党の場合は活動に全く時間を割かない党員は9%に過ぎず、50%は週に10時間を、12.5%は10時間以上を党活動のために費やしている [Faucher, 1999：114]。
37) 1989年の市町村議会選挙時に、緑の党では議員をめぐるトラブルが浮上していた。緑の党は議員へのコントロールに乗り出し、同年10月に開催されたCNIRでは欧州議会議員はCNIRの場で活動報告することが義務づけられた。ただ、地域圏議員と党の関係は規定されておらず、事実上、地域圏議員は制約を受けず自由に活動する状態は続いた [Faucher, 1999：97]。
38) 緑の党も政党システムのなかで活動する以上、そのような矛盾する2つのロジックの板挟みに苦しむことになる。それは、ニュー・ポリティクス政党のアイデンティティに規定された草の根民主主義的な組織形態と運営という要請と、政党競合の場に参加する政党に必要な合理性と効率性の要請との間の矛盾であった。いわば、緑の党の新鮮さとユニークさの源泉であるアマチュア的なスタイルと政

党競合の論理が必要とするプロフェッショナルなスタイルとの間の矛盾とも言える。たとえば、前者の論理からは、議員への厳しい統制が求められるが、後者の論理からは議員への大きな自立性の付与が求められる。だが、緑の党の活動家は、デモクラシーの価値を擁護し、それが何らかの不都合、すなわち、緩慢さ、複雑性、効率性の欠如をもたらしたとしても、草の根民主主義的なルールの尊重に執着している。また、分権的で非ヒエラルキー的組織構造と政治スタイルを重視する緑の党では、権力、リーダー、特権に対する警戒の文化が支配しており、下部活動家と議員や幹部との関係は確執をもたらしてきた。たとえば、より非妥協的傾向をもつ活動家に対して、議員がより妥協的な投票行動を議会で選択することが両者の不和をもたらしている［Boy et le Seigneur et Roche, 1995：197-198, 203］。厳格な党内民主主義の実践は近代政党が必要とする効率性や迅速性と対立することから、競合的論理が支配する政党システムへの参入は、初期の緑の党の組織や政治スタイルの部分的な変更を余儀なくした。

39) ただし、1980-83年にEC構成国で実施された調査では、フランスのエコロジストへの投票者では低い学歴と中位の学歴がそれぞれ24.8％と30.0％で、ドイツのそれが19.3％と25.2％であるのに比べて低・中位の学歴の投票者が多かった［Müller-Rommel, 1985：495］。このように、国によってエコロジスト支持者の社会的性格は異なっているし、同じ国でも時代によっても変化している。

表3注-2　西欧における緑の政党の投票者のニュー・ポリティクス度

国名	政党	脱物質主義	若い	高学歴	中間層	都市在住	左翼支持	総合評価
オーストリア	ALO	＋	＋	＋	＋	＋	＋	＋
	VGÖ	－	＋	＋	＋		－	－
ベルギー	AGALEV	＋	＋	＋			＋	＋
デンマーク	De Gronne		＋	＋		＋	＋	
フィンランド	Greens		＋	＋	＋	＋	＋	＋
フランス	Les Verts	＋	＋	＋	＋	＋	＋	＋
ドイツ	Die Grunen	＋	＋	＋		＋	＋	＋
アイルランド	Grenn AIL				＋			
スウェーデン	MP		＋	＋	＋	＋	＋	＋
スイス			＋					

＊データが入手できないものは省略。
＊ポジティヴ評価の要件：脱物質主義でプラスか、それとも、若い、高学歴、中間層のうち2つ以上を満たすこと。

出典）Poguntke［1989：188］。

40) 緑の党支持者の投票行動は、脱物質主義的争点によって一元的に動員されているわけではない。政党システムにおいては左右軸に加えて「物質主義-脱物質主義」の対立軸、さらに社会的亀裂などによって多次元的に規定されるからである［岩崎, 2002：159］。エコロジストへの政治的支持は脱物質主義的な争点に反応して動員されるが、具体的な政治状況のなかでは左右軸にそった配慮が大きく作用している。その意味で、エコロジー政党は既成左翼によって常に回収される可能

性を秘めた不安定な支持者を基盤にしている。
41)　　T. ポグントケの作成した西欧のエコロジー政党への投票者についての作成した表3注-2（前頁）でも、オーストリアとドイツの緑の党とともに、フランス緑の党の支持者はニュー・ポリティクスの条件をすべて満たしている。また、支持者だけではなく、プログラム、政治行動とスタイルを加えた総合評価でも、フランス緑の党は明確にニュー・ポリティクスの性格を帯びた政党であると認定されている［Poguntke, 1989：178-189］。

第4章
フランス緑の党の成功と変容
――現実政治のなかの政治的エコロジー――

2冊の雑誌は、1999年の欧州議会選挙に向けて、フランス緑の党の週刊機関紙『ヴェール・コンタクト』の月刊別冊として出版された『ヴェール・ユーロップ』。写真の2冊は第2号（右）と第3号（左）で、それぞれ「社会的ヨーロッパ」と「参加民主主義」が特集テーマとして取り上げられている。

第4章　フランス緑の党の成功と変容

はじめに

　現実政治の場に乗り出すことにより、フランス緑の党では党のアイデンティティや路線をめぐって党内対立が生起する。それは、緑の党が現実政治と格闘するなかで、オルタナティヴ政党として出発したアイデンティティが揺らぎ、「現実主義化」していく過程であった。出発時の独特な理念や組織モデル、政治スタイルを維持するのか、現実政治に合わせて必要な妥協や変化を受容するのか、純粋な異議申し立て政党にとどまるのか、選挙での当選可能性や政策の実現性を重視して政策的妥協や既成政党との協力を受容するのか、緑の党のなかでは激しい議論と対立が繰り返される。現実には国政や地方での政治的エコロジーの参入は着々と進み、緑の党は政権に参加することで政治的に成熟していく。フランスの政治的エコロジーの発展は決して平坦な道ではなかった。

1　「純粋緑」の路線の確立と展開

　長らくフランスのエコロジストは、社会を変えるための政治的方向性と戦略をめぐって対立と抗争を繰り返してきた[1]。政党システムに参入した緑の党にとって、独自性を強調し、結果として政党システムのなかで孤立することも受け入れるという選択と、権力へのアクセスも視野に入れて他の政治勢力と妥協し、選挙協力に向かうという選択肢が存在していた。その選択肢は、「純粋緑派」＝「自立派」と「オルタナティヴ緑派」＝「赤緑連合派」の対立が存在していた。
　前者は原則として他の政党との協力と連携には批判的で、環境問題を中心としたアイデンティティが体現していた。後者は社会問題を重視し、政治の変革のためには既成政党との協力も辞さないという立場をとっていた。ゆえに、後者にとって議会への進出と政権参加は持続可能な社会を実現するための必要条件であり、そのためには政党競合やメディアに適合した組織構造を

採用する必要性を認めていた［Faucher, 1999：203-204］。
　そのような基本戦略をめぐる亀裂は緑の党内での対立にとどまらず、B. ラロンドを中心とした競合するエコロジー政党との対立にも反映されていたが[2]、本章では緑の党内部での多数派の交代や党を取り巻く政治環境の変化を背景とした、緑の党の政治戦略から組織構造・政治スタイル、政策にまで及ぶ変容について検証してみよう。
　緑の党にとっての重要な転換点は1986年と1993年にあった。最初のそれは、既成政党からの自立を強調する「純粋緑」路線が勝利した1986年の総会であった。そこでは社会党やオルタナティヴ左翼との政治的連携を目指す旧執行部が更迭されて党の路線が大きく転換している。1984年の結党から2年間の旧指導部が支配した短い期間に続いて、緑の党の指導権はヴェシュテルとその仲間たちに移っていった。つまり、緑の党の指導部は、1984-86年の時期は「オルタナティヴ緑派」、1986-93年は「純粋緑派」、1993年以降は「オルタナティヴ緑派」と変遷している。
　さて、初期の緑の党を率いたのは、Y. コッシェ、D. アンジェら左翼親和的で「ラディカルな急進主義者」（コッシェ）を自称する「オルタナティヴ緑派」の執行部であった［Prendiville, 1992：36］。彼／彼女らは、1984年欧州議会選挙の後に「オルタナティヴ勢力とエコロジストの結集へのアピール」を発して、統一社会党やトロツキスト勢力と協力の用意があることを表明した。コッシェは、左翼や極左の行き場を失った活動家たちにとって緑の党は将来有望な争点を代表する運動であると考えていた。現に、A. リピエッツや F. ガタリ（Felix Gatari）など多くの急進的な非既成左翼の知識人や共産党改革派の活動家たちが緑の党に流れ込んできた。彼らは左翼文化を保持しつつも前衛主義や極左の教条主義と訣別し、個人に対して集団を優先し、革命や国有化、福祉国家を絶対的な処方箋と考える思考の欠陥を自覚していた［Pronier et le Seigneur, 1992b：2221-243］。
　コッシェたち左派エコロジストは環境と同時に社会問題を重視し、1985年リール総会では、政治的エコロジーが社会保障、国際貿易、ニューテクノロジーのような課題に取り組むことが重要であると主張していた。彼／彼女らは非既成左翼勢力の結集を呼びかけ、反人種主義の団体である「SOS人

種主義 (SOS-Racisme)」によって組織された「虹の運動」に自主管理派、フェミニスト、環境運動、地域主義運動、第三世界運動、労働組合、反人種差別運動、非暴力運動、反原発運動といった新しい社会運動や新左翼勢力を結集させることを試みていた [Shull, 1999：101]。この時期の緑の党は、オルタナティヴ左翼から共産党改革派、社会党左派までも含んだ広範な連携によって政治的目的を実現しようとしていた。

コッシェ指導部にとって決定的な躓きの石になったのは、1986年の国民議会選挙であった。同選挙は、社会党の政権戦略によって小選挙区2回投票制から県別比例代表制に変更され、小政党に有利な選挙制度で実施されることになった。緑の党は国政進出への期待を高めたが予想外の敗北に終わった[3]。全国平均で1.20％、候補を擁立した選挙区平均でも2.74％の得票で、メディアの注目も集まることはなかった。オルタナティヴ左翼との連携は、党内に根づよく存在していた急進的勢力の潜入工作への不安から支持は得られず、社会党との協力は環境保護団体グリーン・ピースの艦船「虹の戦士号」の爆破事件から困難であった。

コッシェを中心とした執行部は、1986年の国民議会選挙の敗北を踏まえた新たな展望を打ち出せず、その求心力は急速に低下していった。それに対して、A. ヴェシュテル (Antoine Waechter)[4] を中心としたグループは単純で一貫性のある方針を提起していた。すなわち、エコロジーの原点への回帰、環境問題への再集中化[5]、オルタナティヴ左翼との対話の中止、エコロジストの政治的自立性の再確認、他の政治勢力との協力問題の先送りといった方針が打ち出され、国民議会選挙での敗北によって途方に暮れていた党員から広範な支持を集めることになる [Pronier et le Seigneur, 1992b：68-72]。

1986年11月のパリ総会で、ヴェシュテル、A. ブッシュマン (Andrée Buchmann)、M. ドロール (Michel Delore) らアルザス出身の活動家を中心に提案された「エコロジストの政治的アイデンティティを明確にする」という動議が賛成68％で採択され、オルタナティヴ左翼へと党を解放することを提案する旧執行部に対して独自路線派が勝利することになった。ヴェシュテル派[6] は前執行部の左翼的で現実主義的な路線とは異なってエコロジストのオリジナリティとアイデンティティを重視し、「エコロジストは結婚しない」

「オリジナリティとアイデンティティの非妥協的肯定」といった言葉で、いかなる政治勢力との協力も拒否するという姿勢を鮮明にしていた [Sainteny, 1991：50；Shull, 1999：102；Cole and Doherty, 1995：54][7]。

1986年から1993年までフランス緑の党を支配したヴェシュテル派の路線は、当時のドイツ緑の党が代表していた資本主義社会への包括的批判と環境のテーマを接合した政治的エコロジーの左翼的バージョンに比べて、ラディカルではあったが資本主義社会への批判ではなく環境の危機を強調し、包括的な分権化や政治参加の推進を目標にするという意味で「純粋エコロジー」路線であった。すなわち、左翼的な社会経済的テーマを周辺化して環境問題を優先し[8]、新しい社会運動を代表することを目指し、左翼政党との協力ではなく自立的な政治勢力であることを標榜するヴェシュテル派の路線は、左翼政党に対するオルタナティヴという鮮明なアイデンティティの確立を可能にすると同時に、既成左翼政党への風当たりが強まっていた当時の政治の状況にも適合していた。1980年代末頃から緑の党のイメージは次第に改善され[9]、党勢は上昇局面を迎えることになった。

前執行部のもとで低迷していた緑の党は突然に選挙で伸張を始めるが、それはフランスのエコロジストの歴史において画期的なものであった。政党システムへの緑の党の参入と定着については次節で扱うが、そのことがヴェシュテルの決断力と指導力に多くを負っていたことは確かであった。ヴェシュテルの卓越した才能と指導力なしに、政治的エコロジーが政党システムの一角に食い込むことができたかは疑問である [Prendiville, 1993：185-186]。彼の穏健だが断固とした指導のもとに、1980年代後半の緑の党は党内の派閥対立から解放されて「純粋緑」の理念にそった活動を展開できたのである。1990年総会では、既成政党からの自立路線が64.7％、協力路線が35.3％でヴェシュテル派の動議は圧勝し、党内での彼への支持の高さを証明していた [Bennahmias et Roche, 1992：146-148；Pronier et le Seigneur, 1992a：199-200]。緑の党の活動家たちは既成政党にうんざりしており、コッシェたちがエコロジーを社会党に売り渡そうとしているという疑念を抱いていた。そして、活動家たちは緑の党の選挙での好成績からもヴェシュテルの指導に満足していた [Shull, 1999：112]。

第4章　フランス緑の党の成功と変容

　さて、フランス政治の構造的変容と有利な諸条件のなかで緑の党は選挙で伸張するが、そのことは、ヴェシュテルにとって指導権を失うという皮肉な結果につながる。結成以来、緑の党は純粋緑路線か赤緑連合路線かをめぐって対立を引きずってきたが、1990年代に入るとヴェシュテル派の自立路線に対してアンチ・ヴェシュテル派の巻き返しが激しさを増していった[10]。

　初期のエコロジー運動の確執から生まれた不信と対立の遺産は理念的・イデオロギー的対立とともに緑の党にまで受け継がれ、その政策や政治戦略を規定していたが、独自路線の勝利と選挙での成功も反ヴェシュテル派の動きを止めることはなかった。1987年1月、「社会的エコロジー」を掲げて環境問題と社会問題の接合を目指す活動家たちは「虹」グループを結成する。それは、左翼勢力との協力をめざしてヴェシュテル派の自立路線から転換する試みの始まりであった［Prendiville, 1992：41-42］[11]。1990年代に入ると反ヴェシュテル派は勢いを増していき、最終的には党内での力関係は逆転に向かう[12]。

　では、緑の党を予想外の躍進に導いた功績にもかかわらず、何故にヴェシュテルへの批判は高まり、彼は指導者の座を失うことになったのだろうか。その主な要因を考えてみれば、第1に、皮肉なことに、選挙での成功自体が自立路線を問い直す結果をもたらしたことである。
すなわち、フランスの選挙システム、特に、国民議会選挙が小選挙区制で実施されていることは、国政進出を視野に入れた場合、議席獲得のためには他党との協力という問題は避けて通れないものになった［Cole et Doherty, 1995：54］。

　小選挙区制のロジックは小政党に選挙協力を余儀なくさせるが、緑の党もその問題に直面する。1980年代末の欧州議会や地方議会での成功によって、緑の党は政党競合のゲームに本格的に参加することになったが、それは古くからの対立を再び表面化させた。というのは、政党競合の場に参加する以上、特に、フランスのように左右両翼の2極対立構図が支配する政党システムでは、緑の党には2つの選択肢しか残されていなかったからである。

　一つは、政党システムのなかでの孤立を覚悟して、緑の党の独自性を執拗に主張する立場である。もう一つは、既成政党と妥協して政党連合を形成す

る立場である。1990年代初めまでの緑の党は最初の選択肢を採用し、他の政治勢力との根本的な相違を反復的・継続的に主張し、彼／彼女らにとって非道徳的である既成政党との連合ゲームを拒絶していた [Sainteny, 2000：277]。だが、1993年の国民議会選挙での敗北によって小選挙区制の冷酷なロジックが再確認されたとき、自立路線の限界が明らかになった。

第2に、緑の党の自立路線は国民戦線へのヴェシュテルの姿勢をめぐってマスコミや有権者からの批判に曝されたことである。

1990年に国民戦線（FN）党首 J-M. ルペン（Jean Marie Le Pen）の反ユダヤ主義発言が欧州議会で問題になったとき、彼の議員特権剥奪をめぐる投票でヴェシュテルは棄権に回る。同年11月のストラスブール総会では、彼のそのような行動が問題になった [Prendiville：1993：72][13]。そのような FN に対する曖昧な姿勢は、FN が選挙で伸張するにつれて困難になっていった。すなわち、FN の議席獲得を阻止するために既成政党と協力するべきか否か、緑の党は明確な態度決定を迫られることになった。

ヴェシュテルは、選挙での協力によって国民戦線に勝利することは本当の解決ではないと主張した。彼にとっては、FN に対する政治的オルタナティヴを発展させることが優先されるべきであった[14]。また、支持者の票を上からの指令で動員するべきではないという立場と、FN との対決路線によって社会党の「共和主義戦線（Front républicain）」の戦略に巻き込まれることで緑の党のアイデンティティが弱体化し、社会党にヘゲモニーを握られることへの不安から協力には慎重であった [Cole and Doherty, 1995：55；Shull, 1999：111-112][15]。しかし、FN が第2回投票に進出した場合、緑の党の票が当落を左右することも想定されるだけに、そのような曖昧な姿勢は世論から批判されることになった[16]。

第3に、環境を重視したヴェシュテルの路線は、1992年をピークに環境問題への世論の関心が低下するとともにアピール力を失いつつあったことである（表4-1参照）。すなわち、環境問題に特化した党イメージでは、失業問題のような争点が重要になってきた時に、ヴェシュテルの路線は有権者からの信頼性を得ることが難しくなっていた。

そうすると、環境問題に熱心な単一争点政党というイメージから脱却する

表4-1 投票時に環境保護を重視する意見の推移（1988—99年）（%）

	1988	1989	1992	1993	1994	1995	1997	1998	1999
環境問題を重視	11	26	34	22	19	18	19	21	22

出典）Sainteny［2000：119］。

ことが支持拡大のために必要であったが、その動きは1993年の国民議会選挙で表面化する[17]。同選挙では、環境問題を副次的テーマにして、労働や雇用の争点がキャンペーンの前面に立てられた。「労働と収入の分かち合い」をキャンペーンの中心テーマに据えて自然と生活の枠組みの保護以外のテーマを強調することで、環境政党というイメージを脱して政権担当能力を備えたゼネラリストの政党であることを有権者に示そうとした［Roche, 1993：118］。

　第4に、ヴェシュテルの自立路線は現実政治のなかで揺らぎ始め、党の路線への懐疑と論争を醸成したことである。

　1993年の国民議会選挙を前に、ヴェシュテルは社会党のP. ベレゴボワ（Pierre Bérégovoy）との話し合いに応じた。両者の協力に向けた交渉が1992年9月に頓挫すると、ヴェシュテルは国民議会選挙の成功を期してラロンドの「エコロジー世代（GE）」との包括的選挙協定の締結に漕ぎつけた。このことは、緑の党が政治的リアリズムの論理にそって他党との接近を承認した印象を与えた。ラロンドへの強い不信感とGEへの違和感をもっていた党員からは、ヴェシュテルの方針転換に対して「アイデンティティと魂の売り渡し」といった批判がわき上がった［Cole and Doherty, 1995：56；Burshell, 2002：93］。前言したように、ヴェシュテルの自立路線は例外的な選挙協力を排除していなかったとしても、社会党やGEとの協力の模索は自立路線からの逸脱という印象を与えた。

　結局、ヴェシュテルの自立戦略は、その当時の有利な政治状況を追い風に緑の党の政党システムへの参入を可能にしたが、さらなる発展のための突破口を見つけることはできなかった。そうであれば、政党システムの論理に従って、社会党やラロンドの党との協力に向かうしかなかった[18]。

緑の党の路線転換が選挙での成功によって起こることは各国で往々にして見られることだが［Burshell, 2002：26］、国政議会への進出の可能性が高まってきた時にフランスでも自立路線を転換する動きが加速していった。1990年代前半の保守勢力の復活と極右の伸張、社会問題の比重の高まり、社会党の低迷といった政治的文脈は、ヴォワネの赤緑連合路線の立場に有利な環境が整っていた。連立政権のパートナーを必要としていた社会党からの提携の申し入れを拒絶したヴェシュテルは、1993年の国民議会選挙での敗北によって苦境に追い込まれていき、反執行部派の攻勢は活発化していった[19]。

　1993年のリール総会では、党の運動方針をめぐる投票でヴェシュテル派の動議は19.4％、ヴォワネ派の動議は27％と形勢は逆転し、最終的には左翼勢力との対話を打ち出した反執行部派が勝利することになった。また、CNIRの選挙でも、ヴェシュテル派の候補者リストは37.5％、ヴォワネ派のリストは42.7％と両派の力関係は完全に逆転している［Sainteny, 2000：391］。敗北したヴェシュテルは離党に踏み切り、1994年8月に「独立エコロジー運動（Le Mouvement écologiste independant＝MEI）」を結成することになった[20]。

　結局、ヴェシュテルのもとで緑の党は全国政治の場に進出したが、政党システムのなかでメジャーな政治勢力になる展望は開かれなかった。地方政治を基盤にして次第に政治的影響力を強化してきた緑の党であったが、フランスの政党システムでは緑の党単独での国民議会選挙への進出は絶望的であった。現実政治のなかで緑の党が国政議会に参入するためには、社会党と協力する選択肢しかなかったのである。

2　政党システムへの参入と定着

（1）緑の党の選挙での伸張

　1984年に緑の党を結成したエコロジストは選挙への参加を重視し、地方や国政の場で果敢に選挙への挑戦を繰り返した。そうすると当然のこととして、党活動の最大の関心は選挙活動に集中し、それが運動の消長を左右する

第 4 章　フランス緑の党の成功と変容

ことになる。本節では、政治的エコロジーにとって最優先の活動になっている選挙の結果に焦点を当て、1980 年代末にヴェシュテルが率いる緑の党が突然の躍進を始めた理由を検証してみよう。

これまで、政治的エコロジーは選挙で浮沈を繰り返してきた。1974-80 年は伸張を経験し、1981-86 年は後退局面に入り、1988-93 年は再び伸張を見せ、1994-98 年には後退期に入り、1999-2000 年には回復を見せている（表 4-2、2000 年以降は第 6 章参照）。

表 4-2　政治的エコロジーの国政・欧州議会選挙での得票推移（％）

年	選挙	全国平均		当選者数
1974 年	大統領	1.32		0
78 年	国民議会	2.14		0
79 年	欧州議会	4.38		0
81 年	大統領	3.78		0
	国民議会	1.1		0
84 年	欧州議会	3.37	(+ERE 3.31)	0
86 年	国民議会	1.2		0
88 年	大統領	3.87		0
	国民議会	0.32	(緑の党はボイコット)	0
89 年	欧州議会	10.67		9
93 年	国民議会	7.7	(Entente)	0
		緑の党 4.05, GE 3.65		
		他のエコロジスト 3.24		
94 年	欧州議会	2.95	(GE 2.01)	0
95 年	大統領	3.35		0
97 年	国民議会	3.7	(GE 1.7, ME 1.07)	8
	その他のエコロジスト	0.3		
99 年	欧州議会	9.8	(MEI 1.5)	9
2002 年	大統領	5.25		0
	国民議会	4.43		3
04 年	欧州議会	7.4		6
07 年	大統領	1.57		0
	国民議会	3.29		3
09 年	欧州議会	16.28		14
	その他のエコロジスト	3.6		

最初の伸張期であるが、この時期は緑の党の結成以前で、前述したように選挙ごとに応急的組織で挑戦を繰り返していた。それでも、環境問題に対する世論の関心の高まりという追い風を受けて、エコロジストは各種選挙で比較的良好な成果をあげていた。

　だが、1980年代に入って、左翼政権の成立とともにエコロジストの得票は下降に向かう。1981年の国民議会選挙では、約3分の1の選挙区で候補を擁立したが、全国平均で1.1％、候補者を擁立した選挙区平均でも3.11％の得票に終わっている。1984年の欧州議会選挙では、緑の党のリストは3.37％、ラロンドの「エコロジスト急進協定（Entente radical écologiste＝ERE）」は3.31％の得票であった。

　1986年の国民議会選挙は、それまでの小選挙区2回投票制ではなく県別の比例代表制で実施されたが、全国平均では1.2％、緑の党が候補を擁立した県でも平均2.74％の得票に終わっている。緑の党には失望した左翼支持者の票が流入したが、せっかくの有利な選挙制度を生かすことはできなかった。当時、緑の党は内部対立の後遺症に苦しんでおり、チェルノヴイリ原発事故やグリーンピースの「虹の戦士号」の爆破事件を得票に結びつけることができなかった。同時に実施された地域圏議会選挙でも、全国平均で2.4％、候補を擁立した選挙区平均で3.4％の得票に終わっている。

　1988年大統領選挙にはヴェシュテルが立候補して約100万票（3.87％）を獲得したが、共産党から離反したP. ジュカンが赤緑連合的な候補として参戦した影響もあって得票は思うように伸びなかった。立候補要件の500人の署名集めに苦労するなど相変わらず組織力は弱体で、直後に実施された国民議会選挙ではボイコットを選択することになった。

　以上のように躍進のきっかけをつかめない緑の党であったが、突然の躍進は1980年代末に起こる。1989年の市町村議会選挙では、多くの自治体で第1回投票の得票が10％を突破し、全国で約1400名が当選している。同選挙は緑の党の勢いが上昇局面にあることを示すと同時に、有権者に対して緑の党への投票が無駄ではないことを印象づけた。緑の党は、少なくとも地方政治において無視できない政治勢力としての地位を築きつつあった。

　1989年の欧州議会選挙で、緑の党は約190万票（10.67％）を集め9議席を

第 4 章　フランス緑の党の成功と変容

獲得した。緑の党の得票は 95 県で 5％以上を突破し、半分の県で 10％を超えている。5％の得票を超えると選挙費用が償還されるので、財政の潤沢でない緑の党にとっては貴重な資金となった。この選挙での成功は環境意識の高まりも作用していたが、欧州議会選挙が国内権力の帰趨に直接影響しないため、有権者が既成政治への異議申し立てを気軽に緑の党に託せるという要因もあった[21]。

　ただ、そのような要因もあるとはいえ、緑の党の組織が着実に拡大して地方に浸透していたことで集票力が高まったことは確かである。緑の党は、1989 年に始まる第 2 の伸張期に、全国で候補を擁立し、得票の全国化に成功していた。従来弱かったアキテーヌやポワトゥ=シャラントなどの地域圏でも票を伸ばし、1986 年の国民議会選挙では候補擁立もままならなかった地域圏でも（ブルゴーニュ、サントル、オーヴェルニュ、リムーザン、ペ=ド=ロワール）、1989 年の市町村議会選挙では良好な結果をあげていた［sainteny：2000, 414］。

　1992 年の地域圏議会選挙は、1989 年の欧州議会選挙での政治的エコロジーの勢いを再現する結果となったが、その成功もいくつかの有利な条件の産物であった。すなわち、①他国と同様に、フランスでも 1986 年のチェルノヴイリ原発事故やオゾン層破壊、地球温暖化といった地球規模での環境破壊による環境問題への関心の高まりという追い風を受けていたこと、②欧州議会選挙と同様に、地域圏選挙は国政における政権の帰趨に影響を与える性格のものではないため現政権への批判票を気軽に緑の党に託せたこと、③比例代表制という少数政党に有利な選挙制度で実施されるため、有権者は死票を気にせず緑の党に投票できたこと、④国政を託すことには躊躇があっても、緑の党に地方レベルでの政治で影響力を発揮することには抵抗感が少なかったこと、⑤緑の党が「エコロジー世代」と競合していて、有権者にとってはエコロジー政党の選択肢が 2 つあったこと、といった要因であった［Boy, Le Seigneur et Roche, 1995：263-264］。

　以上にように、1989–92 年の伸張期を概観してみると、この時期に緑の党が突然に躍進を見せた理由が理解できるが、緑の党の成功をヴェシュテル路線の成功という観点からここで整理しておこう。

第1には、1981年からの政権交代によって左右の既成政党間の政策距離が縮小して相違が不鮮明化するなかで、緑の党の自立路線が効力を発揮したことである［Abélès, 1993a：9］。
　すなわち、有権者のなかで伝統的な左翼－保守という対抗図式が崩れつつあり、緑の党の自立路線は左右の両陣営からの支持の調達を可能にした［Pronier et le Seigneur, 1992a：134］。また、既成政党からの自立を明確にすることで、緑の党は当時フランスの政治生活で高まっていた政党への不満と不信を回避することができた。特に、自立路線は世論における政治的エコロジーのイメージを脱左翼化することに貢献し、政権政党である社会党に不満をもつ左翼支持者を動員することに成功した［Sainteny, 1989：34；Cole and Doherty, 1995：60］。社会党が変革主体として信頼性を低下させていたこの時期に、社会党から距離を取るという選択は合理的なものであったし、現実政治への急進的なオルタナティヴとしてのイメージは、変革を期待する有権者に格好の選択肢を提供した［Sainteny, 1991：51；Shull, 1999：118][22]。
　第2は、ヴェシュテルが緑の党を率いた時期が、チェルノヴイリ原発事故のショックもあって環境問題に対する世論の関心の高まりと重なっていたことである。
　この時期に、環境問題のテーマはフランス人の政治的優先事項になっていた［Boy,le Seigneur et Roche, 1995：263-264；Bennahmias et Roche, 1992：183-184］。チェルノヴイリ原発事故はフランス世論を震撼させ[23]、オゾン層の減少についての科学的・政策的論争や地球温暖化をめぐる議論の高まりは環境に敏感な有権者から緑の党が支持を調達することを可能にした。
　環境意識の高まりと平行して、1980年末から1990年代初めにかけて、核廃棄物やダム、高圧送電線、高速道路とTGV（フランス版新幹線）といった環境と開発に関連する問題をめぐって各地で反対闘争が活発化する［Pronier et le Seigneur, 1992a：10-11］。1980年代の沈滞期の後に、1989年には過去15年間を凌駕する環境問題をめぐる抗議行動への動員数の増加が見られ、社会運動の復活が見られた［Hates, 2002：23］。新しい社会運動の活発化は、それを基盤とする緑の党にとって有利な状況であることは言うまでも

ない[24]。

　さらにつけ加えるなら、環境問題だけでなく既成政党が取り込むことが困難な新しい争点（女性問題、移民問題、人権紛争など）が重要性を増していたことも緑の党にとって有利な環境であった。緑の党は既成政党と異なってそのような新しい争点に積極的に対応し、それが緑の党に対して既成政党とは違ったタイプの政党というイメージを与えた。

　第3には、1980年代後半になって、景気回復が進み緑の党には有利に働いたことである。

　というのは、経済危機の時期には有権者の関心は当然に景気や雇用に向かうし、そうなれば既成政党、特に、保守政党に支持が集まることになるからである。経済成長重視の立場をとらない政治的エコロジーにとって、その訴えがより多くの有権者を惹きつけることができるのは経済的に安定した時期である［Bennahmias et Roche, 1992：182］。

　第4に、1980年代後半は、フランスの政治的エコロジーが比較的に統一が取れているイメージを与えることができた時期であったことである。

　1980年代後半に、ヴェシュテルの指導下に緑の党は統一された外観を整え、政治的エコロジーは緑の党によって独占に近い形で代表されていた。そのような緑の党の独占状態は1990年の「エコロジー世代」の結成で崩れるが、分裂したイメージは有権者に混乱して無責任な政治勢力という印象を与えかねないし、実際に分裂選挙は政治的エコロジーの伸張にとってブレーキになりかねなかった。1990年代の選挙ではそのような危惧が現実のものとなっている。政治的エコロジーの政策への根強い支持の存在にもかかわらず、分裂選挙の結果、政治的エコロジーへの票は分散し、1999年の欧州議会選挙まで選挙では低空飛行をつづけた。だが、国政に参入する機会を逃しつづけ、1993年の国民議会選挙、94年の欧州議会選挙で前回（1989年）の票を大きく下回った緑の党は（そしてGEも）深刻な不振に陥ることになった[25]［Appleton, 1995：60-61］。

　以上のように、緑の党は1984年の結党から鳴かず飛ばずの時期を経て、1980年代末に急に選挙で得票を伸ばし始める。そのことは緑の党を取り巻く客観的条件が有利な方向に展開したこともあるが、ヴェシュテル指導下で

の自立路線が当時の環境にフィットしていたことも確かであった。

(2) 政党システムへの参入

さて、前項では緑の党の選挙での躍進とその要因を具体的な文脈のなかで自立戦略の成功という観点から見たが、ここでは緑の党が成功した理由を新興政党の政党システムへの参入というより構造的視点から考察してみよう。

新興政党の出現と成功には、一般的に有利に働くファクターとして3つのものが考えられる。それは社会・文化的ファクターと政治・制度的ファクター、そして、新興政党側の主体的適応能力の3つである。

第1に、社会構造と社会的クリーヴィッジ（対立軸）、政治文化の変容が新しいクリーヴィッジと新しい社会運動の登場を促し、エコロジー政党の形成への潜在力を創出する。

豊かな社会の到来は高学歴の新中間層を大量に生み出し、新しい争点に敏感な彼／彼女らの投票行動がエコロジー政党を支えることになった。その象徴的な現象は、フランスの世論における環境意識の変化とそのテーマの受容である。環境が悪化していることを多くのフランス人が日常的に自覚するようになり、それが緑の党にとっての追い風になった［Bennahmias et Roche, 1992：181-184］。

しかし、それだけで緑の党の登場と伸張を説明できるわけではなく、第2に、政党システムへの参入の容易さ、特に、国家と政治システムの開放性－閉鎖性、政治生活のなかで新しいアクターが占有できる空間の存在[26]や制度的刺激の存在、既成政治に対する不信・不満の強さ、メディアや既成の政治的アクターのリアクションが重要である。そのような政治的機会構造としての政治的・制度的ファクターは、新しい運動や政党の成功の促進・阻害要因として作用し、その出現や形態に影響する［Sainteny, 2000：5-6］。

一般的には、国家と政治システムが開放的で弱体なとき新しい政治勢力のシステムへの統合を容易にし、社会運動は既成制度への圧力行動やそれとの協働を志向する。反対に、強力な国家と閉鎖的政治システムが支配するとき、社会運動は急進化して既成の政治システムとの対立・訣別の戦略を採用し、既存の体制の急進的変革を目指す反体制的なオルタナティヴ政党が形成され

る。フランスでは、1970年代から1980年代にかけて、環境問題の決定過程から社会運動は排除され、新しい政党による政治の領域への参入というコースが選択されることになった［Sainteny, 2000：464］。

さて、フランスでは相対的に閉鎖的な政治システムのなかで、新興政党の結成によって既成政党に代表されない利益や世論を媒介する道を選択したわけであるが、1980年代から急速に進行する政治状況と政党システムの変容はそのような政治プロジェクトに有利に働いていた。

第1には、ラディカルな新興政党が既成の政治と政党への否定的な世論を養分に成長できたことである。

政治システムに対するフランス人の不信と不満は1980年代中葉から高まり始め、政治家や政党、政治的代表システムへの評価は一貫して低下していった。新興政党としての緑の党が現実政治のマイナス・イメージを帯びていないことで、政治システム全般への有権者の不満と不信を集める器として機能することができた［Cole and Doherty, 1995：60］。

第2に、新興政党の政治的機会に影響を与える制度的な要素を利用できたことである。すなわち、選挙制度、兼職制度、政党への公費助成、メディアへのアクセス、選挙のリズムと順序などの要素が緑の党の政治的成功に影響を与えている［Sainteny, 2000：15］。

選挙制度では、小選挙区制に比べて比例代表制のほうが新興政党の政党システムへのアクセスを容易にする。フランスの場合、小選挙区2回投票制で実施される国民議会選挙（1986年は県別の比例代表制で実施）、県議会選挙はエコロジストに不利な制度である。実際、緑の党は、国民議会選挙では1997年まで議席を獲得できなかったし、県議会には少数の議員しか送り込めなかった[27]。

政党の活動資金として重要な公費助成制度であるが、1988年3月にフランスでも導入され、選挙費用と国民議会の議員数に応じた活動助成が与えられることになった。それは小政党への配慮から制定された制度ではなかったが、結果としてエコロジストにとって貴重な資金をもたらした。制度発足当時、国民議会選挙では5％の得票を超えると50万フランを上限に選挙費用が償還されることになっていた。大統領選挙では第1回投票で5％を超えた

候補に 1 億 2000 万フランを上限として、選挙費用の 20 分の 1 が償還される。また 1990 年の制度改革によって、国民議会選挙に議席をもたなくても、50 選挙区以上に候補を擁立した政党にも得票に関わりなく政党助成が与えられることになり、1995 年の改革では法人の政治献金を禁止する代わりに選挙費用の上限の 50％までの助成が認められた。1993 年国民議会選挙を例にとれば、緑の党には 950 万フランが助成され、それは党の年間活動資金（2160 万フラン）の半分に近い金額であった［Sainteny, 2000：133-134］。

　第 3 に、それまで安定的であった政党編成が揺らいで政党システムが脱編成（＝政党支持の流動化）に向かったことも新興政党にチャンスをもたらした。

　すなわち、既成政党への有権者の忠誠や既成のイデオロギーの求心力が低下するとき、新興政党が有権者の流動化から利益を引き出せる機会は大きくなる。逆に、安定的な政党との一体感やイデオロギー的同調性が投票を方向づけ、政党編成の連続性と安定性を保証するとき、新興政党の参入機会は小さくなる。既成政党への忠誠とイデオロギー的同調の弛緩は有権者を争点による投票に向かわせ、新しい争点を掲げる新興政党にとって有利な機会が発生するからである。

　それでは、フランス政党システムにおける脱編成についてもう少し詳しく検証してみよう。脱編成という場合、政党支持の流動化と政党自体への幻滅という 2 つの現象として表面化するが、まず、フランス政治での政治的流動性の高まりをデータをもとに確認しておこう。

　それまで投票してきた政党から投票先を変更した有権者は、1986 年 21％、1993 年 26.5％、1995 年 30％と増加し、左翼と保守の間で投票先を変更した有権者も、1986 – 88 年 10％、1993 年 14％、1995 年 12％と増加傾向にあった。そのような有権者の流動性の高まりは既成政党から新興政党への有権者の移動をもたらし、新しい右翼政党とエコロジー政党の伸張につながった。現に、1989 年 6 月の欧州議会選挙で緑の党に投票した者のうち、48％は 1988 年の大統領選挙では緑の党のヴェシュテルではなく社会党のミッテランに投票した有権者であった［Sainteny, 2000：131-132］。

　既成の政党と政治家への不信という一般的雰囲気と政党支持の脱編成は、

第4章　フランス緑の党の成功と変容

一方では新しい右翼政党の躍進現象の背景となるが、他方では、政治的エコロジーにとっても有利に働いた。政治不信と伝統的な2極対立構造の弛緩という政党システムの変容は新興政党の参入には有利に働いていた[28]。

　第4に、既成政党側の対応も新興政党の登場や成功を大きく左右する。既成政党は新しいテーマやクリーヴィッジを無視するか過小評価し、旧いそれを再活性化するという対応も可能であり、様々な手段で新参者のテーマと支持者の回収を試みることが可能であった[29]。特に、緑の党に対する社会党の対応は、ニュー・ポリティクス政党の登場と伸張に大きな影響を与えた（第5章補論参照）。

　フランス社会党は、野党時代には社会変革への期待や文化的リベラリズムを代表してきたが、1981年に政権を掌握すると現実路線へと転換して改革への期待を裏切ってしまった。結果として、リバタリアン（自由至上主義）で改革を望む有権者は行き場を失ってしまった。既成左翼への期待が失望に変わった時に、ニュー・ポリティクス政党が占有可能な空間が形成されていた［Sainteny, 2000：460-461］。

　フランス社会党の場合、政治的エコロジーに対する姿勢は、初期の拒絶から回収、そしてパートナーシップへと変化していった。とりわけ、1990年代に入って社会党が選挙で後退していくと緑の党との協力路線が追求される。社会党にとっては、緑の党をパートナーとすることは変革を目指す政治的アクターというイメージづくりに有益であったし、緑の党にとっても政治的正統性を強化し、信頼性を高める効果が期待できたからであった。

　さて、社会・文化的ファクターと政治・制度的ファクターに続いて、最後に、新興政党側の主体的適応の側面についても触れておこう。それは、有利なファクターを効果的に利用し、政党システムに参入・定着する新興政党側の主体的力量と努力を意味している。すなわち、新しい争点を巧みに提示する能力、既成政党にそれが回収されないように防衛する能力、既成政党との区別化を維持するとともに政党競合の論理に適応する能力が新興政党には求められる。

　客観的に有利である状況が自動的に新興政党の躍進をもたらすわけではない。そのような状況に主体的に適応し、それを活用する新興政党側の対応力

が重要である。その点で言えば、既述のようにヴェシュテルによる環境問題を重視した独自路線の選択は、1980年代末から90年代初めのフランスの政治環境に適合した対応であった[30]。

結局、上記のような社会・文化から政治制度に及ぶ構造的・状況的な変化が重層的に生起し、ヴェシュテル執行部のもとで緑の党がそれに主体的に適応することで、政党システムのなかで無視できない勢力となることができた。そして、フランス緑の党の1990年代半ばの路線転換は客観的条件の変化に対する適応であり、それが1997年の政権参加につながっていく。そのような適応への努力は、組織や政治スタイル、政治戦略、政策の内容と優先順位における変容として表現されていた。次節では、そのような緑の党の適応戦略と初期のオリジナリティと政党アイデンティティの変容を検証してみよう。

3 フランス緑の党の戦略転換

1980年代末から90年代初めにかけての欧州議会や地域圏議会の選挙で躍進したにもかかわらず、緑の党は、エコロジスト陣営の分裂と[31]フランスの選挙制度の壁、世論の変化などの要因によって国政への進出を果たせなかった。そのことでヴェシュテルは党内の支持を急速に失い、指導権はヴォワネ派の手に移っていく[32]。そして、新しい指導部のもとで党の路線は大きく転換し、緑の党は自立路線から既成政党との協力路線へ、環境問題の重視から社会問題を含めたオールラウンドな問題に対応する政党へとイメージの転換が進められていった[33]。それに伴って、組織構造・行動スタイルも初期のオルタナティヴな政党モデルからより効率性と合理性を尊重したものへと変更されることになる。

緑の党の指導部の交代は、1993年11月リール総会で起きる。同年の国民議会選挙での敗北によって党内に失望が広がり、総会ではヴェシュテル執行部に対する不満が渦巻いていた。先に開催されたパリ臨時総会ですでにヴェシュテル派とヴォワネ派の対立は表面化していたが、リール総会ではヴェシ

ュテル派から離反したグループと連合したヴォワネ派の動議が、最終的に62.3％を獲得してヴェシュテル派（34.7％）を少数派に追い込んだ［Cole, 1994：318-323］。指導権を掌握した新執行部は、新しい方向に舵を切り始める。

緑の党の戦略転換が鮮明になるのは、1994年の欧州議会選挙の際であった。GEと選挙協力を結ばずにエコロジスト陣営の分裂選挙で臨んだ結果、緑の党は2.95％の得票（GEは2.01％）に終わり、欧州議会で議席を失うことになった。比例代表制という緑の党に有利な選挙制度であったにもかかわらず緑の党は敗北を喫し、既成政治に不満な有権者層は極右政党・国民戦線とB. タピ（Bernard Tapie）が率いる「急進エネルギー」のリストへと向かった。内部対立に囚われていたエコロジスト陣営は、変革を望む有権者の期待に応えることができず有権者に見捨てられる結果になった。1983－84年の選挙での敗北を契機に緑の党は運動の路線を見直し、内部対立の克服に向かう。緑の党は現実主義化し始め、国政への進出や政権参加を模索するが、その結果として選挙協力への歯車が本格的に始動することになる。

1994年9月17－18日、パリで「政治的・社会的エコロジー大会（une Convention de l'écologie politique et social)」が開催され、緑の党、「赤と緑のオルタナティヴ」、「エコロジー・オートルマン」が結集した。他にも、社会党、共産党、社会党から離れたJ-P. シュヴェヌマン（Jean-Pierre Chevènement）の「市民運動（le Mouvement des citoyens)」、共産党改革派、トロツキストの「革命的共産主義者同盟（LCR)」、「民主主義と社会主義のオルタナティヴ（l'Alternative pour la démocratie et le socialisme)」の各組織も代表を送った［Sainteny, 2000：392］。緑の党は左翼陣営への帰属を鮮明にし、左翼勢力との協力に向かい始めた。

1995年11月の連合総会では、75.4％の圧倒的支持でヴォワネ[34]の提出した動議が勝利した。その動議は保守勢力との協力を基本的に排除し、1998年に予定されていた国民議会選挙に向けて他のエコロジスト組織との交渉を通じて政治的エコロジーを再編すること、既成政党との協力条件を明確化することを提起していた。ヴォワネの動議の圧倒的勝利は、1993年11月リール総会で多数派に転じた開放・協力路線が党の公式路線として確立されたこ

とを示していた。

　以降は、保守政権に代わる左翼連合を形成することが最大の課題として追求されことになり、1997 年 1 月に社会党との選挙協定として結実する。党内では独自路線への執着は影を潜め、1998 年国民議会選挙に向けて左翼協力路線は滑り出した［Boy, 1998：209；Sainteny, 2000：393-394］。1995 年の大統領選挙と市町村議会選挙でも自立路線からの訣別は鮮明になる。緑の党は 150 以上の都市で既成左翼と協力して左翼リストに参加し、他の 150 の都市では左派エコロジストの団体である「赤と緑のオルタナティヴ」との共同リストで臨み、第 2 回投票では多くの自治体で左翼リストに合流している［Sainteny, 2000：393］。

　ヴォワネは「より多くの代表を議会で獲得するためには左翼勢力と連合することで党が前進する以外に道はない」と、国民議会への参入を理由に協力戦略を正当化している。また、「何年もの間、選挙システムは私たちに同じ結果をもたらしてきた。選挙での得票にかかわらず、緑の党は議会に誰も送り込めなかった。そして、選挙のたびに、私たちは何も見返りもなく第 2 回投票で社会党に票を提供してきた」という党員の発言は、路線転換の背後にあった党内の気分をよく伝えている［Burchell, 2002：94, 102］。

　1995 年の大統領選挙では緑の党はヴォワネを擁立し、「エコロジー・オートルマン」、GE から分離した「友愛・エコロジー（l'Écologie fratérnité）」、共産党から離反した「進歩的オルタナティヴ協定（une Convention pour une alternative progressiste）」の協力を取り付けた。彼女の左翼連合構想は、既成左翼政党との協力に先行して左翼エコロジスト集団との協力として進められた［Sainteny, 2000：392］[35]。

　ヴォワネの大統領選挙に向けたキャンペーンは環境保護と同時に、反人種差別や女性運動、労働運動の諸テーマを統合した「社会変革プロジェ」を核に展開された。そこでは、環境保護を組み込んだ社会転換のプログラムを実現することが訴えられていた［Sainteny, 2000：393］[36]。数年来、緑の党は社会問題についての包括的なビジョン、特に、先鋭化する失業問題に対する処方箋を欠いているというイメージの克服に努めており、大統領選挙での社会問題の強調はそのような努力の一環であった［Shull, 1999：118］[37]。

第4章　フランス緑の党の成功と変容

　1993年から95年にかけての方向転換は失業や移民問題の他にも、ドラッグの非罰則化、パックス（民事連帯契約）、性的マイノリィティの権利、女性の権利などの社会的テーマにアクセントを置き、脱物質主義的で文化的にリベラルな有権者を惹きつけることを意識していた。また、そのような要求を体現する社会運動（急進的農民運動、反グローバリズム運動、反原発運動、地域主義運動、フェミニズム運動、サン・パピエとの連帯運動、失業者運動、環境保護運動、住宅の権利運動など）を政治的に代表することを追求することで左翼リバタリアンの色彩を強めていった［Sainteny, 2000：307, 446；Szac, 1998：124］[38]。

　ヴォワネのもとで、フランス緑の党は政治戦略の面だけではなく政策的方向性においても大きな変化を見せる。緑の党は社会的テーマへの傾斜を鮮明にし、環境保護の単一争点政党的イメージからの脱皮に努めた。彼ら／彼女らは社会転換の包括的なプログラムで選挙に臨み、社会的排除やワークシェアリング、南北問題などの諸問題を優先的に訴えた［Villalba, 1996：84］。J. ブルシェルがフランス緑の党の政策変容についてまとめた表4-3を見ても、選挙での争点や政策の優先順位は1987-90年と1992-97年の時期で大きく

表4-3　フランス緑の党の政策変容

時期	選挙キャンペーン中に焦点が当てられた争点	その時期における政策の優先順位
1987-90年	（1989年欧州議会選挙） 国際的環境問題 国内的環境問題 原発建設 アルザスでの酸性雨対策 ダム建設	環境保護 代替エネルギー戦略 反原発 失業 生活の質
1992-97年	（1997年国民議会選挙） コアビタシオン 社会的不平等 労働時間短縮 福祉改革 通貨統合	35時間労働制 公共セクターの擁護 より寛容な移民政策 原発建設のモラトリアムとスーパーフェニックスの閉鎖

出典）ブルシェルの作成したフランス、スウェーデン、イギリスの緑の政党の政策に関する表からフランス緑の党の部分を抜粋［Burchell, 2002：151, 153］。

変化し、環境問題から社会問題への重点のシフトが確認できる[39]。

さて、新執行部の左翼協力路線にとって、1998年国民議会選挙は重要な選挙であった。大統領選挙で左翼エコロジスト組織と連携することで始まった自立路線からの転換は、次のステップとして国民議会選挙で社会党と協力関係を結ぶことが課題となる。新執行部による社会党との選挙協力と政権参加への期待は、社会党側の思惑とも合致するものであった。

緑の党は左翼陣営を明確に選択して既成左翼政党との協力に乗り出すが、それは、緑の党が他の政党からの働きかけの対象となることも意味していた[40]。特に、1990年代前半に政治的低迷に苦しんでいた社会党は、M. ロカールのもとに、改良派環境主義者、中道派、改革派コミュニスト、人権活動家などからなる進歩派勢力の結集を企てていた。その具体化として、「ビッグバン」構想が打ち出されている。そして、社会党は、エコロジストを含む「進歩陣営」の候補へのデジストマン（候補とり下げ）を提案し［Prendiville, 1992：58-59］、1993年国民議会選挙の直前には、社会党指導部は第1回投票でエコロジスト候補が社会党候補の票を上回っていた場合は一方的にデジストマンを実施することを宣言している。最終的に、この時は緑の党は自立路線を堅持して社会党との協力は見送るが、社会党からの揺さぶりは激しさを増していった[41]。

さて、赤緑連合に傾斜するヴォワネ執行部のもとで、1997年1月に社会党と緑の党の間に選挙協力協定が締結された。戦略や政策、イデオロギーなど解決しなければならない多くの問題が残っていたが、緑の党は初めて国政選挙で左翼政党と正式な協定を結んだ。

選挙の結果、緑の党が初めて国民議会への進出を果たした。第1回選挙で、ヴォワネがドールで31％、コッシェがヴァル＝ドワーズで27.01％、J-L. ブナミアス（Jean-Luc Bennahmias）がロワシー＝スー＝ボワで29.97％、G. アスコエ（Guy Hascoët）が東ルーベで30.26％、G. ブナ（Gile Bena）がリヨンで26.42％といった順調な成果を収めた。緑の党は左翼政党との協力から利益を得て20候補が第2回投票に進出し、最終的には、緑の党の支援で当選した1人を含めて8名のエコロジストが当選した。このことで、緑の党はエコロジスト陣営での主導的役割を獲得すると同時に、連合政権の一員として自

己の政策を実現する機会を手に入れたのである［O'Neill, 1997：209］。

　緑の党は、どこまで政党競合のプロセスに適応すべきか自問しながら［O'Neill, 1997：185］、現実政治への関与の深化とともに多くの変容を受け入れていった。既成政党とは異なったオルタナティヴ政党というアイデンティティを掲げる以上、それと現実政治の要請をバランスさせるという困難な課題に直面することになった。

　以上のように、緑の党は路線転換によって既成政党との協力による国政への参入と政権参加という道を辿るが、実は、国政レベルでの転換に先だってすでに地方議会への定着と執行部への参加という事実が先行していた。緑の党の現実政治への姿勢を理解するには、地方政治での経験を考慮に入れる必要がある。

4　地方政治での経験

　フランス緑の党の政権参加を考える場合、1990年代に入って、地方政治、特に地域圏議会で既成政党との間で交渉と協力の経験を積み、実際に成果を上げていたことを抜きには理解できない。緑の党が現実政治に参入・定着していくにはドイツのような連邦制という制度的条件のほうが有利であるが、それは地方選挙のほうがエコロジー政党にとって参入の壁が低いからであった。それと同時に、地方政治での具体的な政治経験が党に適応と習熟の機会を与え、党のイデオロギーと組織・行動スタイルに変容をもたらすからであった。国政レベルの論争と路線転換の背景には地方レベルでの経験が少なからず影響を与えていた［Burchell, 2002：100］。

　そのことは、州議会を政治的実験室として政権運営の実績を積み、他の政治勢力との交渉や協力に習熟することで国政レベルでの政権参加の足場を築いたドイツ緑の党の経験と類似している。フランス緑の党も、地方レベルの政治に参画することで急進的なオルタナティヴ政党から、緑の社会に向かうという理念は放棄しないが、よりプラグマティックな政党へと変身していった。

緑の党が地方政治の場で足場を築いていくのは、1980年代末から観察されるようになる。1989年の市町村議会選挙では得票を全国で伸ばして1369名の議員を当選させ、前回（1983年）に比べて当選者を約4.5倍に増加させることができた。それと同時に、ヴォー＝ザン＝ビュゲー（Vaux-en-Bugey）の首長とリールやオルレアン、ボルドー、ミュールーズなどの助役を獲得して自治体執行部に食い込んでいる。地方議会へ進出や執行部への参画は、新興政党にとって地方政治への習熟や経験を蓄積する貴重な機会となった[Sainteny, 1989：34][42]。

　緑の党の地方政治への参入にとって重要な選挙は、1992年地域圏議会選挙であった。同選挙で緑の党はめざましい成果を収めるが、議長選挙をめぐって4つの地域圏議会（ブルゴーニュ、ラングドック＝ルシオン、ロレーヌ、ノール＝パ＝ド＝カレ）で激しく各党の駆け引きが展開された。たとえば、ラングドック＝ルシオンでは、UDFのJ. ブラン（Jacques Blanc）は、緑の党議員の票を狙って高速道路の拡幅計画凍結、鉄道輸送への予算割当などを提案してきた。ロレーヌでは、緑の党はUDFのG. ロンゲ（Gérard Longet）と協定を締結し、環境予算の倍増、環境評価（écobilan）を実施する企業への支援、「国家・地域圏計画」への有機農業の記載などを盛り込ませることに成功した[Boy, le Seigneur et Roche, 1995：131]。

　また、緑の党の地域圏議会議員は地域圏の予算や政策を変更することに力を注いで具体的成果を獲得していた。たとえば、ローヌ＝アルプでは、1992年度予算と1995年度予算を比べると、環境関連予算は5560万フランから1億2200万フランへと約2倍に増えている。道路予算は3億6700万フランから2億2600万フランに減額される一方、TGVを除いた鉄道予算は2500万フランから2億2600万フランへと約10倍に増加している。他にも、青年への就労支援予算として1億フランが予算化されている。

　ブルターニュやミィディ＝ピレネーでは有機農業に新たに予算が計上され、その他の地域圏でも、最貧層向け融資の162％増額やホテルの買収によるホームレスの宿泊センター設置、道路から鉄道輸送への予算の重点移行（イル＝ド＝フランス）、職業訓練と農村住宅改善の予算（リムーザン）、鉄道予算の増額（サントル）、高速道路建設計画の中止と海岸の保護（プロヴァンス＝アル

プ=コート・ダジュール)、再生可能エネルギー・農環境関連の予算増額(ブルゴーニュ)と、各地で具体的成果が達成されている [Boy, le Seigneur et Roche, 1995：156-181]。

　緑の党の政治的習熟と政権参加にとって大きな役割を果たしたのは、ノール=パ=ド=カレ地域圏での政権参加の経験であった。同地域圏での経験が貴重な意味をもっていたことは緑の党も自覚しており、同党の『緑の政策事典』でも運動にとって重要な経験として一章を割いてクローズアップされている[43]。同地域圏での緑の党の得票は、ノール県で 6.06％(5人当選)、パ=ド=カレ県で 6.89％(3人当選)であった。緑の党は 114 議席中 8 議席を占める絶対的少数派であったが、予想に反して議会での第 3 回目の投票で緑の党の Ch. ブランダン (Christine Blandin) が社会党、共産党、GE の一部の支持によって議長に選出された。

　同地域圏で議長職を獲得し、政権参加の先駆的な経験が可能であったのは、ノール=パ=ド=カレ地域圏に独特の条件があったからである。1986 年からはヴェシュテルの自立路線が緑の党を支配するが、ノール=パ=ド=カレ地域圏ではそれは守られていなかった。1989 年の市町村議会選挙ではリールで社会党との協力に踏み切り、5 人の市会議員を誕生させて環境と街区活性化担当の 2 人の助役を獲得している。この経験は両党の関係を良好なものに変え、1992 年地域圏議会選挙後にブランダンが地域圏議会議長に就任する伏線になった [Boy, le Seigneur et Roche, 1995：205-206]。

　期せずして地域圏執行部の長を獲得した緑の党は、異議申し立て政党からの脱皮を迫られることになる。すなわち、①緑の党がその思想を実現できることを有権者に示すこと、②単なる異議申し立てだけではなく管理能力もあり、フランス第 3 番目の人口を擁する地域圏を統治する能力があることを有権者に示すこと、③支持基盤である社会運動に対しては、権力に参画しても原則的立場を守りながら妥協する能力があることを証明することが求められた。高速道路建設計画の中止が反故になるなどの果たせなかった課題もあったが、環境関連予算が 1992 年度 (6300 万フラン) に比べて 2 年間で約 2 倍に増額され (1 億 400 万フラン)、交通関連予算のなかで道路予算の割合が 1992 年の 80％から 50％へと減額された。その他にも、パリ・リール間の

TGV の開通、途上国への協力予算の倍増など着実に成果を収めている［Boy, le Seigneur et Roche, 1995：213, 220-226］。

その他にも、ロシアのベルルーシとの協定によるチェルノヴィリ原発事故で被害を受けた子どもたちの受け入れ、ヴェトナムやセネガル、マリとの交流協定の締結、市民放送局の開設、ゴミの分別収集、エコ建築による高校の改修、アスベスト除去計画の策定、公共交通の充実、「地域圏雇用大会（l'Assises régionales de l'emploi）の開催、「連帯経済地域圏銀行（le Crédit régional d'économie solidaire）」の設立など、緑の党は多くの政策領域で改革のイニシアティヴを発揮している［Hascoët, 1999：160-179］[44]。

緑の党の地方議員は地方政治の場で政策決定のメカニズムを変え、政策を実現し、現行の政治的慣習を変更しようとした。彼／彼女らは新しい社会運動を政治制度の場で代表する異議申し立て勢力として議会に入ったが、地方議会の場では栄光の孤立でも体系的な異議申し立てでもなく、議会政治のゲームに参加することを選択した。職業的政治家への警戒と蔑視や「異った政治をする」という欲求にもかかわらず、地方議会に参入したエコロジストたちは政策決定の過程に積極的にコミットしてそれに適応していった［Boy, le Seigneur et Roche, 1995：18-24］[45]。

結局、フランス緑の党は、地方での議会への進出や執行部への参加の経験によって現実政治へのスタンスを真剣に考えることを余儀なくされた。単なる新しい社会運動の「議会に延ばした腕」でも異議申し立て政党でもなく、その理念や政策を政党システムのなかで実現するという役割が求められることになった。とすると、地方・国政のレベルで得票率が 10% に届かない現状では、他の政治勢力と連携することなしには政策を実現する展望は開けなかった。ただ、他の党と協力するとなれば、①連合の相手は誰で、どのような政治目標を達成するために協力するのか、②連合政権への参加は従来まで掲げてきた政治的自立と反しないか、③最悪の場合は、連合政権の中で独自性とアイデンティティが希薄になり、政治的魅力を喪失してしまうのではないか、といった悩ましい問いに緑の党が真摯に向きあうことを促した。

自治体政治への習熟は緑の党にとって明らかにポジティヴな意義をもっていた。何よりも、地方政治への参入は他の政党とのバーゲニングや妥協の能

力を高めただけでなく、政治行動が政治権力の獲得、少なくとも、その追求を究極目的とするという意識を生み出していったからである［Vialatte, 1996：125］。そして、地方政治での連合政権の経験は、左翼との連携の全国政治レベルでの受容を促進する重要なファクターとなった［Buchell, 2002：100］。

ドイツの地方自治体での経験が国政での政権参加につながったように、フランスにおいても、地方における行政と議会への参画や現実政治への習熟は緑の党に決定的な影響を与えた。

5 フランス緑の党の変容

ニュー・ポリティクス政党として出発した緑の党は、明らかに既成政党と異なった特質をもっていた。政権獲得を目的としないこと、当選より宣伝と啓蒙を優先した選挙の位置づけ、他の政党との協力の拒絶、分権的な組織構造、効率性より党内民主主義を優先すること、指導部や個人への権力集中の拒絶といった特質が1980年代の緑の党を支配していた［Sainteny, 1991：27-42］。そのような初期のニュー・ポリティクス政党のオリジナリティは、現行の制度や政党競合などの制約と齟齬をきたし、エコロジー政党は組織と行動スタイル、政策、政治的戦略の次元で大きな変容を遂げることになる。一方で、緑の党は組織内から変わることが求められ、他方で、緑の党もその一部である政治環境における変化にも適応する必要があったからである［Burchell：2002：31］[46]。その結果、1993-94年にかけて指導部の交代が起こり組織改革が始動する。ただ、フランスの場合は組織改革については大きな抵抗を呼ばなかったが、選挙と連合の戦略をめぐって党内では激しい対立が起きた[47]。

政党の優先目標が、①票の獲得、②利益とイデオロギーの表出、③党内民主主義の実現であるとすれば、緑の党のそれは次第に②、③から①へと移っていった［Burchell, 2001：115-116］。そのためには、その目標を達成するために政党のあり方を変えることが必要となる。恒常的組織の結成、情報発信

や圧力行使ではなく当選を目的とした選挙運動、執行機関と決定機関の分離、ヴェシュテルというスターの登場とメディアでの露出の容認といった変化を経て、フランス緑の党では徐々に「普通の政党化」が進行していった［Sainteny, 1991：48］。

　緑の党の変容は、まずは政治に対する基本的なスタンスの変化として観察される。既成政党と異なった理想的な政党像を掲げて緑の党が結成されたことはすでに述べたが、少なくとも1980年代末まではフランス緑の党はニュー・ポリティクスを純粋に体現する政治的アクターであった。それは、緑の党が、①政治の左右対立構造の拒絶、②既成政党のピラミッド型組織構造の拒絶、③市民社会からの政治の乖離の拒絶という、既成政党に対する3つの拒絶を機軸にした新しいタイプの組織であるという意味においてである。彼／彼女らは「エコロジストは結婚しない」「右でも左でもなく」というスローガンのもと、左右の対立軸を超越した政治勢力であることに固執していた。

　そして、緑の党は草の根の活動家や地域組織のイニシアティヴを重視し、権力の集中を回避した新しい組織モデルを追求してきた。政治と市民社会との乖離を拒否して、国家を変革の梃子にするのではなく市民社会のなかから「生活を変える」ことを重視してきた。そこから緑の党は政治のプロではなくアマチュアによる変革を志向してきた。既成政党は変革の方法論として国家権力の掌握を重視しており、そのためには自らを国家と相似した組織に編成し、国家を通じて社会を変えるというトップダウン的発想を当然視している。

　それに対して、エコロジー政党は市民社会への国家の支配を縮小し、国家と社会の乖離を埋め、社会によって国家をコントロールすることを求めている。つまり、彼／彼女らは国家の「占拠」ではなく、直接民主主義とローカル・レベルでの活動を通じた社会変革が可能であると考えている［Sainteny, 2000：48］。

　運動の発展とともに、緑の党は結党以来の矛盾する二重の課題を前に揺れ動いていた。生活を変え、新しい生き方を実践するという課題は、現行の政治経済モデルをドラスチックに変革すること、そして民主主義的で分権的な

党内生活を保障することを要請していた。しかし、政党システムに参入することで緑の党は政党競合の論理に適応することが求められていた。すなわち、政治的妥協を受容し、効率的で合理的な組織化と運営が要請され、ヒエラルキー化・集権化され、規律と権威が承認されたプロフェッショナル化した政治集団への脱皮が求められた。党組織の底辺民主主義的運営、コンヴィヴィアル（共生的）な組織モデルという彼らの至上命題は、権力を追求し、そのためにヒエラルキー化・集権化され、規律づけられた「闘争機械」へと自己組織化することや、効率性と戦略的思考を優先とするといった近代的政党の要請と対立するものであった [Sainteny, 1991：31；idem, 2000：26][48]。

　結局、政治領域の独自性・閉域性を拒否し、社会運動の論理を政治に持ち込もうとした政治的エコロジーであったが、左翼－保守の対抗軸への統合の拒絶、選挙と代表システムの優先の拒絶、「普通の政党化」の拒絶、政治のプロ化の拒絶を核とした新しい政治の発想とスタイルの維持は徐々に困難になっていった。そのようなニュー・ポリティクスの基本的スタンスを貫徹することの困難化は、緑の党の政治スタイルや組織の見直しを余儀なくさせた。次に、プロフェッショナル化、指導者文化、選挙といったテーマにそって緑の党の変容を具体的に確認しておこう。

　まず、プロ化の抑止策として有名なローテーション制度（任期途中での議員職の交代）であるが、1989年に誕生した欧州議会議員には「共同議員（codéputés）」がローテーション要員に充てられていた。だが、1991年の交代時期に多くの議員がローテーションを拒否して確執が生まれている。地域圏議会でもローテーション実施への議員からの抵抗が表面化し、理想の民主主義的ルールと既成政党と対峙するためには議会活動への習熟や能力が必要であるという現実との間で緑の党は揺れ動くことになる [Pronier et le Seigneur, 1992a：76-78][49]。

　現実政治のなかで、緑の党がある程度はプロフェッショナル化した集団に変質することは避けられないことであった[50]。参加民主主義とエリート支配の否定を掲げていた緑の党であったが、膨大な活動の量を前にして、一部の熱心な党員が党活動の中心的担い手になっていくのは仕方がないことであった。一般党員の党活動への関わり方と一部の中心的党員のそれが大きく乖離

していった。日常生活や職業生活に多くの時間とエネルギーを割く一般党員は、活動を地域に限定せざるを得ず、党の会議で延々と続く論争を批判的に眺めていた。彼／彼女らは、政権参加をめぐる抽象的議論よりも直接に役立つ情報に関心を寄せていた。多くの活動家が地方レベルでのボランタリーな活動に専念する一方、党内論争に関心が強く議論する能力もある活動家が役職や公選職を牛耳ることになり、活動家のプロフェッショナル化と成層化が生まれていった［Faucher, 1999：113-33］。

第2に、指導者文化についてであるが、メディア社会においてはリーダーの存在は不可避である。

それは緑の党の底辺民主主義と集団指導制の文化とは相容れないものであったが、ヴェシュテル執行部の時から、彼は事実上の指導者として振る舞っていた。ヴェシュテルは誰に相談することもなく社会党のJ. ドロールと会ったり、共産党のG. マルシェ（Georges Marchais）や経済界の代表たちと会談を重ねていた。当時の緑の党では党内の非公式会議で意見交換や提案作成が進められ、それが党の公式の方針になっていた。反指導者文化が公式的に支配していたにもかかわらず、実際には緑の党は指導者の存在が容認されていた［Pronier et le Seigeur, 1992a：93-95］。

そのような傾向をはっきりと確認できるのが、1989年の欧州議会選挙で候補者リストのトップにヴェシュテルが登載されたことであった。彼の名声とマスコミの注目度が、個人への権限と権威の集中に対する不安を凌駕したのだった。既成の政党モデルを否定して、党内民主主義を重視して異なった政治を実践することを志して出発した緑の党であったが、次第に指導者や指導部に権威と権限が集中するという寡頭制的傾向を内在させていった。

また、選挙についての緑の党の位置づけも大きく変化している。選挙を圧力行使や異議申し立て、理念や主張を宣伝するための演壇として活用する姿勢から、次第に議員を当選させ、議会や行政の運営に参加し、権力にアクセスするための手段として位置づけられるようになった。たとえば、1989年の市町村議会選挙でも、そのような傾向がはっきりと見られた。その選挙を前にヴェシュテルは市町村議会に議員を大量に送り込むことを宣言して、CNIRも政治的自立を優先するよりも他党との合意が可能な場合は自治体運

営に参画するという方針を打ち出していた。緑の党は、異議申し立ての姿勢を修正して、権力の拒絶から受容の姿勢へと転換しつつあった［Sainteny, 1993a：83-85］。そして、緑の党の選挙キャンペーンはこれまでは地方組織のイニシアティヴで組織されてきたが、だんだんと党中央によって指揮されるようになり、分権的で底辺民主主義的組織モデルから逸脱していった。

結局、権威と権限の寡頭制的集中を警戒してきた緑の党であったが、地方の活動家は著名なスポークスパーソンの来訪と集会や記者会見への彼／彼女らの出席がローカル・マスコミの注意を集めることを期待しており、全国レベルで名の売れている人物が地方で歓迎されているのは確かであった。そして、ローカルなレベルでも「寡頭制化」と「議会主義化」が指摘されており、選挙で当選して議員になったアソシエーションの活動家がプロ化して下部活動家の顰蹙(ひんしゅく)を買ったり、緑の党の政治活動のプロ化が新しい社会運動を党から離反させたりと、緑の党の「変質」は様々なネガティヴなリアクションをもたらしている［Vialatte, 1996：153-154］。

以上のように、党組織の運営や行動スタイルにおける変化は組織改革の必要性の認識を生みだし、1994年の規約改正に行き着くことになった。その背景には、政治ゲームに本格的に参加することを志向する新執行部のもとで、より効率的な政治活動に組織を適応させるという要請が働いていた。党員の自発的で自由な参加が保証された年次総会は、全国で同時開催される地域圏総会と地域圏の代議員からなる全国総会へと2段階の方式に切り替えられた［Millaba, 2001：130-131］。党員の自由な参加による総会を党の中心的な決定機関とする方式から代議員による間接民主主義の方式への変換は、党運営における底辺民主主義の原則の変容を象徴していた。

そのような変化から、緑の党は「ノーマル化」＝「普通の政党化」の危機を迎えているという指摘もされている［Faucher, 1999：280, 283］。「ノーマル化」はエコロジー政党の成功とともに表面化するが、1997年の政権参加によって加速されることになる。増大するメディアへの露出、迅速な決定の必要性、連立政治による制約、閣僚ポストの獲得による政治的リソースの増大は下部組織や一般党員を犠牲にして党エリートの権力を強化し、既成政党とは異なったニュー・ポリティクス政党の「品質証明」である新しい社会運

動との関係も二次的なものになっていった［Müller-Rommel, 2002：136-137］。

　緑の党の「ノーマル化」を加速させたもう一つの要因は、ヨーロッパ議会への参入と EU の政策決定にコミットメントするようになったことである。国家を超えた政治的アリーナへの参入は、いくつかの争点の優先、ラディカルな見解の柔軟化、コンセンサスと妥協の文化への習熟といった「成熟」を通じて、彼／彼女らの国内での政治的成熟を促すと同時に、党のリーダーシップの強化、活動の効率化、指導部と下部とのギャップの拡大といった適応とプロ化の傾向を加速させることになった［Bonberg, 2002：14-41；Faucher, 1999：280］。

　もちろん、「ノーマル化」の進行は党内から激しい批判を引き起こすことになった。総会の場で発せられた党員からの批判が、党の変質への危惧を如実に示していた。すなわち、政権に参加することで党幹部の政治活動が党を少しずつ「普通の政党（un parti comme les autres）」に変え、オルタナティヴ政党として出発したはずの党は変質しつつある。アタック（ATTAC）やドロワ・ドゥヴァン（Droit Devant）、グリンピース、農民連盟（la Confédération paysanne）といった社会運動との距離は開き、活動家は制度に組み入れられた党と現場の要求との板挟みになっている。「異なった政治」の言葉は遠いものとなり、党の幹部たちの一部には「政治屋」のウイルスが取り憑いている、といった批判が党に投げかけられている（2000 年連合総会提出動議 E「緑の党は売り物ではない」）［Vert Contact, 2000：14］。

　社会運動との関係のほかにも、緑の党の運営における党内民主主義の形骸化も批判の対象となっている。幹部と一般党員との間に溝が見られるほかにも、全国書記のポストが権力と情報の独占をもたらし、党の決定が執行委員会や CNIR ではなく全国書記や何人かの執行委員、閣僚、国会議員からなる小集団のなかでなされている、と寡頭制化が告発されている（1998 年連合総会提出意見書「緑の党の生活に関する活動家の考察」）［Vert Contact, 1998：17］。「運動の運営がだんだんと不透明になり、党の倫理とは断絶した実践が多くなっている」。「わが党が発展する途上で生まれた悪しき雰囲気や実践は、緑の党の価値やルールに合致した運営方法に立ち戻る断固とした行動を必要と

している」とも指摘されている（2000年総会提出動議F「異なった政治を　早急に！」）［*Vert Contact,* 2000：17］。

　さて、1980年代末以来、選挙で上昇機運にのった緑の党は政党システムに参入するが、既成政党との競合に巻き込まれることで困難な課題を抱え込む。エコロジー政党の変容は、政治ゲームに参入することの代償であり、フランスでも緑の党の成功は組織や行動スタイル、政治戦略、政策の変容をもたらしている[51]。「運動政党」として「異なった政治」を標榜した原点を忘れずに、他方で政党競合に対応して効率的で合理的な組織へと適応することが求められている。そして、単一争点を掲げ、異議申し立てを中心的役割とする政党というイメージを克服し、現実的で政権を担当する能力を備え、実現可能な政策を提案し、改革を遂行する勢力であることを有権者にアピールすることが課題となっている［Bennahmias et Roche, 1992：190-192］。

　多くの場合、緑の政党は、選挙での成功や政治経験の蓄積を通じて、政治ゲームのルールに適応する方向にシフトしていった［Shull, 1999：30］。フランスの場合も、ニュー・ポリティクス政党という原点は堅持しながらも、現実政治への適応へと舵を切ることになった。政治システムにおける成功による党を取り巻く環境の変化と、そのことが引き起こしたリーダーと支配的派閥の交代という党内的変化が重層的に影響することで、緑の党は戦略と政策的優先順位、組織構造、政治スタイルの面で大きな変容を経験することになるのだった[52]。

おわりに

　新しい社会運動を基盤として誕生した緑の党は、多くの抱負と希望を抱いて政治領域での挑戦に乗り出した。そして、彼／彼女らは、現行の経済社会モデルと政治を根本的に革新することを願ってきたし、現在もそれは変わっていない。既成政党のように市民社会から遊離することなく、市民社会を代表し、政治の場でも市民でありつづけることを望んできた。つまり、草の根からの行動や社会運動を重視している政治的エコロジーは、政党の成功を選

挙の結果だけで評価する尺度を拒否し、選挙への参加を究極目的ではなく手段として考えている。そして、直接民主主義と経済のラディカルな変革を夢見ているが、批判だけでなく具体的な解決の処方箋をつくりだすことにも貢献しようとしてきた [Faucher, 1999：17]。

　そのような新しい政治のあり方を希求する政治的エコロジーは、1980年代末に選挙で多くの有権者から支持を受けるようになる。彼／彼女らは、社会のなかでの新中間層の増大と学歴水準の向上、68年5月運動に由来するリベラルな文化と雰囲気、新しい社会運動の活発化、経済的・物質的な争点とは異なった争点（とりわけ環境問題）の浮上、有権者の党派的アイデンティティと忠誠の弛緩、新しい争点と紛争への既成政党の適応不全などの要因に助けられて政治の舞台に登場し、政党システムの無視できない構成要素になっている。

　ただ、政治的エコロジーの成功は代償も必要としていた。すなわち、政治システムのロジックは、緑の党にもそれに適応することを促した。政治領域の独自性を承認・受容して政党競合の論理に適応すること、党の運営を効率化・合理化して決定の迅速性や効率性を高めること、政策や行動において信頼性を高めて政権担当能力を証明すること、そのために実現可能で包括的なプログラムを作成すること、政治的プロ化を容認してテクノクラート的知識人などのエリートを拒絶しないこと、マスコミ対策を施してイメージ戦略を展開することなどが求められた。草の根（底辺）民主主義が重視され、分権的な組織編成が工夫され、プロフェッショナリズムよりもアマチュアリズムが優先され、既成政党との違いが強調された原点から離れて、政治的エコロジーは、ニュー・ポリティクス政党としての基本的性格を維持しながらも大きな変容を経験してきた[53]。

　注
　1 ）　既成政党とは違って、厳格な党規律やポストなどの供与による利益提供といった統合へのインセンティヴを欠いていた緑の党の場合、内部対立は不可避であった [O'Neill, 1997：179]。緑の党内には、環境を重視し独自性を強調する勢力と社会問題を重視して既成左翼政党との協力を支持する勢力の対立が存在し、長らくその対抗関係が続いてきた [Prendiville, 1993：79]。1988年の活動家を対象と

した調査では、社会に関するテーマを優先する意見が 25％、自然環境に関するテーマを優先する回答は 47％（その他が 28％）であった。1980 年代後半に、環境問題を重視するヴェシュテル派が支持されていた理由の一端が党員の意見分布からも理解できる ［Prendiville, 1993：117］。

2） ラロンドは、現実主義的な立場から、既成政党との協力を肯定する柔軟な路線を提唱していた。彼は、政治的エコロジーは多様な個人を結集し、既成政党がより「緑化」＝「エコロジー化」するように影響力を行使するべきだと考えていた。「エコロジストは既成政党も含めて、すべてのミリュー（階層）、すべての組織に同盟者を見いだす用意ができている」という発言が、そのようなラロンドの立場を象徴している ［Boy, le Seigneur et Roche, 1995：11］。現実政治のなかで影響力の拡大を重視するラロンドは、1988 年 5 月、首相の M. ロカール（Michel Rocard）の要請に応じて環境担当閣外相を引き受け、環境政策に関して社会党政権から本格的な譲歩を引き出すことを目論んでいた。そのようなプラグマティックな立場から、彼はエコロジストを改革勢力と位置づけ、「ラディカル・ポリティクスはプラクティカル・ポリティクスであるべきだ」「政治システム内で権力を行使するべきだ」という見解を表明していた。当然のこととして、ラロンドは頑なに自立戦略を守るヴェシュテルを「幼児的原理主義者」と批判し、フランス社会を再生するために活動している他の政治勢力と共存可能な戦略を重視していた ［O'Neill, 1997：191-192］。

1990 年にラロンドが結成した「エコロジー世代（Génération écologie＝GE）」は、現実主義的で柔軟なラロンドの考えを体現したものであり、その主要な目的は「エコロジーと社会主義に由来する諸潮流の総合」を実現するために、中道派、社会党、エコロジストの連合をつくることにあった。緑の党と GE の間には激しい競合関係が生まれ、ヴェシュテルは GE の環境問題における正統性を否定して、「エリーゼ（大統領府）によって道具化された組織」「社会党の戦争マシーン」と攻撃を加えている。彼にとって、GE はエコロジー運動を混乱させるために送り込まれた「トロイの木馬」にすぎなかった ［Boy, le Seigneur et Roche, 1995：12, 72-73, 80］。

1990 年 12 月 16－17 日の『ルモンド』紙の調査結果によると、エコロジストのベスト・スポークスパーソンとしてラロンドが 40％の支持を集めているのに対して、ヴェシュテルは 22％に終わっている ［Prendiville：1994：49］。1990 年代の前半を通じて、緑の党はラロンドの「エコロジー世代」という強力なライバルとの競合に悩まされつづけた。両党の競合関係については畑山［1997］を参照。

3） 保守政治勢力の復調や国民戦線の躍進といった政治状況のなかで、敗北が予想された社会党へと「有効投票（vote utile）」の論理で左翼支持者が動員され、緑の党が左右対立の政治構図のなかに埋没してしまったことが敗北の中心的な要因であった ［Pronier et le seigneur, 1992b：69］。

4） A. ヴェシュテルは 1949 年生まれで、1965 年には「野性動物の若い友人たち（Jeunes amis des animaux de la nature）」をミュールーズで結成している。道路建設計画への反対運動をきっかけに活動を強化し、1969 年には「自然保護地域連合（l'Association fédérative régional pour la protection de la nature）」に加入

している。1973年には「エコロジーと生き残り（l'écologie et survie）」を結成して同年の国民議会選挙に候補を擁立し、1974年にはR. デュモンの大統領選挙のキャンペーンに参加し、1977年市町村議会選挙、1978年の国民議会選挙、1979年の欧州議会選挙では自ら立候補している。1984年に緑の党に加入し、1986年には同党の地域圏議会議員に選出され、1988年の大統領選挙には緑の党から出馬している［Jacob, 1999：148-149］。

5） 環境重視の姿勢の象徴的な例として、ヴェシュテルが出馬した1988年の大統領選挙キャンペーン用のパンフレットでは、自然環境の問題が集中的に扱われていた［Shull, 1999：103］。

6） マスコミは当時の緑の党内の確執を「左派」と「右派」の対立と報道していたが、ヴェシュテル派は単純に「右派」と決めつけるわけにはいかない。彼の周りに集まっていたのは、J. ドゥーセ（Jacques Doucet）やA. ブッシュマンのような環境活動家やM. ドロールとG. カンボ（Guy Cambot）のような保守派からエコロジストになった人物、M. ドゥシェーヌ（Michel Duchène）、F. ベルトゥー（François Berthout）のような元極左や、J-L. ヴィダル（Jean-Louis Vidal）のようなアムネスティ・インターナショナルの活動家といった多彩な人物たちであった。彼／彼女らは、既成左翼との提携を拒否する点で共通しており、左翼との共謀者としか映らない旧指導部に対抗して、左翼－右翼の対立を超えて新しい政治勢力をつくることを夢見ていた。

　そのような思惑をもつ彼／彼女らには、左翼にルーツをもたない、自然と動物の愛好家で、環境保護運動を体現し、田舎生活を好むヴェシュテルは、政治に参加した「純粋エコロジスト」として非常に希な象徴的価値があった［Shull, 1999：119-135］。そして、その思惑どおりに、ヴェシュテル路線は左翼勢力との協力路線に反感をもち、環境問題を重視する草の根活動家の支持を調達することができた［Prediville, 1992：54］。草の根活動と市民社会からの変革を重視するヴェシュテル路線のほうが、環境団体の活動家たちにとっては親和的だからであった。

7） 左右の政治勢力からの自立路線は党員からも支持されていた。1989年の調査では、党員の62%が第2回投票でのデジストマン（候補取り下げ）に反対していた［Prendiville, 1992：105］。といっても、ヴェシュテルは一見すると協力を容認する姿勢を示してもいた。1991年総会では、翌年の地域圏議会選挙での他党との協力を射程に入れていくつかの譲れない条件が提出された。10年間での原発からの撤退、高速道路建設のモラトリアム、南太平洋上での核実験の停止、比例代表制度の導入、民衆イニシアティヴによる国民投票の制度化といった政策であった［Shull, 1999：112-113.］。しかし、それは事実上は選挙協力を拒否しているに等しかった。

　そのような頑固な姿勢は「セクト主義」という非難を浴びたが、一律に他党との協力を拒絶していたわけではなかった。1989年の市町村議会選挙では、いくつかの都市（リール、ダンケルク、エクス、アヴィニヨンなど）では左翼との間で協力が成立している。ヴェシュテルは、重要な前提条件がクリアーされれば他の政治勢力と協力することを言明しており［Hainsworth, 1990：96］、自立路線

を原則としながらも例外的なケースも認めていた。特にFNとの関係では柔軟な姿勢を見せ、1992年の地域圏議会選挙に向けての期間限定で透明性のある議論をもとにして特定の目的を追求するという条件で選挙協力が承認され、FNの地域圏議会執行部入りを阻止する目的でプラグマティックな対応がとられることになった [Boy, 1992: 210]。

そのような、既成政党との協力をめぐる対立は緑の党のなかで突然芽生えたものではなく、1970年代からエコロジスト陣営を引き裂くテーマの一つであった。そのような確執の根深さを象徴するリールでの象徴的な事例を紹介しておけば、1977年の市町村議会選挙の第1回投票で6.5％を得票したエコロジストは、社会党との交渉で「自然環境会館（la Maison de la nature et de l'environnement）」の建設を実現した。しかし、当時のフランスでは、エコロジスト陣営では既成政党との交渉と妥協をめぐって確執が存在し、リールでもその会館をめぐってエコロジスト内部で対立し、1983年の市町村議会選挙では統一した取り組みが不可能になってしまった。すでに、1970年代に既成政党との交渉と協力をめぐって、自立の原理を裏切っているという批判がエコロジスト諸団体から起こり、エコロジスト陣営は厳しい対立を経験していた [Hascoët, 1999: 39-41; Pronier et le Seigneurer, 1992a: 51-52]。

8) 1988年の大統領選挙向けのパンフレット「緑の党と環境」では自然環境の問題が集中的に取り上げられ、環境問題を扱う特別な機関の設置や環境政策に関する権限の地域圏への委譲、環境についての公的情報への自由なアクセスといった具体的政策が盛り込まれていた。緑の党は既成政党と自己を区別化する争点として初めて環境問題を中心に彼らのアイデンティティを確立することになった [Shull: 1999: 13-14]。1989年の欧州議会選挙でもそのような環境重視の姿勢は鮮明で、選挙向けプログラムの3分の1、11のテーマ別パンフレットの半分以上は環境問題に割かれていた。また、地域での環境保護団体への支援の強化や環境破壊への反対闘争、各種選挙での環境保護団体からの候補者リクルートの強化にも言及されていた [Sainteny, 2000: 304, 370-373]。といっても、環境を中心としたテーマへの回帰は環境保護主義への全面的な後退を意味していたわけではない。分権や参加といったデモクラシーの革新や時短やワークシェアリングなどの社会的なテーマも健在で、むしろ強調点の移動として理解されるべきであろう。

9) 1989年3月に実施されたSOFRES調査では、14％の回答者がエコロジストにシンパシーをもち投票したことがあると答え、28％が将来エコロジストに投票をする可能性があると回答しており、全く否定的な回答は6％だけであった [SOFRES, 1990: 220]。

10) 多くの党員は、彼／彼女らの活動を地域活動に限定し、中央での際限のない論争を批判的に見ていた。エコロジストの政治的アンガージュマンは、しばしば行動への欲求や「何かをする」意志と結合しており、政権参加をめぐる抽象的な戦略論争よりも地域の具体的活動に有益な実践的情報に関心を寄せていた。「理念の対決（confrontation d'idées）」に情熱を燃やす党員と政治活動の具体的側面に関心を示す党員との間には深いミゾが存在していた [Faucher, 1999: 120]。

11) 1991年には、D. ヴォワネのもとに赤緑連合派のメンバーが結集して、ヴェシ

ュテルの自立路線からの脱却を画策し始めた。純粋緑路線と赤緑連合路線との間の対立が再燃する。ヴォワネたちにとって、政党システムのなかで影響力を行使するためには党内対立を克服し、他の進歩的で改革指向の勢力と手を結ぶことが必要であった。第五共和制の政治環境においては純粋緑路線では決定的な政治的突破口を切り開くことは困難で、特に保守勢力が力を回復し、新しい右翼の脅威も高まっている状況のもとでは、進歩的勢力の結集が必要であると判断していたからであった [O'Neill, 1997：199-200]。

12)　1991年の総会で最初の両派の衝突があったが、ヴェシュテル派はかろうじて支配権を維持する。1992年総会はマーストリヒト条約をめぐって紛糾し、同条約をめぐって緑の党はコンセンサスが不在であることを露呈してしまった。ヴェシュテルはマーストリヒト条約に基本的に賛成だったが、ヴォワネやリピエッツは反対に回っており、党としての明確な立場を打ち出せなかった [Appelton, 1995：38-40]。この総会のなかでヴォワネが対立の一方の旗手として浮かび上がってくるが、この段階では両指導者の対立はまだ鮮明になってはいなかった。両者の考え方は大きく異なっており、ヴォワネは、他の政治勢力との接近がエコロジストのアイデンティティの放棄をもたらし、既成左翼のなかに溶解させてしまうという発想を払拭して、反保守で進歩的な連合の形成に向けたコンセンサスを党内で拡大しようとしていた。彼女は「われわれはどんな協力も支持するわけではないが、われわれを無力に追い込むセクト的自立に自閉しようとも思わない」と明言し、自立から協力へと転換することを主張した [Appelton, 1995：199-201]。同総会では、最終的にはヴェシュテル派の動議が51.1％で多数を制したが、総会で選出するCNIRの議席に関してはヴェシュテル派のリストは27.4％で9議席、ヴォワネ派のリストは39.1％で13議席と力関係の変化の兆候を示していた [Sainteny, 2000：391]。

13)　ヴェシュテルは欧州議会での棄権という行動について、「議員歳費の剥奪はルペンを被迫害者にしてしまう。それでは彼の術中にはまることになる。ルペンをすべての政治勢力に対抗するたった一人の人物として正当化することになる」と説明している [Pronier et le Seigneur, 1992a：198]。

14)　ヴェシュテルは、FN躍進の背後にある外国人嫌いは教育と同化政策によって克服するべきもので、政治のレトリックによるものでないと考えていた [Shull, 1999：112]。

15)　反ヴェシュテル派は、「FNが特別な政党であり、フランス社会の将来にとって危険なもの」[Pronier et le Seigneur, 1992a：199] である以上、守られるべきは共和制であり、反民主主義的で反共和主義的な政治勢力であるFNの当選を阻止することを優先させて、デジストマン（候補取り下げ）を含めた選挙協力を既成政党との間で進めるべきだと主張していた。結局、1991年総会では、地域圏議会の議長選挙ではFNが支援する候補には投票しない方針に変更することで、ヴェシュテル派の動議が反ヴェシュテル派の動議に勝利した。（44.8％対30％）。FN問題では党内闘争を何とか乗り切ったとはいえ、緑の党のイメージは損なわれ、その問題はマスコミや他の政党から緑の党への批判材料として利用された [Shull, 1999：113；pronier et le Seigneur, 1992a：200]。

第4章　フランス緑の党の成功と変容

16)　1990年代に入って、選挙での FN への対応問題の他にも、緑の党は湾岸戦争と「ブリエール事件」でも苦境に立たされた。湾岸戦争については、党内多数派はアメリカの軍事介入には反対であった。しかし、少数派は介入に賛成しており、党内は平和主義の争点をめぐって引き裂かれていた。「ブリエール事件」は、旧共産党員で68年5月運動の活動家、反人種差別運動、反核運動の活動家といった経歴をもつ左派エコロジストの J. ブリエール（Jean Brière）が「イスラエルとシオニスト・ロビーの好戦的役割」という文書を CNIR に提出したことに端を発する。活動家のなかから反ユダヤ主義であるという非難が巻き起こり、ブリエールの除名処分をめぐって党内は混乱する。そのような党内での騒動はマスコミの格好の餌食になり、緑の党は世論の批判に直面することになった［Prendiville, 1992：50；Pronier et le Seigneur, 1992a：206-213］。

17)　ただし、念のために言っておけば、それは政策の優先順位や内容を変更する問題であって、決して環境問題を軽視するということではない。1993年に実施された世論調査によれば、緑の党への投票動機として86％が「環境保護の提案」をあげており、「社会を変革する意志」（59％）、「左翼・保守の拒絶」（27％）、「政治の新しい方法」（20％））といった回答を大きく引き離している［Sainteny, 1993a：58］。環境問題は緑の党への集票を支える主要なテーマであり、現在に至るまで環境問題に熱心な政党というイメージを維持する努力が払われている。

18)　そのような政治状況のもとで、緑の党の支持者たちも社会党との協力による保守と新しい右翼の攻勢に対抗する方向へと傾斜していった［O'Neille, 1997：203］。また、1989年の党総会に集まった活動家への調査でも、特に若い党員のなかでは開放的姿勢が見られた。30歳以下の活動家では45％が選挙での第1回投票で他党の候補に投票することを肯定しており（45歳以上では22％）、特定候補の当選を阻止するために他党候補に投票することは60％が肯定している（45歳以下では47％）［SOFRES, 1989：238］。

19)　ただし、両派の違いは戦略に関するもので、緑の党が現実政治に影響を与える方法論をめぐるものであった。1970年代とは違って、80年代後半には選挙への参加と政治領域での影響力の拡大は共通のコンセンサスになっていた。選挙の機会を圧力行使、抗議、演壇として位置づける初期のエコロジストの姿勢は後退して、議席を獲得し、権力にアクセスする手段として考える発想は根づいていた。自立戦略を唱えるヴェシュテルも「エコロジストは国家の最上位の制度にまで参画する意志をもっている」と主張し、国民議会を含めたすべての制度へのエコロジストの参加と議員の最大限の獲得、そして、政権参加すらも肯定していた［Sainteny, 1993a：80-85］。

20)　ヴェシュテルの新組織は、1995年の大統領選挙では立候補に必要な500名の署名が集められず、その後も選挙で低迷をつづけた。また、ラロンドのほうは、1995年の大統領選挙に際しては保守陣営の E. バラデュール、R. バール、J. シラクへの支持を次々と表明するが、そのようなラロンドの節操のない行動は「エコロジー世代」の内部対立を引き起こして多くの幹部の離反を招いている［Roche, 1995：274］。結果として、ライバルの失速によって緑の党はエコロジスト陣営における主導権を回復していった。

21) それは、FN が 1984 年の欧州議会選挙を躍進のきっかけとしたのと同じ現象である［畑山, 2007：82］。新興政党は小選挙区制では議席獲得が困難であるので、比例代表制で実施される欧州議会選挙や地域圏議会選挙が政党システムへの参入の機会を提供した。
22) 緑の党の支持者は2つの種類の政治傾向からなっていた。一方では、ミッテランと左翼政権に裏切られたことで緑の党に移ってきた左翼支持者であり、他方は、中道右派的支持者であった。たとえば、1988 年の大統領選挙では、第1回で緑の党に投票した有権者のうち第2回投票で 38％はミッテラン候補に、24％はジスカール・デスタン候補に、26％は棄権を選択している［O'Neill, 1997：185］。緑の党の明確な立場の選択はどちらかの有権者を遠ざける危険性があった。緑の党の右でも左でもない「自立路線」は、そのような事情からも状況適合的な選択であった。
23) 1986 年に起こったチェルノヴイリ原発事故は、反原発の世論と環境への関心を高めた。1987 年 4 月の世論調査によれば回答者の 58％が新規の原発建設に反対で（賛成は 37％）、反原発の世論はフランスで多数派になっている。また、1989 年の世論調査では、回答者の 41％が欧州統合における優先事項として環境保護政策と回答している［Sainteny, 2000：119-121］。
24) 緑の党が環境問題に敏感な有権者を動員していることは、汚染や環境の悪化によって直接脅かされている地域で高得票を収めていることからも分かる。たとえば、1989 年の欧州議会選挙で緑の党は、ロワール川のダム計画に近接した地域、新しい市街電車計画が都市景観を脅かしていたストラスブール、酸性雨が大きな問題になっていたアルザス、新しい港湾と原発の計画で海岸の汚染が心配されるブルターニュ、ウラン鉱の開発が問題になっていたリモージュ、ユーロ・ディズニーランドの計画に揺れるマルヌ=ラ=ヴァレで順調に得票を伸ばしている［O'Neill, 1997：190］。
25) 1993 年の国民議会選挙では、エコロジスト間の協力気運が高まり、548 名が「エコロジスト協定（l'Entente des écologiste）」の旗の下に立候補している。だが、緑の党と GE の選挙協力が行われたにもかかわらず、結果は失望させるものであった。事前の世論調査では支持率は 19％にまで達したものの、第1回投票では 7.7％の得票に終わっている（緑の党 4.05％、GE3.65％）。結局、第2回投票に進出したのは両党の1名ずつにすぎなかった。その挫折は、せっかく芽ばえていた協力への意欲を殺ぐことになった［Boy, le Seigneur et Roche, 1995：15］。

それにつづく 1994 年欧州議会選挙も、政治的エコロジーにとって厳しい結果となった。B. タピの率いる「急進エネルギー（l'Énergie radicale）」が 12％を得票する一方、緑の党は 2.95％の得票で欧州議会の議席を失った。今回も、ラロンドやヴォワネによってエコロジスト陣営の統一が目指されたが、結局失敗に終わった。既成政党への有権者の、特に青年層での明らかな既成政党への敵意は保守の欧州統合反対派とタピや FN のリストへと向かい、異議申し立て票は今回も政治的エコロジーには向かわなかった。
26) ドイツでは、共産党の実質的な不在と社会民主党の中道化によって、政治空間の左側に政治的エコロジーが利用できる政治・イデオロギー空間が存在していた。

だが、フランスの場合は、共産党と社会党、そして統一社会党や極左集団という左側の政治・イデオロギー空間で競合する強力なライバルが存在していた点ではドイツと異なっていた。また、左翼−右翼の既成4政党による2極対立構造の支配は自立的な中道勢力が存在する余地も狭めていた［Sainteny, 2000：99-100］。

27) 選挙制度がフランスの政治的エコロジーにとって大きな壁になっていたのは確かである。フランスの選挙制度は国民議会選挙と県議会選挙は小選挙区2回投票制で、欧州議会選挙（1979年開始）、地域圏議会選挙（1986年開始）、市町村議会選挙は比例代表制を基本に実施されている。ゆえに、その2つのタイプの選挙制度によってエコロジー政党の成果は明らかに異なっている。左右対立の構図のもとでの小選挙区制選挙の場合、死票化を嫌う「有効投票（vote utile）」の論理が働くので小政党には極めて不利であった。他方、比例代表制の欧州議会選挙では、緑の党は5％条項を突破して1989年には欧州議会に進出している。また、地域圏議会でも着実に議席を獲得している。市町村議会選挙でも、1977年30議席、1983年750議席、1989年1369議席、1995年1464議席と着実に議席数を伸ばしている。そして、欧州議会や地方議会への進出、地方での執行部への参画は緑の党に信頼性を付与する方向に働いた［Sainteny, 2000：139］。

結局、市町村議会や地域圏議会選挙では比例代表制を採用していたこともあって、緑の党は自治体議会には比較的容易に進出していった。しかし、国民議会は小選挙区2回代表制であったことから1997年まで緑の党は進出できなかった。国政の場に不在であったことは、安定した政党組織の確立や有権者からの信頼性の獲得、メディアでの扱いの点で阻害要因となったが、欧州議会や地域議会の選挙は緑の党にとって救いとなり、全国レベルで組織化の刺激を与え、可視性と政治的リソースを獲得する機会を提供した。1989年の欧州議会への進出がフランス緑の党にとって大きな飛躍の機会となったことが、そのことを示している［Rootes, 1995：239-241］。以上のように、1997年の国民議会選挙で初めて議員を獲得した緑の党であったがそのことによって政権参加も果たしたとはいえ、社会党に依存して少数の議席を獲得するという現実は政権参加後の力関係にも影を落とすことになる。

28) 大統領選挙が象徴しているように、左右の両陣営に分かれて闘われる選挙がフランスの政党システムを規定する最大要因であることは、エコロジストの参入機会に影響を与えた。1980年代前半まで、世論の二極化という文脈において、そのような対立構造を拒否する新興政党が両者の間に割って入る余地はほとんどなかったからである［Bréchon, 1993：167］。

29) 新興政党のシステムへの参入に対する既成政党側の反応は4つの可能性がある。すなわち、①新参政党の持ち込んだ、もしくは、持ち込もうとしている争点の排除、②その争点の回収、③新参政党自体の排除、④新参政党の取り込みである。社会党は、エコロジストに対して次のように対応してきた。①と②に関しては、まずはエコロジストの新しい争点とクリーヴィッジの重要性を否定して、従来の争点とクリーヴィッジの保全と正当化に努めた。エコロジストが提起する環境問題への解決策が不適当で政治的に危険であること、環境問題の解決が社会党の社会政策を通じて可能であることを訴えた。いわば、体制変革や政治変革へと環境

131

問題を統合する対応である。

そのような政治的エコロジーの回収 − 排除のプロセスは、エコロジストの伸張 − 後退の時期に応じて何度も反復された。たとえば、1976 − 77 年の時期は排除から回収に転じるが、特に、左翼連合構想の頓挫は回収行動を加速させた。1981年大統領選挙後に政治的エコロジーが後退局面に入ると、社会党の回収作業は不活発になった。1988 年から政治的エコロジーが上昇局面に入ると、社会党の回収活動は活発化した。たとえば、L. ファビウス（Laurent Fabius）の「環境を選択の上位に置く」といった発言が飛び出し、翌年の欧州議会選挙でも社会党は環境問題を軸にキャンペーンを展開した。また、1990 年代初めには、社会党はエコロジー担当の全国書記を設け、ファビウス派の Ch. ピエレ（Christian Pierret）を任命している。各県には環境運動の担当者が置かれ、ファビウスの側近である A. ラバレール（André Labarrère）を代表として社会党系自治体首長による団体「エコ・メール（Éco-Maires）」も組織されている［Pronier et le Seigneur, 1992a：12-15］。

③に関しては、政治的エコロジーから信頼性を奪い、その存在の正統性と必要性に疑問を抱かせる作戦が展開された。その目的に活用された言説は、(a) 社会党こそがエコロジーのテーマを真に展開してきたと正統性を横領・独占するか、(b) 政治的エコロジーの信頼性否定に向けて、そのプログラムが不完全性であることやエコロジストはアソシエーションの領域に留まるべきであり政治に乗り出すべきでないこと、政治的エコロジーは過激で民主主義にとって危険であることを訴えることで、政治的エコロジーを政治から排除しようとした。

④に関しては、1988 年にロカール政府の環境大臣にラロンドを抜擢して、1990年にはラロンドに「エコロジー世代」の結成をけしかけたことが典型的な例である。社会党に協力的なエコロジストを選別的に回収する試みが挫折した後は、赤緑連合政権へと緑の党のパートナー化に舵を切った。

以上のように、社会党はエコロジストに対しては、拒絶 − 回収 − パートナー化と対応を変えていった。社会党の政治的エコロジーへの対応についての詳細は［Sainteny, 1994 ; idem, 2000：143-224］を参照。

30) T. シャルは、政治的エコロジーが採用する状況適合的な 2 つの戦略として、社会運動の支持を動員して最大限の変革を追求する「支持者代表のロジック」と、ノーマルな議会参加、選挙でのマジョリティの獲得、政党間の妥協を追求する「政党競合のロジック」が存在し、その国の体制が閉鎖的な場合は前者が適合し、開放的である場合は後者が適合するというキッチェルトの仮説を紹介しているが、1981 年以降のフランスの場合は、政党システムにおいて社会党支配力を維持し、脱産業的な挑戦者を締め出していた閉鎖的な環境では、社会党から距離を取るヴェシュテル派の自立戦略の勝利と支配は理解可能なことであると指摘している［Shull, 1999：65-66］。政治的エコロジーにとって、その国の政治システムが「閉鎖的」か「開放的」かの判断は難しいが、1990 年代以降、社会党が政権政党として改革の期待を裏切って支持を失い、緑の党を含めた左翼陣営の再編が起きる状況を「開放的」と理解するならば、1990 年前半に緑の党において戦略転換が起きる背景が理解できる。

31)　1980年代末に選挙で伸張した結果、一時期は緑の党が独占的地位を築くかに見えた。だが、そうはいかなかった。1990年のGEの結成によってエコロジスト陣営は以前の分裂状態に戻ってしまい、1995年3月の時点で11の組織が競合していた。緑の党やGE、MEIの他に、新左翼と緑の党、GEのメンバーで結成された「赤と緑のオルタナティヴ（l'Alternative rouge et verte）」（1989年結成）、GEから分離した「エコロジーと民主主義のための同盟（l'Alliance pour l'écologie et la démocratie）」（1992年結成）、親ヴェシュテルで反ヴォワネ派であるがMEIへの参加を拒否した2つの地方組織「独立エコロジスト（Les écologistes indépendants）」（1992年結成）と「独立エコロジスト連合（la Confédération des Verts indépendants）」（1993年結成）、GEから分離した「エコロジー・オートルマン（Écologie Autrement）」（1993年結成）、GEから分離して多様なエコロジストの結集をめざす「エコロジー・友愛・レネ・ネットワーク（l'Écologie Fraternité réseau Reinet）」（1994年結成）、社会的エコロジーを掲げる「社会的エコロジーの結集に向けたエコロジー政党（le Parti écologiste pour le rassemblement de l'écologie sociale）」（1995年結成）といった多彩な団体が存在していた［Boy, le Seigneur et Roche, 1995：17-19］。1993年の国民議会選挙では緑の党とGEとの選挙協力にもかかわらず、分裂と対立を繰り返している勢力というネガティブなイメージは政治的エコロジーの敗因の一つであった［Appelton, 1995：59-60］。

32)　緑の党の地方分権的な党構造から、中央組織で支配的なヴェシュテルの自立路線に対抗する動きは地方政治から始まっている。ノール県でG. アスコエは1989年市町村選挙の第1回投票は独自リストで臨んだが、第2回投票では社会党リストに合流している。彼は「うまく避妊するという条件でエコロジーは結婚できる」とヴェシュテルの独自路線を批判していた［Pronier et le Seigneur, 1992a：285-286］。また、ヴェシュテルの頑迷な自立路線は党外からも批判を浴びている。彼の宿敵であるラロンドは左側の政治空間に社会党を含めた進歩派連合を構想していたが、ヴェシュテルに対して「幼稚な原理主義者」と批判し、「エコロジーは自らのアイデンティティだけを考える少数の強硬論者になるべきではない」と主張していた。そして、国外では、ドイツ緑の党自体はヴェシュテル路線を支持していたが、党内の現実主義派はヴェシュテルの非妥協な「孤立路線」を批判していた。その代表的人物は、後に1999年の欧州議会選挙でフランス緑の党の候補者リストのトップに座るダニエル・コーン＝ベンディットであった。彼は、開放的で民主主義的であるべき緑の党を非寛容な人々が乗っ取ることで、ドイツ緑の党の原理主義派ですらできなかったことをしていると批判していた［O'Neill, 1997：191-192］。

33)　執行部の路線転換が受容された背景には、緑の党の支持者における政治的傾向の変化が作用していた。緑の党の支持者における政治的傾向の変化、特に、「左傾化」と社会問題への傾斜は明らかであった。左右軸上の有権者の主観的位置をたずねた調査では、左翼の位置を選択した回答は、1989年55％、1992年48％、1993年44％、1994年47％、1995年63％と、1993年を底に上昇に転じており、支持者レベルでの「左傾化」が観察される。また、投票動機においても、環境と

失業のテーマに関しては、1992年には環境32％、失業58％、1994年には環境19％、失業67％、1995年には環境18％、失業81％と失業問題への関心が顕著に高まり、環境問題を大きく上回っている［Boy, 1995：271-272］。緑の党の支持者のなかで社会問題への関心が高くなっていることが分かる。1993年のSOFRES調査によると、緑の党への投票者に望ましい政党連合のパターンをたずねた設問で、社会党－エコロジスト－中道派の連合政権を望む回答が46％に達しており、左翼を中心とした協力への志向性が読みとれる。ただ、保守－中道－エコロジストの連合を望む意見も33％存在しており、党の左への転換が少なからぬ支持者に受容されない可能性もあった［Sainteny, 1993b：61］。

34)　D. ヴォワネは、学生時代に「避妊とセクシュアリティに関する情報センター (le Centre d'information sur la contraception et la sexualité)」や「ベルフォール自然保護協会 (l'Association belforlaine de la protection de la nature)」の活動に参加し、1981年にはB. ラロンドの大統領選挙スタッフとして活動している。1984年に緑の党の結党と同時に参加してCNIRに選出されている。1989年には欧州議会選挙で当選し、1992年には党のスポークスパーソンに就任している。彼女は、コッシェとともに左翼協力路線の代表的な活動家であった［Pronier et le Seigneur, 1992a：289-292］。ヴォワネについての詳細な情報はM.Szac［1998］を参照。

35)　緑の党が左翼エコロジストの極小集団を結集した反面、それ以外のエコロジー政党も大統領選挙への候補擁立を目指して分裂選挙の様相を呈していた。緑の党を離れて「独立エコロジスト運動 (MEI)」を率いるヴェシュテル、「エコロジー世代」のラロンドも立候補の動きを見せていた。結局、活動家も資金も不足していたラロンドとヴェシュテルは、立候補に必要な500人の署名を集めることができずに立候補を断念した。ラロンドは、最終的にはコンフォーミズム（順応主義）に抗して改革を代表する候補として保守系候補であるシラクへの支持を打ち出した。

　　　また、「エコロジー世代」から離れて「一致・エコロジー・連帯 (une Convergence Écologie Solidarité)」を結成したN. ママールは、社会党のJ. ドロール (Jacques Delors) に立候補を要請し、第1回投票から社会党候補に投票することを訴えた。以上のように、エコロジスト陣営は1990年代半ばの時点でもいくつかの陣営に引き裂かれ、統一した政治勢力として大統領選挙に望むことができなかった。なお、緑の党は、エコロジスト陣営の中では相対的に活動家と資金に恵まれて500人の署名集めをクリアーしたが（最終的に709名）、シャンパーニュ゠アルデンヌ、ラングドック゠ルシヨン、プロヴァンス゠アルプ゠コート゠ダジュールの地域圏議員がヴォワネのために一人も署名しないなど、必ずしも党内はまとまってはいなかった［Roche, 1995：84-91］。

36)　ヴォワネの大統領選挙に向けた選挙プログラムは小冊子として出版されている［Voynet, 1995］。

37)　そのような社会的争点の強調は、当時の世論の動向と社会運動の再活性化という状況と符号していた。経済状況の悪化とともに環境争点は後退し、世論のなかでは雇用問題への関心が高まっていった。1995年11-12月には、保守政権によ

第4章 フランス緑の党の成功と変容

る社会保険改革に端を発した公共交通を中心とした大規模なストライキが勃発している［Béroud, Mouriaux et Vakaloulis, 1998］。

38) そのような社会運動を代表する配慮は、1990年代にフランスの社会運動が活発になっていくことと無関係ではない。フランスでの社会運動の詳細については、コバヤシ［2003］を参照。

39) 緑の党における環境問題の比重の相対化は、環境保護団体との関係の後退としても表現されていた。1989年以前は党員の63％は環境保護団体から加入していたが、1994-96年の加入者では38％、1998年度の加入者では30％に低下している［Sainteny, 2000：446］。

40) 1989年欧州議会選挙での緑の党の伸張は、フランス社会党にその存在を考慮することを強いた。左翼、保守のすべての政党は政治的エコロジーの主張を取り込み始めた。ミッテラン大統領はG7の議題に急遽として環境問題を追加したし、ロカール首相は環境問題への政府のコミットメントを強化し、ハーグでの24カ国環境保護サミットの開催におけるフランス政府の貢献を強調した。野党の共和国連合（RPR）も環境問題担当のポストを政府に新設することを約束し、シラクも緑の党に秋波を送り始めた。1991年の共和国連合の党大会で、彼は「われわれと信条を同じくするエコロジストとの間で合意の土台を築く時期」にきていることをアピールした。そして、新しい右翼政党の国民戦線さえも、自分たちこそがフランスにおける純粋なエコロジー政党であると主張していた。そして、選挙においても、1992年の地域圏議会選挙では、社会党のJ. ラング（Jacques Langue）は4つの地域圏で共同プログラムをもとにした緑の党との協力を提案していた。その具体的な成果が、ノール=パ=ド=カレでの既成左翼の協力による緑の党の地域圏議長の誕生であった［O'Neill, 1997：189-195］。

41) この時期から、政党システムのなかで一定の地位を築き始めた緑の党は、既成政党との関係について態度決定を迫られるようになった［Roche, 1993：40］。

42) 2002年大統領選挙で緑の党の候補となったN. マメールはベーグル（Bégle）市長として自治体運営に携わってきたが、市長とそのスタッフが今までとは違った民主主義の実践と市民についてのコンセプトに従って、都市の景観だけではなく市民のメンタリティも現実に変えることが可能であることを知って興奮したことに触れながら、ベーグルで自治体の運営を通じて「政治」に出会ったと語っている［Mamère, 1999：10-11］。ベーグルの経験は、地方政治で執行部に参画する経験が政治についての発想と感覚を変えていったことを物語っている。

43) 緑の党の幹部であるG. アスコエも、ノール=パ=ド=カレでの政権参加の経験が多元的左翼連合の誕生と1997年の国民議会選挙での善戦への道を開いたと述べている［Hascoët, 1999：149］。

44) ノール=パ=ド=カレ地域圏での成果については、Les Verts［1999：21-28］でも紹介されている。

45) 地方での議会や執行部への参加が、緑の党の政治的経験の蓄積や既成政治への適応と習熟に大いに貢献したことは確かであるが、そのような経験の場という意味では欧州議会への参入も同様であった。フランス緑の党を含めたエコロジスト議員の欧州議会での貢献は過小評価すべきではなく、欧州議会の各種委員会で彼

らは多くの問題に果敢に介入した。有機農業やエネルギー政策などの問題では、彼らの参加は議論を活発化させた。地域問題委員会では、ヴェシュテルが委員長として開発政策や補助金の配分についての検討に積極的に参加している。他にも、制度や予算の問題にも緑の党の議員は精力的に関わっている。彼／彼女らは、恒常的な介入によって欧州議会の議論を「エコロジー化」しただけではなく、異なった考え方との衝突によって、これまであまり馴染みがなかった領域の争点を学習していった［Abélès, 1993b：126］。

46)　緑の党の組織・行動スタイルの変容といっても、初期の「運動政党」の特質を全く喪失してしまったわけではない。B. リウーが、ヨーロッパのエコロジー政党に関して、1998年時点で初期の運動政党の5つの特徴が持続しているかを検証しているが、フランス緑の党の場合はアマチュア主義的リーダーシップは喪失しているが、集団指導体制、ローテーション制度、兼職の禁止は基本的に維持しており、初期にはなかった男女の公平性が付け加わっているので、他国のエコロジー政党と比べても「運動政党」の性格を維持していると評価している［Rihoux, 2001：181］。

47)　フランス緑の党の場合、組織改革は何よりも党内手続きのプラグマティックな改善と理解されており、党内論争は組織改革の争点を素通りして、それよりは既成政党との協力を中心とした戦略問題に関心が集まっていた［Burchell, 2001：123-125］。

48)　緑の党のなかでは、より効率的な組織への転換の必要性が自覚化されるようになり、科学評議会（Conseil scientifique）の設置（1989年）、課題別の全国委員会の再活性化、1990年4月の全国書記局への規約委員会と財政委員会の設置、スポークスパーソンの解任条件の厳格化や兼職ルールの緩和を含む規約の改正、専従職員の補強と任務の再編と専門化といった一連の組織改革が進められた。1994年には、執行委員会の任期が1年から2年に延長され、連合総会が各地域圏ごとの総会から選出された代議員で構成されるなどの機構改革が実現した。また、各種選挙での候補者決定においても中央レベルで決定される傾向が強まり、1992年の地域圏議会選挙後の各地域圏での議長選挙では20の地域圏において中央で決定された方針が踏襲され、全国指導部の地方組織への支配の強化は顕著であった。結局、ニュー・ポリティクス政党として出発したフランス緑の党は、政党競合の論理が支配する場に進出することで組織と運動スタイルの変容を経験することになった。ただ、それは初期の理想を完全に放棄することを意味していたわけではなく、ニュー・ポリティクス政党の組織と政治スタイルへのコミットメントと競合的政党システムに適応するための必要性の間でバランスの修正が必要だったのである［Burchell, 2001：131, 365-367］。

49)　ローテーション制度の挫折はフランス緑の党だけのことではなかった。ドイツやスウェーデンでも人材不足などからローテーション制度の維持は困難になっていった［Burchell, 2002：107, 111］。

50)　新しい社会運動も含むフランスの政治的エコロジーでプロ化が全般的に観察され、専門性を有する活動家の増加が指摘されているが［Ollitrault, 2001］、そのような傾向は緑の党にとっても無縁ではなかった。

第4章　フランス緑の党の成功と変容

51)　表4注-1は緑の党の変化に関するものであるが、G. サントニーも緑の党が政治スタイルと組織、政治戦略、政策優先性の面で、1970-80年代に比べて1990年代に大きく変容していることを認めている。

表4注-1　フランス・エコロジストの組織と行動の変化

1970-80年代	1990年代
政治家像：アマチュア―政治に関わった後は私生活に復帰	政治家像：プロ化―政治によって、政治のために生きる
オルタナティヴな生活と実践	国家権力に参画
左翼-右翼の対抗軸の拒絶	左翼もしくは保守への加担
圧力行使を目的とした選挙への参加	権力へのアクセスのために選挙を利用
環境問題の強調	社会問題の強調
他の政治勢力との協力の拒否	協力の受容
一定の目的のための交渉材料として自然環境を考えることの拒絶	妥協的な実践
選挙活動は活動課題の1つ	選挙は大変重要な活動
他の政治勢力との根本的な対立関係	他の政治勢力との交渉、妥協、協力の関係
既存の政治的対立構造の転覆	既存の政治的対立構造への接合
国家の批判	国家へのアピール
圧力戦略	政権戦略
生活の変革	権力の行使

出典）Sainteny［2000：471］。

52)　「反政党的政党」「運動政党」であったドイツ緑の党も、政党システムへの参入と定着、連合政権への参加を通じて「現実主義化」「責任政党化」といった変容を経験し、党内での確執や政権内部でのジレンマに直面している。そのようなフランスと共通するドイツのニュー・ポリティクス政党の経験を扱った論文として長谷川［2001］を参照されたい。

53)　環境問題が人類の存続を脅かし、経済が人間の生活を支配し、人間の日常的な関係性が希薄になって連帯が崩壊している時代のなかで、エコロジズムの思想と運動は台頭してきた。この世界の行き詰まりを打開して、新しい経済社会を築くためには、ミヒャエル・エンデが言うように「多くの人が新しい生の現実を、新しいライフスタイルを、新しい暮らし方をつくりあげなければならない。しかもそういうことは、現在の諸制度に期待することはできない」［エンデ, エプラー, テヒル, 1991：192］。

　だからこそ、新しい制度的環境をつくりあげるために政治的エコロジーが制度圏のなかで「長征」に乗り出したのである。多くの現実の諸問題が制度圏のなかでの解決なしには不可能である以上、そのなかへの長征という緑の党の選択は基本的には間違ってはいない。だが、それはニュー・ポリティクスの理想をオールド・ポリティクスが支配する土俵の上で追求するという至難の技をこなすことである。

確かに、緑の党は当初のオルタナティヴ政党としての輝きを失い、競合的政党システムのなかで「普通の政党化」の道を辿り始めている。果たして、緑の党は既成政治への挑戦というニュー・ポリティクス政党の本質を表現しているのか、それとも、緑の党の発展は政党システムへの統合を意味しているのか。緑の党の変容プロセスは、その理念や目標、イデオロギーの曖昧化に帰結するのか、といった本質的な問いかけが発せられている［Burchell, 2001：2］。

第5章
政権に参加した
フランス緑の党
―現実政治との格闘―

写真は1998年に出版されたD・ヴォワネ（Dominique Voynet）について書かれた本（M.Szac, *Dominique Voynet. Une Vraise nature.*）の表紙に使われているものである。1997年の国民議会に進出したフランス緑の党は、フランス社会党と政策協定を締結してジョスパン内閣に参加する。党の代表であったヴォワネは、緑の党から初めての大臣として国土整備・環境大臣に就任した。

第5章　政権に参加したフランス緑の党

はじめに

　1984年に結成されたフランス緑の党は、1997年の国民議会選挙で7議席を獲得して国政への参入を果たした。緑の党は環境問題をはじめとした新しい争点群を掲げると同時に、ユニークな組織形態と政治スタイルを追求してきた。そして、結成から13年を経て、既成政党に飽き足らない支持者に支えられて左右の伝統的な対立構造からの超越を目指してきた緑の党は、社会党のL. ジョスパン（Lionel Jospin）を首班とする「多元的左翼（la gauche plurielle）」政権に参加する。そのことによって、フランス緑の党は従来の異議申し立ての役割から脱皮して連合政権のなかで統治責任を分担する政党であることが求められ、その政策提起・実現能力が試されることになった。

　もちろん、ニュー・ポリティクス政党として出発した緑の党の政権参加までの道程は平坦なものではなかった。彼／彼女らは、地方政治や国政の場に参入することで組織・政治スタイル、政策の内容と優先順位、政治戦略の面で大きな変容を経験してきた。他の既成政党との相違を強調し、独自性を重視する傾向は緩和され、現実政治の要請を重要する方向に傾斜していった。つまり、自らの理念と政策を実現するために政党システムにアクセスし、現実政治のルールを受容する道を選択したのだった。そして緑の党は、国政への道を切り拓くために左翼連合に参加し、フランス政治を大きく変革する希望に燃えて政権への参加を選択したのだった。

　だが、果たして、現実政治への参入に賭けた選択は彼／彼女らに期待どおりの成果をもたらしたのだろうか。本章では、希望を抱いて参加した連合政権のなかで、緑の党が実現できた成果や彼らが直面した困難と限界を通じて、連合政権の一員として現実政治にコミットメントしたフランスのニュー・ポリティクス政党の経験を検証してみたい。

141

1 フランス緑の党の政権参加

(1) フランス社会党の政権戦略としての「多元的左翼」

　1997年の国民議会選挙に勝利することで、「多元的左翼」という名称を冠した新しい左翼連合政権は船出した。緑の党の政権参加を考えるとき、それが保守からの政権奪還を目指すフランス社会党の政治戦略の一環として実現したことは重要である。

　すなわち、社会党は緑の党を連合政権の一員に組み込むことで、連合政権のイメージ・アップを図ろうとした。というのは、社会党は緑の党を連合パートナーに引き入れることで、次のようなメリットを期待していたからである。①政権政党化するなかで不正献金事件などの不祥事によってイメージを低下させていた社会党は、緑の党という純粋で清潔なイメージの政党と連合することで政治倫理の面でのイメージ回復を期待していた。②緑の党との連合によって脱物資主義的なテーマを統合することで、それまでの左翼連合との違いを際立たせることを目論んでいた。すなわち、エコロジーを中心にした新しい争点を取り込むことで、グローバル化と欧州統合時代の新しい左翼連合というイメージを有権者に与えると同時に、緑の党という既成政党とは異質な政党と連合するくらい社会党が変わったことをアピールする狙いがあった [Szac, 1998：116；Szarka, 2000：30-33][1)]。

　1981年大統領選挙で政権を獲得して以来、社会党は「権力の左翼」(L. ジョスパン) として政策的ストックを使い果たし、改革のエネルギーを失っていた。その結果、フランス社会党は1990年代に入って危機的な状況に陥っていた。1993年国民議会選挙では社会党（＋左翼急進党）は議席を276から70へと大きく減らす手痛い敗北を喫した。野党に転落した社会党は反転攻勢の機会を模索していたが、新たな左翼連合の形成による政権奪還に活路を見い出すことになる。

　その復活戦略は元首相のM. ローカル（Michel Rocard）のイニシアティヴによって始動する。彼は「開放的でモダンな幅広い運動」を目指して、中道

勢力、社会党、改革派コミュニスト、人権や反人種主義の活動家、労組、エコロジストなどの多様な構成要素からなる新しい「進歩派連合」を構想していた［O'Neill, 1997：197］。それがロカールの「ビッグバン」構想であるが、その具体的な取り組みが「社会転換会合（les Assises de la transformation social=ATS）」であった。ATS は定期的に公式・非公式の会合を重ね、ロカールやジョスパンなどの社会党幹部とフランス共産党書記長 R. ユー、緑の党の幹部である Y. コッシェや D. ヴォワネなどとの人的関係が形成され、共産党と緑の党、社会党を離党した J-P. シュヴェヌマンが結成した「市民運動（le Mouvement des citoyens）」、左翼急進党が組織として ATS に参加していった［Amar et Chemin, 2002：13, 107］。

　フランス政治を変革する期待を受けて出発した新たな左翼連合であったが、過去の左翼連合と異なった理念や政策を本格的に展開することなく選挙カルテル的なものへと変質してしまう。そのことは、その誕生の時点である程度予想できたことである。というのは、新しい左翼の再編という当初の目的は次第に後景に退き、結局はジョスパンを中心とした政権奪還の手段へと変質していったからである。そのことは、以下の 3 つの事実から理解できる。すなわち、①社会党はジョスパンのもとで穏健で現実主義的な様相を強めており［Bell, 2002：62-63］、共産党と緑の党というより急進的なパートナーの要求を反映した新しい方向性を追求する可能性は低かったこと、②社会党のパートナー側では、R. ユーのもとで柔軟路線に転じていた共産党は勢力衰退に歯止めをかける頼みの網として政権参加を望み[2]、緑の党は異議申し立て政党を脱して現実政治に影響力を行使する手段として政権参加に傾いていたことである[3]。両党とも、それぞれの苦境からの脱出口を政権参加に見ていたのであり、政策実現はその意味では副次的な意義をもっていたにすぎなかったこと、③ 1997 年国民議会選挙がシラク大統領の政治的思惑から 1 年繰り上げて急遽実施されることになり、新しい左翼連合の理念的・政策的な輪郭が明確に描かれることなく、本格的な共同プログラムも作成されることのないまま選挙に臨まなければならなかったことである。

　結果として、多元的左翼政権は、① EU 統合の本格的進展が象徴する国民国家を超えるグローバル化がもたらしている経済・金融・財政面での諸課題、

②失業や不安定雇用の増大、社会的格差の拡大、社会的排除の深刻化といった活発化しつつある社会運動が訴えていた社会的諸問題、③脱産業社会化がもたらしている環境問題を中心とした脱物質的諸課題についての本格的な議論や政策的準備を抜きにした見切り発車的な性格が強かった。緑の党－社会党共同政策文書に盛られた政策の90％は緑の党のプログラムに由来しており、消費と国有化の拡大を中心とした左翼共同綱領の時代に戻ることなくリベラリズムと訣別を目指すという緑の党の位置づけ［Vert-Contact, 1988：4］とは裏腹に、「多元的左翼」政権成立の上記のような経緯と条件は、その後の政権運営と緑の党の影響力行使の可能性を制約することになる。

(2) フランス緑の党の戦略転換

　フランス版赤緑政権が誕生するには、既成左翼側の政権構想に対応した緑の党の側での戦略転換も必要であった。1984年に結成されたフランス緑の党は、Y. コッシュのもと親左翼的路線で出発するが、1986年には、環境問題を重視し、既成の政治勢力から距離を置く独自路線を掲げする A. ヴェシュテルが党の実権を掌握する。だが、ヴェシュテル派の路線では小選挙区制を基本にした国民議会への参入は絶望的であり、環境問題の単一争点政党という狭いイメージから脱却してより広範な有権者に訴えることも困難であるという限界を抱えていた。

　また、地方議会に進出し、時には地方自治体の執行部に参画することで他党との取引や交渉、政策実現を経験しつつあった緑の党では[4]、理念の宣伝の場として選挙と議会を位置づけて政治への圧力行使を重視する異議申し立て政党から、政権への参画によって政策実現を図る現実主義的政党に脱皮する志向が強まっていった。そのような変化を背景に、既成左翼政党との協力に踏み切り、左翼陣営を明確に選択することを求め、社会・労働問題やヨーロッパ統合をはじめとしたオールラウンドな政策領域に介入する政党を目指す勢力が党内で支持を拡大していった[5]。

　そのような転換は1990年代前半に本格的に進行する。1993年リール総会で、ヴォワネ、コッシェを中心とするヴォワネ派が党内多数派に転じるが、彼女が代表する路線は1984－86年に支配的であった戦略の新バージョンであっ

第 5 章 政権に参加したフランス緑の党

た。ヴォワネらは、社会党を中心とした既成左翼と極左や共産党改革派を含んだオルタナティヴ左翼、そして、1995年頃から活発化する社会運動との連携を追求するが、1995年大統領選挙で開放・協力路線への最初の一歩を踏み出す。緑の党はヴォワネを候補として擁立し、「エコロジー・オートルマン (l'Ecologie autrement)」、GEから分離した「連携エコロジー (l'écologie fraternité)」、共産党から離反した「進歩的オルタナティヴ協定 (la Convention pour une alternative progressiste)」の協力を取り付けた。彼女の左翼再編構想は既成左翼政党との協力に先行して急進的左翼集団との協力として進められたが、それは、分裂と対立を繰り返すエコロジスト陣営を統合する狙いも込められていた[6]。

また、ヴォワネは、環境保護と同時に、反人種差別や女性、労働の諸テーマを統合した「社会変革プロジェ」によって社会的テーマへの傾斜を鮮明にすることで、環境保護の単一争点政党のイメージから脱却して、反グローバリズムや反排除の社会運動を政治的に代表することを望んでいた。1990年代のフランスは、失業や社会保険の改革などの社会問題が深刻化するとともに社会運動と労働運動の活発化を経験するが[7]、緑の党は支持層の左傾化といった条件もあって[8]、社会問題を強調し、左翼陣営の一員として自己を位置づけることになった。

さて、大統領選挙では、ヴォワネは3.32％の得票で不調に終わった。だが、この大統領選挙は2点において緑の党の将来にとって重要な転換となった[Szarka, 2000：29-30]。第1に、緑の党のライバル組織を率いるB.ラロンドとヴェシュテルは、大統領選挙出馬に必要な500名の署名が集められずに立候補を断念する。結局、ヴォワネがエコロジスト陣営を代表する唯一の候補となったが、これ以降、ラロンドの「エコロジー世代」も、ヴェシュテルの「独立エコロジー運動 (le Mouvement d'ecologie independent)」も勢いを失い、緑の党がエコロジスト陣営を代表する体制が整うことになる。第2に、大統領選挙が社会党との対話を開始する機会となったことである。緑の党の指導部の交代による政治的リアリズムへの方向転換は開放と協力の新しい戦略をもたらしたが、ATSで非公式の接触を重ねた緑の党と社会党は、大統領選挙での協力を通じて「多元的左翼」へのコンセンサスを築いていった。

1995年11月10-12日に開催された緑の党の連合総会（l'Assemblee federale des Verts）の場で、ヴォワネ派の動議「結集して行動する」は出席代議員300人の約75％を獲得して採択された。その動議は保守勢力との協力を基本的に排除し、1998年国民議会選挙に向けて左翼勢力との政策協定と協力条件の検討に取りかかることを明言しており、1993年リール総会で多数派に転じた開放・協力路線が党の公式路線として確立されたことを示していた。こうして、緑の党の側では「多元的左翼」政権に参加する体制は整った。他の政治勢力との協力を受容し、左翼-右翼の座標軸の左側への帰属を明確に選択し、社会的な諸問題を重視するヴォワネ派の主導のもと、緑の党は政権参加へと向かうことになる。

2　「多元的左翼」政権とフランス緑の党

(1) 社会党との協力と緑の党の政権参加

　赤緑連合に傾斜するヴォワネ執行部のもとで、社会党と緑の党は政策協定の締結へと向かった。突然の総選挙で戦略や政策、イデオロギーをめぐる多くの積み残された問題はあったが、緑の党は初めて既成左翼政党と正式な協定を結んで国政選挙に臨むことになった。社会党との選挙協力は29の選挙区で社会党が第1回投票から緑の党の候補を支持し、緑の党は100の選挙区で独自候補の擁立を断念して、そのうちの77選挙区で社会党候補を支持することを内容としていたが、緑の党にとっては小選挙区制のもとで初めての国政進出のチャンスであった。

　政策協定は6カ月以上の期間をかけて準備され、1997年1月28日に「緑の党-社会党共同政策文書（Texte politique commun Verts-PS）」として確定された。前文には、①現状は経済的リベラリズムの論理を攻撃することなしには克服できないこと、②フランスとヨーロッパには社会の持続可能な方向への変革を目指す人々と社会勢力が存在していること、③政権交代だけでは不十分で、政治的オルタナティヴが必要であるという3点が両党の共通認識として示されていた。そして、具体的な政策合意として、賃下げなしの週

第5章　政権に参加したフランス緑の党

　35時間労働制の導入、社会的・エコロジー的目的をもつ第3セクターの育成、RMI（「社会参入最低所得」）の18-25歳への適用拡大、青年の雇用創出に向けた全国的プログラムの作成、公共サービスの充実、ヨーロッパ環境憲章の制定、遺伝子組み換え作物のモラトリアム、核と通常兵器の軍縮、持続的で環境に配慮した農業、国連の強化と民主化、投機的金融取引への課税、人間的で持続的な発展に向けた対外援助の拡充、途上国債務の帳消しといった政策が並んでいる。

　環境政策については、省エネと再生可能エネルギー予算の大幅増額、MOX燃料の製造と原発の新規建設の2010年までのモラトリアム、高速増殖炉スーパーフェニックスの閉鎖、ラアーグ（La Hague）での使用済み核燃料再処理の見直しと新規再処理契約の禁止、ライン・ローヌ運河計画の中止、鉄道輸送の充実、高速道路建設のモラトリアムと予算の削減、ディーゼル用燃料の税制見直しと自動車排気量の制限、生産優先で汚染をもたらす農業の転換、環境税の拡充、環境・国土開発・エネルギー・運輸・住宅部門を統合した巨大省庁の創設などが並んでいた。

　選挙の結果は左翼陣営の勝利に終わった。「多元的左翼」全体では、社会党241、共産党38、左翼急進党12、「市民運動」を含むその他の左翼21で、全体の議席578のうち319議席を制した。社会党は単独過半数には達しなかったが、連合政権内部では圧倒的な議席を占めていた。また、閣僚構成においては、社会党27のほかに、共産党3、緑の党1、市民運動1、左翼急進党3のポスト配分で出発したが、緑の党は、D. ヴォワネが国土整備・環境大臣のポストに就いている（2000年4月にはG. アスコエが連帯経済担当閣外相として2つ目の閣僚ポストを獲得している）。緑の党は政権内部で圧倒的に少数派であり、キャスティング・ボードを握ることもなく、政策決定への影響力行使はきわめて困難であることが予想された。緑の党の初めての国政レベルでの政権参加は、力関係の上では圧倒的に不利な条件のもとで実現することになった。

　さて、連合政権で圧倒的な少数派として参加した緑の党であったが、緑の党－社会党共同政策文書に盛り込まれていた課題を中心にジョスパン政権の5年間を通じて着手されたか、もしくは実現を見ているものも多い。高速増

147

殖炉スーパーフェニックスの廃炉、ライン・ローヌ運河計画の中止、カルネ原発建設計画の中止、長寿命廃棄物管理基本計画の策定、原発の安全管理機関の設置、環境・省エネ庁（ADEME）予算の4倍化、シャンボンシャール・ダム計画（ロワール県）の中止、各地の高速道路建設計画の中止、求職者への公共交通料金の無料化、低公害車の優遇、自動車交通抑制対策としての「グリーン・ドロップ」制度やナンバー規制による都市進入規制、公共交通への公共投資の大幅シフト、「持続可能な」国土整備開発基本法の制定、「地球温暖化と闘う全国プログラム」の制定、廃棄物処理場のダイオキシン排出量の40％削減（1997-98年）などの環境政策のほかにも、労働時間の週35時間への短縮、移民の一部の滞在合法化、反排除基本法の制定、議員の兼職制限の強化、選挙への男女同数候補原則（パリテ）の導入、大統領任期の5年への短縮、同居する同姓カップルに異性カップルと同等の法的保護を与えるパックス（PACS）制度の導入、AMI（多国間投資協定）交渉からのフランスの離脱といった社会・労働問題や外交問題における成果が得られている。

　1998年の連合総会に向けた機関紙特集号のなかで、国土整備・環境大臣（当時）ヴォワネと執行委員会による政権参加初年度の総括が提示されているが［*Vert-Contact,* 1998：no.407 bis］、ヴォワネは多くの不十分な点があることは認めつつも、多元的左翼政権という実験は緑の党-社会党共同政策文書の合意事項を徐々に実現しており、緑の党にとって画期的なものであると総括している。執行委員会も、緑の党の国政議会への参入は党内の団結と対外的な信頼性・可視性という面で多くの成果をもたらしていると積極的な評価を与えている[9]。

　確かに、環境問題をはじめとしてジョスパン政権での成果は少なくはない。だが、1999年8月にジョスパンは両党の共同政策文書での合意を無視して、緑の党が切望していた国民議会選挙への比例代表制導入を拒絶するなど、多くの課題が未達成であったことも確かである。スーパーフェニックスの閉鎖とライン・ローヌ運河計画の中止以外に環境の分野で獲得した成果が貧弱であると評価されているように［Sainteny, 2000：435-438］、当初の期待とは裏腹に緑の党の政権参加は限界を抱えていた。実現したか、もしくは、実現

に向かいつつある政策を見ると、強力な社会——経済的利害に抵触しない課題、特に、社会的でリバタリアン的な課題領域（移民、ゲイとレズビアンのカップルや女性の権利に関わる立法）では比較的成果があがっている。それは逆にいえば強力な既得権益の領域に切り込むことの困難さを物語っている。政権交代自体が目的ではなく、新しい経済社会秩序の構築という政治的オルタナティヴを追求する緑の党にとって、「多元的左翼」政権の現実は明らかに限界を孕むものであった。

(2)「多元的左翼」政権の限界とフランス緑の党

　ジョスパン政権は、結論的にいえば、フランスの経済競争力を低下させる恐れのある政策課題、特に、環境政策に関しては消極的な姿勢を脱することはなかった。確かに、政権初期には、高速増殖炉スーパーフェニックスの閉鎖、ライン・ローヌ運河計画の中止など共同政策文書に掲げられたいくつかの政策が実現された。ヴォワネ大臣のもとでの環境と地域開発についての成果は、国土整備・環境省から『環境と国土のための58の具体的行動（58 actions concrétes pour l'environment et les territories）』として報告書が出版されている。そこには、自然遺産の保護から動物保護、エネルギー、廃棄物まで多様な課題について実施された具体的手段と評価が記載されている ［Ministère de l'Aménagement de territoire et de l'Environment, 2002］。その報告書に目を通す限りでは、ヴォワネのもとで大きな成果があがっているように思える。しかし、環境関連予算の増額やカルネ（Carnet）原発の停止[10]のような成果にもかかわらず、政権参加した緑の党にとって赤緑政権の現実は必ずしも満足できるものではなかった。すなわち、高速原型炉フェニックスの改修・再開、廃棄物の地下埋設実験への許可、ラアーグ再処理施設の稼働継続、マルクール（Marcoule）のMOX燃料製造工場の増設、高速道路建設モラトリアムの反古、道路から鉄道への方向転換のサボタージュ、道路運送業者の圧力によるディーゼル課税の引き上げ決定の反古とその価格の引き下げ、狩猟制限に関する大幅な妥協といった、緑の党の方針とは反する結果も多くみられた。また、「汚染活動総合課税（une taxe générale sur les activités polluantes）」やディーゼル油とガソリンとの税率調整といった政策も憲

法評議会の介入によってブレーキをかけられ、環境税という考え自体が危機に瀕していた［Giret et Pellegrin, 2001：132］。

環境問題以外でも、外国人・移民に関するドブレ法・パスクワ法の廃止ではなく法規制の緩和へのトーンダウン、フランス・テレコムやエール・フランスなどの民営化へのゴーサイン、第三セクター奨励に対する不熱心な姿勢、外国人参政権への消極的姿勢、サン・パピエ（滞在許可証不保持外国人）や失業者の運動への消極的対応、比例代表制導入の拒否、遺伝子組み換え食物のモラトリアム放棄、18-25歳へのRMI（社会参入最低所得）の適応拒否と、多くの点で緑の党の期待に反する結果に終わっている。結局、「多元的左翼」政権は社会党-緑の党共同政策文書で合意した課題を誠実に実施する姿勢を見せてはいない。ましてや、緑の党の期待したオルタナティヴな経済社会への変革へと踏み出すにはほど遠い現状であった。

その原因として考えられることは、第1には政権内部の力関係の問題である。緑の党は、国民議会では圧倒的に少ない議席を占めるに過ぎない少数派であったことである。

ドイツの自由民主党（FDP）の例が示しているように、小政党でも政党システムのタイプや連合政権の性格によってはその議席に不釣り合いな影響力を発揮できる場合もある。だが、基本的に連立政権内での政党の力は連立パートナーに圧力を加える能力にかかっている。すなわち、その政党が政権の存続にとって不可欠な存在かどうかが重要な要素である［Boy, 2002：138］。その点では、政権維持に不可欠な議席数を確保していない以上、政権内での緑の党の発言力は極めて限定されたものにとどまり、各省庁や利益団体の抵抗を前に緑の党はしばしば政権内部で孤立に追い込まれている。

いくつかの事例をあげれば、狩猟制限に関する法案の上院での投票で、ヴォワネの期待に反して、狩猟愛好団体の圧力で共産党は制限反対に、社会党は棄権に回り、彼女は政権内で孤立に追い込まれている［*Le Monde*, 27 mai 2000］。また、2000年9月に、ヴォワネはエネルギー・コントロール計画を策定しようとしたが、省庁間の調整、特に、経済・財政省の非協力的姿勢で頓挫し、遺伝子組み換え作物についても、コンセイユ・デタ（国務院）が3種類の作物を許可する決定をくだしている［*Le Monde*, 4 décembre 2001］。

2001年10月には次年度予算の編成過程で緑の党は33の修正案を国民議会で提出したが、「多元的左翼」のパートナーたちからの支援もなくことごとく却下されている [*Le Monde*, 23 octobre 2001]。

また、緑の党のために環境関係の2つの省を統合して新設した国土整備・環境大臣のポストにしても、3年間で予算規模が3倍化、スタッフ数は30％増といった優遇措置が与えられていたが、その管轄領域と権限、予算は大きく限定されていた[11]。共同政策文書のなかでは、環境からエネルギー、交通、住宅までの領域をカバーする巨大省庁の設置が明記されていたが、国土整備・環境省の守備範囲には環境問題にとって重要な交通、農村、都市、海洋、エネルギーといった政策領域、特に、交通とエネルギーの2つの戦略的部門が含まれていなかった [Sainteny, 2000：50]。そして、歴代の環境大臣のポストは、女性や大統領選挙の弱小候補、エコロジストに与えられており、今回の政権参加に際しても、国土整備・環境大臣と運輸大臣、社会問題に関係する大臣の3ポストを要求した緑の党に対して、実質的に軽量級のポストが割り当てられたに過ぎなかった。緑の党が極めて少数の議員数で参加したという政権の初期設定の条件によって、緑の党の政策実現力は大きく殺がれることになった[12]。

第2に、緑の党の政策のなかで、既成の利益に抵触するものについては産業界や利益団体から激しい抵抗と攻撃を受けたことである。多くの場合、そのような抵抗を緑の党は突破できなかった。

1997年6月、就任まもないヴォワネは、国土整備・環境省の政策課題としてEUの環境関係指令の実施や環境税、交通インフラの整備を抑制した持続可能な国土開発ビジョンなどを打ち出し、高速道路や空港建設などの大規模公共事業に反対の立場も明らかにした。それに対して、多くの方面から反撃が始まった。コンクリート、建設、公共事業関連、道路関連などの各業界が抗議の意志を表明し、「道路運送業全国連盟（la Fédération nationale des transports routiers）」はヴォワネを批判する意見広告を打った。また、ヴォワネはディーゼル燃料へ課税強化を主張していたが、自動車業界と道路運送業界からの抵抗で課税強化は断念に追い込まれている [Szac, 1998：166-173]。

同様に強い抵抗を受けた分野は、原発に関係する政策であった。公共事業と同様に、原発は地域や業界の利害が緊密にかかわっていたからである。緑の党が閉鎖を求めていた高速増殖炉スーパーフェニックスだけでも700名の直接雇用を抱え、それに加えて商業・サービス業関連の雇用が絡んでいた。現地においては地域社会からの閉鎖反対運動が活発に展開され、原発推進の立場に立つ行政や保守政治家、原子力関連企業だけではなく、雇用の確保や再就職問題の面から共産党とその影響の強い労働総同盟（CGT）も閉鎖に強硬に反対していた［コバヤシ, 1998：85-86］。ヴォワネは、核廃棄物地下貯蔵問題や高速原型炉フェニックスの再開問題、ルアーグ再処理施設での放射線漏れ事件をめぐって「原発ロビー」の強さを実感して、「政府のなかで、原発問題に関して私は孤立している。私のオプションは共有されていない」と発言している［Szac, 1998：192-198］。

第3に、「多元的左翼」政権を構成する諸政党、特に、社会党と共産党が、緑の党の脱物質主義的な理念や政策を共有していなかったことである。

1981年に誕生したミッテラン政権以来、左翼政権は決して環境問題に熱心ではなかった[13]。社会労働問題では、左翼の社会的公正や人権、労働者の利益擁護といった伝統的な視点から、緑の党との政策的一致は可能であった。週35時間労働制やパリテ制度、パックス制度などの導入がその例である[14]。だが、原発のような産業主義と生産優先主義を代表するテーマに関しては社共両党の理解を期待することは困難であった。

基本的に社会党は原発からの撤退については消極的である。確かに、社会党も環境問題を重視する姿勢はとっていたが、原発問題に対しては脱原発の立場を選択してはいなかった。たとえば、1995年大統領選挙でのジョスパンの選挙向け小冊子では環境問題に1章があてられて、景観の保全、騒音対策、エコロジカルな農業、海洋資源と土壌、水、大気、生物多様性の保全、環境税制の整備、公共交通の発展、国土の均衡ある発展、都市環境の改善、強力な環境担当省庁の創設などの諸テーマが語られているが、原発・エネルギー政策については、①原発に関する評価と情報提供のための独立し透明性のある機関の設置、②バイオ燃料、再生可能エネルギー、地熱エネルギーなどに関する研究、③長期的な政策選択を可能とするエネルギー基本法の制定

などに言及するにとどまり、脱原発の可能性については触れられていない［Jospin, 1995：65-82］。

そのような原発についての消極的な姿勢は、2002年大統領選挙のキャンペーン中の脱原発についてのジョスパンの否定的見解として露呈する。緑の党の大統領候補 N. マメールが20年間での脱原発計画を打ち出したのに対して、ジョスパンは反対を明言し、緑の党側の憤激を招いている［*Le Monde*, 26 mars, 2002, 15］。原発問題は、反産業主義的・脱成長優先主義的価値観から左翼との亀裂が明らかとなる典型的な政策課題であった[16]。

結局、社会党（そして、共産党）は、根本的にはエコロジーの価値を受容していないし、緑の党への最低限の譲歩を超えて未来の世代のために持続可能な発展モデルにそった社会を築くという発想はもっていなかった［*Tribune*, 11 juillet 2000][17]。戦後の高度経済成長の時代に、ヨーロッパ各国で社会民主主義は国家を通じた経済発展と平等の推進、社会保障の充実を追求してきたが［Challaghan, 2000：83］、そのような価値観と発想からフランス社会党（そして、共産党も）も脱却していなかった。

第4に、これも「多元的左翼」政権の根本的な限界であるが、グローバル化の流れのなかで「多元的左翼」の政権運営自体が極めて制約されていたことである。特に、経済財政政策についてはジョスパン政権の公約は大きく制約されていた［Portelli, 1997：133-134］。

国境を越えたグローバル化の進行は、国民国家や地域の社会経済システムを恒常的な競争状態に置くことで国民国家の政策選択を制約しているが、欧州の経済通貨統合の進展は国民国家から経済財政政策の自立性を奪って極めて拘束的な基準を押しつけている。そのような新たな状況を前に先進社会の社会民主主義政党は対応を迫られているが、その幅は極めて限られているのが現実である［森本, 2001：91-92］。

ジョスパン政権の政策的スタンスは、最低限の社会的統合を確保しつつ現代資本主義の新しい諸要求にフランス社会を適応させ、市場の規制緩和を進めることであった。ジョスパンの国民議会選挙での言説とは裏腹に、財政・金融政策においては国家の経済政策を制約するマーストリヒト条約とアムステルダム条約の枠組みを前提に新自由主義に沿った政策を展開しており、そ

の意味でグローバルな金融資本主義モデルに対してオルタナティヴな方向性を追求する政権ではなかった[18]。

結局、ジョスパンは「市場経済に賛成、市場社会に反対（oui à l'économie de marché, non à la société de marché)」というスローガンを唱えていたが、「多元的左翼」政権は競争と市場を重視するというネオ・リベラリズムの前提を受容した上で、その結果として生起する深刻な社会的弊害を緩和する措置を講じようとしたにすぎなかった［Fondation Copernic, 2001：25-26］。政権運営が軌道に乗り、経済が回復に向かうと、国政選挙を当面控えていなかったジョスパン政権は次第に改革的な姿勢を弱め、失業者やサン・パピエなどの社会運動にも距離を置きつづけた。進歩的政治勢力の結集を掲げて出発した「多元的左翼」はネオ・リベラリズムへのオルタナティヴな方向性を見いだせなかった。経済界や官僚との決定的対立を回避し、イモビリズム（退嬰主義）と保守主義を体現するイメージへと変質していったジョスパン内閣は保守勢力との相違を次第に喪失していった［Forestier, 1998：303］[19]。結果として、緑の党が求めていたような、支持者に向けた左翼であることの証明ではなく社会リベラリズム（社会的配慮を加味したリベラリズム）の政策的枠組みを超える方向に歩み出すことはついぞなかった。

以上のように、緑の党の期待に反して、ジョスパン政権の、とりわけ、新世紀に入ってからの「多元的左翼」政権の政策は新自由主義と対決するにはほど遠いものであった。2002年の大統領選挙・国民議会選挙での「多元的左翼」政権側の敗北によって、緑の党の初めての政権参加は多くの未消化の課題を残したまま終わりを迎えることになった。

おわりに

フランス緑の党が左翼政権に参加した5年の歳月は、確かにエコロジストにとって貴重な経験であった。国民議会に初めて議席を占め、2人の閣僚や国民議会副議長（Y. コッシェ）などのポストを獲得し、政策協定に基づいた様々な政治的な成果も達成している。党員や支持者からの強い期待を背負っ

て出発した政権参加であったが、それはポジティヴに評価できるのだろうか。

緑の党は2つの中心的な目標を掲げて政党システムに参入した。それは、①他の政党や行政が環境問題をはじめとしたニュー・ポリティクスの争点をより考慮するように強いることであり、それを政治のアジェンダに組み込むという意味での「政治の緑化（greening of politics）」を実現すること、②現行の政治的実践を変えて左右の政治的対立構造を再編し、国家や政治の領域、テクノクラシーを破壊するか縮小、改革することで「異なった政治を行うこと（faire la politique autrement）」であった［Sainteny, 2000：470］。

①の点に関しては、エコロジストの政権参加の効果は否定することはできない。彼らの地方・国政議会への進出と政権への参加は、既成政党や行政に緑の党への配慮を強いたことは確かである[20]。だが、②に関しては、決して前進しているとは言えない。彼／彼女らは、政権内部でそのようなイニシアティヴを発揮するどころか、現実には既成政党を補完する役割を果たしたといっても過言ではない。①の課題における前進と、そのことが緑の党にもたらした信頼性と可視性は政権参加の成果として認められるにしても、ニュー・ポリティクスの政党である緑の党にとって②も同様に重要であり、党の存在理由に関わる課題であった。それだけに、政権参加の実現にもかかわらず党の内外でフラストレーションが高まっていった。

たとえば、急進的な少数派の労働組合センター「連帯・統一・民主主義（SUD）」の幹部は、「ジョスパン政権はリベラリズムの支配を問い直す姿勢を見せていない。パスクワ法は廃止されていないし、フランス・テレコムは民営化された。ルノー・ヴィルヴォルド工場は閉鎖され、そして現在、失業者の運動が生起しているがヴォワネはそれを支持しておいて、商工業雇用協会（ASSEDIC）が占拠されるや非合法と決めつけている」と、ジョスパン政権とヴォワネの政治姿勢を厳しく批判している［Szac, 1998：214］。また、党内の活動家からも総会の場で政権参加による成果についての厳しい評価や、緑の党が社会党のサテライトと化して本来のオルタナティヴ性や急進性を喪失しつつあることへの危惧が表明され、政権離脱の選択も提起されていた［*Vert-Contact*, 1998：no.508 bis, 2000：577 bis, 2001：no.623 bis］。また、ジョスパン政権が4年目を迎えると、緑の党の支持者間でも「多元的左翼」政

権への不満は高まり[21]、緑の党はジョスパン政権との関係の見直しを迫られることになった。

　党の内外の活動家や支持者からは「多元的左翼」政権への参加について不満の声が発せられていたことは確かであるが、反面、政権参加が党にとってプラスに作用している面もあった。というのは、政権参加の最初の3年間で、緑の党の党員は6000名から9000名へと50％の増加を見たからである。また、選挙の結果を見ても、「多元的左翼」政権を構成する政党、特に、共産党が不振な一方で、緑の党は地方・国政選挙を通じて善戦していた。緑の党の存在が政権参加を通じて可視化され、有権者の政治的信頼性が高まったことは否定できない。

　2002年の大統領選挙は、ジョスパンと「多元的左翼」政権にとって厳しい結果に終わった。ジョスパンは第1回投票で新しい右翼候補に次ぐ第3位に終わり決戦投票から排除された。大統領選挙が候補者個人の人気やイメージに多くを負っているのは確かであるが、「多元的左翼」政権が有権者から厳しい評価を受けたことは否定できない[22]。

　初めての国政への参加という経験は、現実政治に関わることのメリットとリスクを教訓として緑の党に残した。既成政党が、現実政治の迷路のなかで既成経済社会の枠組みのなかでの微調整に捕らわれて「単一思考（pensée unique）」［Forestier, 1998：30］から脱却する術を見出せない時、増大する政治的不満は極左と極右の急進主義的な選択肢へと向かっていった。保守が相変わらず新自由主義的処方箋しか持ち合わせず、左翼が変革へのビジョンを喪失している時代のなかで、社会運動を基盤として新しい経済社会構想を追求する緑の党の役割はますます大きなものとなろう。緑の党が国民の希望をつなぎ止める役割を果たせるかどうか。フランスやドイツなどでの赤緑政権の実験の積み重ねのなかで、その答えは見つかるはずである。

注
1）　社会党が1977年の国民議会選挙に向けて作成した文章中に「明確な選択肢があなたたちに提示されている。一方には、カネの抑制なき支配へと不可避的に行き着くリベラリズムに支配された社会が、他方には、一般利益が財界の利益の上に置かれ、根本的な価値に忠実なモダンな社会が選択肢としてある。後者は、人

第 5 章　政権に参加したフランス緑の党

間が経済の中心に据えられた社会である」という表現が見られる［Mossuz-Lavau, 1998：250］。野党に転落することで、社会党は表面的にはラディカル性を回復し、緑の党のパートナーに相応しい改革姿勢を取っていた。だが、社会党の改革姿勢は幻想を与えただけで、多くの支持者を幻滅させて 2002 年の大統領と国民議会選挙での与党の敗北につながった。
2 ）　共産党は、購買力の上昇に立脚する社会進歩の政策、賃金の低下をともなわない週 35 時間への時短、民営化の中止の 3 点を条件にジョスパン政権への入閣を受容した［Courtois, 1997：54］。
3 ）　1996 年 8 月 30 日に開催された緑の党の夏期大学で、スポークスパーソンであるヴォワネは「（社会党との）対話は容易なものではない。私たちは同じ言葉、同じ文化を分かち合っていない。対話が実りあるものになるかもわからない。［……］私たちは、エコロジストが影響力を行使できる唯一可能な道を選択した」と発言している［Szac, 1998：142］。そのような発言から、社会党との協力が困難であることを認識しながらも、緑の党が現実政治で影響力を発揮するために政権参加が選択されたことが分かる。
4 ）　緑の党にとって、地方政治の場での経験が現実政治への習熟と適応の機会であったことは前言した。典型的な事例は、1992 年の地域圏議会選挙後に緑の党が地域圏議会の議長ポストを獲得したノール＝パ＝ド＝カレ地域圏の場合である。同地域圏の執行部での経験が、「多元的左翼」の誕生と 1997 年の国民議会選挙での勝利の道を開いたと党幹部によって指摘されている［Hascoët, 1999：149］。党としても、同様の認識はもっており、1999 年に出版された『緑の政策事典』では、1993－94 年以降、緑の党の戦略は変化して、自立性を確保しながら左翼政党とともに自治体や国の管理運営に参画することを考えてきたが、それがノール＝パ＝ド＝カレ地域圏で現実のものとなった、と述べられている［Les Verts, 1999：12］。
5 ）　ヴォワネたちは、ヴェシュテル派の自立路線が、1993 年の国民議会選挙の敗北によって国政への突破口を開くことに失敗したことから、第五共和制の政治環境においては自立路線が成功する可能性はないと判断していた。彼女らは、他の政党と接近することで政治的エコロジーのアイデンティティが不鮮明になり、既成政党のなかに埋没してしまうという危惧を乗り越えて、反保守で進歩的な政党連合に向けて党内のコンセンサスを拡大しようとしていた。ヴォワネは、「私たちはどんな協力も支持するわけではないが、私たちを無力に追い込むセクト的自立に閉じこもるつもりもない」と明言し、自立から開放・協力へと舵を切ることを主張していた［O'Neill, 1997：199-201］。
6 ）　エコロジスト陣営は、1995 年の時点で 11 の組織に分かれてモザイク状を呈していた［Boy, le Seigneur et Roche, 1995：17-19］。
7 ）　社会問題の深刻化を背景とした社会・労働運動の活発化については、Béroud, Mouriaux et Vakaloulis［1998］, Aguiton et Bensaïd［1998］, コバヤシ［2003］を参照。
8 ）　1989 年の欧州議会選挙では、緑の党は社会党と比べて中道・保守の支持者が多く、ある程度左右の政治的傾向が均衡した支持者の分布構造を示していた。すべての政治勢力から距離をとる自立戦略は、そのような分布構造に適合的なもの

であったと言える。だが、表5注-1（次頁）からも明らかにように、1995年の大統領選挙、1999年の地域圏議会選挙では、支持者の分布構造は明確に左に傾いていく。また、1999年の欧州議会選挙では「極左」と自己を位置づける支持者も増加している。支持者の政治的傾向から、社会党より左の空間に位置を選択するのが緑の党にとっては合理的判断であった。

表5注-1　社会党と緑の党支持者の左翼―保守軸上での位置認識

	1989年欧州議会		1994年欧州議会		1995年大統領		1999年欧州議会	
	社会党	緑の党	社会党	緑の党	社会党	緑の党	社会党	緑の党
極左	24	12	24	10	24	10	16	27
左翼	62	43	63	37	53	53	73	46
中道	12	28	9	30	19	24	10	18
保守	0	12	2	15	3	8	0	7
極右	1	2	1	6	0	3	0	1
無回答	1	3	1	2	1	2	1	1

＊1994年の欧州議会選挙に関しては「エコロジー世代」と緑の党の合計回答である。

出典）SOFRES［2000:89］

9）　1999年冬に緑の党によって党員を対象に実施された調査でも、回答者の79％が政権参加をポジティヴに評価していた［*Vert-Contact*, 2000：no.559］。

10）　フランスの電力は十分に国内需要を満たしており、イギリス、ベネルクス三国、ドイツ、スイス、イタリア、スペインに輸出している。ゆえに、原子力発電は過剰な状態で、2010年までは基本的に原子炉の新規建設は必要としていない［真下, 1999：31］。そのような状況のなかで、ジョスパン首相は2010年までの新規原発の建設凍結を表明し、「新規建設の2010年までのモラトリアム」という緑の党－社会党が調印した共同政策文書の課題を実現する結果となった。だが、それは多元的左翼政権の成果というより、新規の原発を必要としないまでにフランスの電力が過剰生産にあったことが決定的な理由であった。その点を考慮に入れると、緑の党にとって最も重要な政策分野である原発で影響力が発揮できたのかどうかについては慎重な評価が必要である。

11）　国土整備・環境省は、年間予算が国家予算全体の9.8％にすぎない弱小官庁であり、ダイオキシンの排出規制や水質に関する規制についても監視要員の不足から難しい状態であった［Szac, 1998：204］。

12）　連立政権内での力関係以外にも、緑の党が国政での経験と準備の不足が政策実現を制約していた。ヴォワネは、国土整備・環境省のトップに座ったが、緑の党から彼女の職務遂行を補佐するスタッフは貧弱な陣容であった。というのは、緑の党の党員は一般的に高学歴ではあるが高級官僚は見当たらず、法案や政令案を作成し、他の省庁と交渉するといった大臣官房の仕事に必要な実務的知識や経験がなかった。結局は、ヴォワネの官房スタッフのうち緑の党からは4名を送り込んでいただけであった。彼女の官房に財政総監査官が必要になったとき、緑の党には適当な人材が見当たらず、社会党にリクルートを頼らざるをえなかった。政

第 5 章　政権に参加したフランス緑の党

　　　権参加して分かったことであるが、閣僚を支えるプロフェッショナルな人材を独
　　　自に供給することは容易なことではなかった［Szac, 1998：158］。
13）　1981 年の大統領選挙に向けて発表されたミッテラン候補の「110 の提案」には、
　　　新規原発の建設中止、省エネ投資、原発の安全性に対する市民や議員によるコン
　　　トロールといった政策が掲げられていたが、プロゴフ原発建設の中止など象徴的
　　　な実績はあるが、1980 年代には環境関連予算が全体の 0.11％から 0.06％に低下す
　　　るなど、ミッテラン政権は環境問題に熱心であったとは決して評価できない［Gi-
　　　ret et Pellegrin, 2001：127-129］。
14）　連立政権の内部で、すべての社会労働問題に対してコンセンサスが成立してい
　　　たわけではなかった。たとえば、1998 年 4 月 8 日に成立した外国人の入国と滞
　　　在に関する法案に対して共産党は棄権を選択し、共産党 1 名と緑の党の国民議会
　　　議員が反対に回った。その法案では合法化の対象とされなかったサン・パピエ
　　　（滞在許可証不保持外国人）の抗議運動に冷淡な社会党に対して、緑の党だけが
　　　公然と支持を与えた［Amar et Chemin, 2002：157-165］。
15）　1988 年後半に実施された緑の党の党員を対象とした調査でも、原発の争点に
　　　ついて関心が高かった（原発 40.2％、環境 27.2％、社会問題 27.7％、民主主義
　　　5.9％）［Boy, le Seigneur et Roche, 1995：72］。そのような原発への極めて高い
　　　関心が、社会党の原発への冷淡な姿勢を目の当たりにして政権への失望を招いた
　　　と考えられる。
16）　ヴォワネが、エネルギー政策の転換に関しては閣僚間の議論ではなく力関係で
　　　決められたと発言しているように［*Vert-Contact*, 1999：no.521］、原発への依存
　　　度がドイツに比べても圧倒的に高く、多くの雇用を支えていることから（地方の
　　　中小企業も含めて 10 万人）、緑の党が「ロビー」と呼んでいる原子力庁やフラン
　　　ス電力、アレバ社などの巨大な原子力関連機関・企業の存在が、フランスにおけ
　　　る脱原発への方向転換を極めて困難にしている。既成政党の大部分が原発推進側
　　　に立っていることも含めて、原発推進構造は 2011 年 3 月 11 日の福島第一原子力
　　　発電所での事故後も基本的に変わっていない。
17）　既成政党が産業主義的で物質主義的な社会経済モデルから脱却できないことは、
　　　国民の価値観や意識のあり方を反映したものと言える。1997 年 8 月に実施され
　　　た世論調査によると、「大気汚染は健康に脅威」であることは 82％が認めている。
　　　にもかかわらず、「都市中心部への車の乗り入れ禁止」「ディーゼル車の使用制
　　　限」への肯定的回答は少数派であった（18％と 12％）。別の世論調査でも、77％
　　　がディーゼル燃料の価格引き上げが大気汚染との闘いの有効な手段とは考えてい
　　　ないし、89％はその値上げを拒絶していた［Szac, 1998：208］。環境問題について、
　　　一般論としては理解しながら、個人の行動やライフスタイルの変更は受容しない
　　　という意識のあり方が、産業主義的で物質主義的な価値観の根強い支配を支えて
　　　いる。
18）　ジョスパン政権は、資本主義との対決というポーズの裏で、民営化の推進、労
　　　働市場の柔軟化、企業の社会的負担の軽減、企業経営層へのストック・オプショ
　　　ンの導入を着々と進めた。「大陸で最も左寄りの社会主義者は、市場の力の前に
　　　無抵抗であると疑われることを望んでいなかった」が、政権に就任したジョスパ

ンは説明責任を果たすことなく、グローバル時代に不適合なフランス経済の近代化を推進する役割を果たしているという評価や［Mita et Izraelewicz, 2002：7-8, 227-247］、1982－83年に変節し始めたフランス社会党は、ジョスパン政権下で民衆的支持者の期待を裏切って新自由主義へと決定的に屈服してしまったという評価がジャーナリストだけではなく、社会党幹部からも発せられている［Desportes et Mauduit, 2002；Dray, 2003］。

19) その延長線上に、2002年の大統領選挙ではJ. シラクとジョスパン両候補の違いが分からない選挙の風景が見られた。そのような既成政党の接近は、政治の現状に不満をもつ有権者を新しい右翼と極左の候補へと大挙して向かわせることになった。

20) 緑の党の政権参加の成果は自治体レベルでこそ検証すべきであろう。2001年の市町村議会選挙で、緑の党が5議席から22議席に躍進して与党第2党になったパリ市のケースを見ても、緑の党は環境や公共交通など7つの助役ポストを獲得し、高速道路「ジョルジュ・ポンピドー」の一部の歩行者天国化、バス・自転車の専用レーン、歩行者・自転車優先の「緑の区画」、「自転車センター」の設置、公共交通の改善と充実、マイカー規制などの政策が矢継ぎ早に実施されている［真下, 2001］。

21) 2001年11月6日に実施されたCSA調査では、ジョスパン首相と「多元的左翼」政権に対して、緑の党の支持者では、失望と敵意が36％、無関心が42％で、満足は19％にすぎなかった。「政府は息切れしてダイナミズムが欠けている」という意見も54％に達している［*Le Monde*, 7 novembre 2001］。ただし、国民全体で見れば、ジョスパン政権への評価は決して低くなかった。2001年11月に実施されたSOFRES調査では、回答者の60％がジョスパン政権にポジティヴな評価を与え、治安の項目では低かったが、社会問題については高い評価を得ていた［SOFRES, 2002：14］。

22) 2002年の大統領選挙直後に実施された国民議会選挙でも「多元的左翼」は敗北に終わっている［岩本, 2003］。緑の党は、国民議会選挙では4.3％の得票率で3議席に終わっている。ただし、1997年の国民議会選挙では党所属の議員は7議席を獲得しているが得票率自体は3.7％で2002年を下回っており、緑の党は1997年よりも得票を伸ばしていた。今回の場合は「多元的左翼」のパートナーである社会党の不振により選挙協力の効果が発揮されなかったことに議席減の原因は求められるべきである［Bonzonnet, 2002：160］。

補論
緑の政治から見たフランス社会党

はじめに

　1981年5月10日、私は高揚した気分でパリの学生街カルチェラタン界隈を歩いていた。その夜はフランス社会党のF. ミッテラン（François Mitterand）が大統領に選出され、23年ぶりに左翼政権が成立したことで私の住んでいたパリの中心部は興奮状態であった。集合住宅のベランダからはトイレットペーパーが投げられて空を乱舞し、バスの運転手は祝福のクラクションを鳴らしてカフェのテラスに座っている客とVサインを交わしていた。そして、革ジャンを着た若者たちは大通りでバラの花を手に集団でオートバイを走らせていた。他国の政権交代ではあるが、それでも、何かフランスで新しい政治の時代が始まるような気がして喜びを抑えきれずに、深夜までにぎわうパリの街を歩き回ったことを記憶している。

　「自主管理社会主義」といった新しい変革のモデルを掲げたフランス社会党が、ついに政権についたのだ。フランス政治を勉強するために留学中であった私のもとには「フランスは社会主義に向かうようですが」といった趣旨の手紙が日本から届いた。確かに、大統領の権限は強大で任期は7年（当時）もあるから、社会主義に向かってかなりの変革が可能に違いない、と私は信

じていた。しかし、そのような変革への期待と違った現実に直面して戸惑うことになった。歓喜の夜が明けて翌日からは、まるで魔法から覚めたように散文的な日常が帰ってきた。自主管理という言葉は、新政権の指導者たちの口からはもはや聞かれることはなくなった。まるで夢から醒めたように、最初からそんな言葉などなかったかのように。

　そして、それから 20 年ほどが経過した 2002 年大統領選挙の第 1 回投票で、フランス社会党の候補 L. ジョスパン（Lionel Jospin）は、国民戦線の候補 J-M. ルペン（Jean-Marie Le Pen）に競り負けて第 2 回投票へのキップを手にできなかった。新しい右翼候補の第 2 回投票への進出は大きなショックを国の内外で引き起こすが（「ルペン・ショック」）、とりわけ、フランス社会党にとっては衝撃的なことであり、極めて屈辱的なことでもあった。

　大統領選挙につづき実施された国民議会選挙でも社会党は大きく議席を減らし（248 から 142 議席に）、保守の圧勝に終わった。なぜ、ジョスパンは、そして、社会党は惨敗を喫してしまったのか。社会党の内外で、自己批判や分析、議論が噴出した。大統領選挙に関しては、左翼陣営内で票が分散してしまったことや左翼有権者に棄権が多かったこと、今回の大統領選挙で最大の争点となった治安問題に左翼政権が有効に対処できなかったことなど、状況的で技術的な敗因はさまざまに指摘された。

　しかし、2002 年 大統領選挙でのフランス社会党の敗北はもっと本質的で構造的なもので、実は、私が個人的に変革の夢から覚めた 1981 年からすでに始まっていたのではないだろうか。つまり、現代社会の変容にフランスの社会民主主義政党である（彼／彼女らはその呼称を拒絶してきたが）社会党が変革の党としての能力と信頼を喪失した結果であり、それは、フランスだけでなく現代の社会民主主義政党が共通に直面している現象ではないだろうか。社会民主主義政党は、それまで支配的だった経済社会モデルの行き詰まりを市場中心にして打開することを説く新自由主義の攻勢に押されると同時に、政治的エコロジーによる物質主義と経済優先主義を自明視した従来の政治への批判にも直面していた。

　2002 年の選挙でフランス社会党が敗北した現実を新自由主義への傾斜と「緑化」の困難性という視点から読み解き、2000 年代末に「ヨーロッパ・エ

コロジー」として政治的エコロジーが社会党からの自立を図るコンテキストについて考えてみたい。

1　戦後政治秩序の変容とフランス社会党

　1979年にイギリスではサッチャー政権が登場し、新自由主義に立脚した改革政策を推進していった。そして、アメリカ、西ドイツ、日本と新自由主義改革の波は次々と広がり、1980年代以降は多くの先進社会で新保守主義が思想的・政策的イニシアティヴを掌握することになった。新保守主義の台頭は、戦後の安定した社会経済システムと、それに立脚した安定した政治秩序の行き詰まりを表現していた。

　戦後のヨーロッパでは、ケインズ主義的需要管理によって安定した経済運営が維持され、国や地方自治体を通じて高いレベルの公共サービスや福祉サービスが供給されてきた。結果として、国民の生活レベルは向上し、国民の体制への統合が可能となった。そのような戦後システムは、1973年の石油危機をきっかけに動揺を始める。失業の増大、インフレの昂進、不況の深刻化、国家財政の逼迫といった事態によって、戦後の安定した政治秩序は大きく揺らぐことになる。その時に、保守側から提示されたのが、福祉の見直し、緊縮財政、民営化、規制緩和などの政策的アイテムからなる市場を重視した処方箋であった。

　フランスでは、そのような流れに逆らうかのように左翼連合政権が成立することになった。果たして、フランス社会党を中心とした左翼政権は新しい経済社会的モデルを提示し、その方向にフランスを導くリーダーシップを発揮できたのであろうか。答えはノーである。政権掌握前は「自主管理社会主義」といった独自の変革像を掲げていたフランス社会党であったが、政権党として選択したのは「左翼ケインズ主義」の路線であった。

　すなわち、不況と失業の増大に対応するために、最低賃金や社会手当を増額し、金利引き下げによって購買力を回復させ、国有化の拡大によって産業・金融政策の手段を強化し、公務員の増加や60歳定年制の導入などによ

って失業者を吸収するといった政策が推進された。それは、ケインズ主義にそった「大きな政府」の実験であった。政府の積極的な介入によって購買力は回復したが、それが競争力の弱い自国製品ではなく外国製品に向かうことで、その実験は行き詰まってしまった。

　政府財政の悪化、貿易収支の赤字、フラン価値の低下、失業の増加と、左翼政権の経済政策は状況を悪化させてしまった。1983年に改革路線の「休止」が宣言され、若きテクノクラートであるファビウス首相のもとで左翼政権は新自由主義の方向に大きく舵を切ることになる。「資本主義との訣別」を掲げてきた社会党は、この転換が一時的な休止で、やがては1981年の政策路線に戻ることを約束したが、それは果たされることはなかった。

　ケインズ主義的な需要創出と国有化による産業・金融へのコントロールといった「大きな政府」の路線が挫折したとき、フランス社会党は新自由主義の方向に漂流を始めた。

2　新自由主義路線の勝利とフランス社会党の挫折

　経済改革の路線をめぐって党内では、2つの立場が対立していた。左派のJ-P. シュヴェヌマンやP. ベレゴボワ（Pierre Bérégovoy）たちは、ヨーロッパ通貨制度（SME）を離脱して、欧州統合の制約を受けずに景気刺激策を実施することを主張し、他方、右派のJ. ドロールやL. ファビウス（Laurent Fabius）たちはSMEからの離脱に反対し、ヨーロッパ統合の制約にフランスの経済政策を適応させ、景気回復と購買力の上昇よりも競争力の強化と企業負担の軽減を優先することを主張していた。一国的な「大きな政府」の路線か、それとも、グローバル化のもとでの国際競争力を重視した新自由主義の方向か、このとき、フランス社会党は重要な岐路に立たされていた。結局、ミッテランが後者の方向性を支持することで、左翼政権の方向転換は決定的なものとなった。

　左翼政権はケインズ主義を基調とした「大きな政府」路線を放棄して「競争的インフレ克服」と呼ばれる路線に転じた。それは、インフレ克服を優先

し、そのことで競争力を強化して対外輸出を奨励することで経済成長を確保し、その結果として雇用を維持・拡大することを政策的基調としていた。インフレ克服が優先され、そのためには強いフラン、賃金の抑制、公共財政の緊縮が必要であった。それは新自由主義への転換を事実上は意味していたが、P. モーロワ（Pierre Mauroy）首相は緊急避難といったニュアンスを込めて「挿入句」と表現して、その本質的な意味を曖昧にした。

次のファビウス政権は、インフレ克服政策の実施と同時に、フランス産業の再建とリストラ、国際競争力の強化を目指して「近代化（modernisation）」をキーワードに産業の合理化・再編へと乗り出した。鉄鋼、造船、自動車、炭坑の各産業分野でリストラが強行され、その結果、1982年には12％を超えていたインフレ率は、1986年には2.7％に落ち着いている。だが、その反面、実質賃金と購買力は低下して失業も増大していった。

「競争的インフレ克服」の路線は緊急避難的な転換ではなく、それは一国社会民主主義路線の放棄であり、フランスがグローバル経済へと全面的に編入され、その規律と制約を受容することを意味していた。グローバル経済のゲームに参加する選択は、そのルールを支配する新自由主義の理念を基本的に受け入れることであった。そして、そのルールは、EUの経済政策を優先して国民国家の主権的決定を制約するように設計されていた。たとえば、統一通貨ユーロの導入の過程で、各国は財政赤字をGDPの3％以内に抑制することを義務づけられ、緊縮財政の選択を余儀なくされた。

1997年に成立したジョスパン政権は、賃上げや購買力の引き上げを掲げて「競争的インフレ克服」路線から伝統的な社会民主主義路線に回帰するかに見えた。だが、ジョスパン政権は同時に欧州統合の推進を掲げており、結局、EUの政策的制約を遵守して伝統的な社会民主主義の政策を断念することになる。

以上のように、グローバル化の進展のもとで、政権政党である社会党は長期的ビジョンを欠いたまま現実的対応に終始することになった。ジョスパン政権は失業や非正規雇用の増加、社会的格差の拡大、治安の悪化、社会的排除といった課題に対して有効に対処できなかった。その結果、フランス社会党は2002年国民議会選挙で惨敗し、政権を失ってしまう。

3　緑の政治の挑戦とフランス社会党

　1980年代には、保守陣営とは違った方向からもフランス社会党に対して批判が投げかけられた。フランスでも、1970年代から脱原発やフェミニズム、環境保護などの争点を掲げて新しい社会運動が活発化するが、それを基盤にして1984年にはフランス緑の党が誕生する。彼／彼女らが体現する新しい政治は、産業社会のこれまでの価値観である経済優先主義、物質主義、経済成長主義、効率主義を批判するという点では既成政党とは異質なものである。

　新しい社会運動のなかから、「議会に伸ばした運動の腕」として緑の政党が地方や国政の議会に進出していった（「運動政党」）。彼／彼女らは、既成政党とは理念や政策、組織や政治スタイルなどにおいて根本的に異なっていることを強調していた（「反政党的政党」）。ただ、新しい政治は、労働運動や左翼が歴史的に形成してきた価値や権利を踏まえた上で、脱産業社会の新しい価値や権利を追求している。そのように社会的公正や人権など社会民主主義が重視してきた価値観や権利を共有しているからこそ、フランスをはじめ各国では政治的エコロジーは社会民主主義政党を連立政権のパートナーとして選び、赤緑連合政権が誕生しているのである。それにもかかわらず、政治的エコロジーと既成左翼政党の間には本質的な違いが存在していた。

　第2次大戦後に、社会民主主義政党が率先して築いてきた福祉国家を例にとって考えてみよう。新自由主義は「小さな政府」の観点から福祉国家を批判するが、政治的エコロジーは、労働中心主義とジェンダー・バイアス、そして、市民の従属化を根拠に福祉国家を批判している。確かに、福祉国家は労働の価値を優先し、そこから完全雇用が優先的に追求されてきた。ブレア政権の「働くための福祉（welfare to work）」という政策がそのことを端的に表現している。労働に優先的な価値を置く福祉国家では男性が中心的な稼ぎ手で、女性は家計補助的労働力、もしくは、シャドーワークの担い手であるというジェンダーバイアスが根本的に是正されることはなかった。また、福祉の「受給者」として、市民が福祉サービスを供給する側（国家と自治体の官僚制）に従属して、市民やコミュニティは相互扶助や連帯の能力と発想を

失ってきたことも否定できない［渡辺：2004］。

　そして、何よりも、福祉国家は経済成長を前提として成立してきた。1973年の石油危機をきっかけに福祉国家のゆらぎが始まることが、そのことを何よりも示している。1970年代に入って、地球の資源と環境の制約が意識されるようになるが、経済成長を前提に国民への再配分政策によって社会的公正を追求する福祉国家は持続可能であるとは決して言えない。

　緑の政治は、労働に自由時間を、量的な成長に質的な成長を対置する。フランス緑の党は、週32時間4日労働制を掲げているが、それは雇用危機への対処という側面もあるが、彼／彼女らにとって、「労働時間短縮とは自由時間を取りもどすこと」でもある。そのような主張は、「進歩と幸福の追求の概念が消費される商品の量的増大の上に築かれてきた生産第一主義モデル」への批判に立脚しており、その根底には、「持つ」ことではなく「在る」ことを重視する彼／彼女らの価値観がある。「私たちが人間として開花したり、家族や社会とつき合ったり、世界に向けて自分を開いたり、市民権を行使したりするためには時間が必要」なのである。労働、男性、経済成長といった価値に立脚する福祉国家に対して、より少なく消費し、よりよく生きる、公正な社会を彼らは提案しているのである［フランス緑の党, 2001］。

　だが、近代の物質主義的で産業主義的な価値に立脚して、雇用と福祉を重視してきた社会民主主義政党にとって、そのような主張はたとえ理解できても受容できないものであった。新自由主義に傾斜して、競争力と生産性を重視する社会民主主義政党であれば、なおさらそうであった。

4　「多元的左翼」の勝利と緑の党の政権参加

　国有化や財政出動によるケインズ主義的改革を断念して供給サイドの改革を重視する社会党政権は、次第に保守との相違を失っていった。ブレアやシュレーダーの「第三の道」や「新中道」のような新自由主義との妥協的な路線を拒絶するフランス社会党であったが、政権政党として現実的な対応を重ねるなかで妥協を重ねていった。現実主義化するなかでオルタナティヴな展

望を喪失していった社会党にとって、緑の党は新しい理念と政策を補ってくれる格好のパートナーであった。社会党は、政権を奪還するために緑の党を含んだ新たな左翼連合（「多元的左翼」）へと向かった。

「多元的左翼」への緑の党の参加には、左翼連合に新鮮なイメージを与えることが期待されていた。緑の党は多様な社会層から好意的に見られており、そのアピールは限定された支持層を超えて広がっていた。そして、緑の党が現実政治から距離をとってきたので新鮮なイメージを保持していたことは、それを失っていた社会党にとって利用価値があった。

ジョスパンの目論見は当たり、1997年国民議会選挙で、緑の党、共産党、「市民の運動」（社会党からJ.-P. シュヴェヌマンが離党して結成した新党）が連合した「多元的左翼」は勝利して（578議席のうち319議席を獲得）、政権を奪回した。8議席を獲得して初めて国民議会に進出した緑の党からは、D. ヴォワネが国土整備・環境大臣に就任した。フランス初の赤緑連合政権は、高速増殖炉スーパーフェニックスの廃炉、ライン＝ローヌ運河計画の中止と社会党・緑の党の政策協定に盛り込まれていた課題を順調に実現していった。

選挙前に締結された「緑の党−社会党共同政策文書」の前文には、①現状は経済的自由主義の論理を攻撃することなしには克服できないこと、②フランスとヨーロッパの持続可能な方向への変革を志向する人々と社会勢力が存在していること、③政権交代だけでは不十分で、政治的オルタナティヴが必要であること、という3点が共通認識として掲げられていた。しかし、そのような基本認識は現実政治のなかで真剣に追求されることはなかった。

確かに、高速増殖炉スーパーフェニックスの廃炉とライン＝ローヌ運河計画の中止をはじめとして、「多元的左翼」政権のもとで実現、もしくは、着手された政策課題は多々ある（第5章参照）。だが、フランスで初めて実現した赤緑政権がフランス政治の風景を大きく変えるのではと期待されたが、ジョスパン政権の現実はそのような期待を大きく裏切った。社会党が緑の党に送った秋波は、結局は政権復帰に向けたイメージアップを図るためだったことは次第に明らかになっていく。

5 緑の政治とフランス社会党の隔たり

「多元的左翼」政権には明らかに限界があった。高速道路建設の続行や公共交通充実へのサボタージュ、軽油税引き上げの反古など、政権運営のなかで当初の姿勢が後退していった課題は多い（第5章参照）。

結局、実現もしくは着手された政策を一瞥してみると、巨大な経済社会利害に抵触しない課題、特に、社会的でリベラルな課題（移民、女性や性的マイノリティの権利、労働時間など）で比較的成果があがっている。そのこと自体は評価すべきことがあるが、それは強力な既得権益の領域にメスを入れることの難しさを物語ってもいた。そこには、緑の党が連立内の力関係から極めて小さな発言力しか確保できなかったことも作用していたが、「多元的左翼」、とりわけ、社会党の緑の政治の視点から見た限界が大きく立ちはだかっていた。すなわち、多くの環境政策が頓挫した原因としては、経済界を中心とした既得権益の壁に阻まれたことが大きい。緑の党の国土整備・環境大臣ヴォワネの就任直後の大規模公共事業に対する批判的コメントは公共事業関連の業界から一斉砲火を招いたし、軽油税引き上げは自動車業界と道路運送業界からの激しい抵抗に直面して挫折している。

しかし、このような圧力団体の敵意だけではなく、緑の党の敵は政権内部にも存在していた。それは社会党（と共産党）の非協力的な姿勢であった。社会党はエコロジーの価値を決して根本的には理解も受容もしていなかった。彼／彼女らの発想の根底には経済成長の実現が優先的位置を占めており、それによって雇用と社会的再分配の確保が可能だと信じていたのである。

たとえば、党の理論誌である『社会主義雑誌』で2002年大統領選挙・国民議会選挙の敗北を総括した号で、社会主義は富の再分配だけではなく生産にも配慮すべきであり、生産の高度な増強なしに再分配の可能性もないといった生産力主義的な見解が見られるが、L. ファビウス元首相も「解雇の経済政策、すなわち、成長と技術革新に適合した政策を優先すべきである」と主張している。そこからは、緑の党への政治的な譲歩ではなく、未来の世代のために持続可能な社会モデルを本気で追求する発想はうかがえない。

当然のこととして、ジョスパン政権の優先的目標も経済成長を確保し、失業を減らすことにあった。そのことによって最低限の社会的統合を確保しつつ、現代資本主義の要請にフランス社会を適応させて国際競争力を強化することにあった。ジョスパンは「市場経済に反対、市場社会に賛成」というスローガンを好んで口にしていたが、それは、政権は競争と市場を重視する新自由主義の前提を受容した上で、その結果もたらされる社会的弊害を軽減する措置を講じるという基本的立場を表現していた。

　政権運営が軌道に乗り、経済が回復に向かうと、ジョスパン政権は次第に改革的な姿勢を失っていった。ジョスパン政権は選挙時の公約に反して、フランス・テレコム、エール・フランス、クレディ・リヨネ、アエロスパシアルなどの民営化を積極的に推進し、資本量では E. バラデュール（Edouard Balladur）と A. ジュペ（Alain Juppé）が率いた歴代保守政権による民営化の総量を超えている。また、ジョスパン政権は、失業者やサン・パピエ（滞在許可証不保持外国人）による社会運動に距離を置きつづけた。進歩的な政治勢力の結集を掲げて出発した「多元的左翼」政権は新自由主義に代わる方向性を見いだせないまま、経済界や官僚との決定的対立を回避し、これまでの保守政権との相違を失っていった。

　グローバル化のなかで国際競争力を強化することを前提にすれば成長戦略は不可欠で、企業への税金や社会保障負担の軽減、人件費の削減、公共財政の縮小、民営化といった新自由主義にそった政策を実施せざるを得ない。グローバル化の前提条件を認めたときから、新自由主義の罠から永遠に逃れることができなくなる。緑の党との連立を選択した社会党であったが、新自由主義の罠を脱するチャンスとして、緑の党の新しい政治の考え方を活用することはなかった（多分、その気がなかったのであろうが）。

　「成長」の概念を再考し、新しい生活の質を組み込んだ「市場社会」への第一歩を踏み出せば、赤緑政権の実験がひとまずは終了したとしても未来につながる可能性はあった。だが、ジョスパン政権の実験はいくつかの成果を生み出したとはいえ、新しい経済社会モデルにつながる種は蒔かれることはなかった。あえて言えば、一国での新しい経済社会モデルを実現することの困難性と、ニュー・ポリティクスの価値観や発想を共有しない社会党主導で

は新しい経済社会モデルに向けた変革の実験は不可能であることを学ぶことで、政治的エコロジーはヨーロッパを変革の空間として構想し、緑の党を中心とした変革のための勢力を築く方向に歩み始めたことが最大の収穫と言えるだろう。

おわりに

　ポスト・フォーディズムと脱産業社会の新しい資本主義の時代は、「大きな政府」の行き詰まりとして古典的な社会民主主義の限界を明らかにした。経済成長を前提とした再分配の政治を基調とする従来の社会民主主義は、低成長とグローバリズムの時代のなかで「小さな政府」を掲げる保守勢力の攻勢に押され気味である。また、資源と環境の制約が自覚化されるなかで、地球規模での富の公平な再分配や資源のコントロールから個人のライフスタイルの見直しまで、ニュー・ポリティクスからの批判も突きつけられている。
　新しい社会経済モデルを示せないまま、フランス社会党は政権をめぐる権力ゲームに明け暮れ、政権の維持と運営に汲々としてきた。そして、実質的には社会民主主義の価値の放棄に等しい政策的方向性を選択し、日常的な政権運営においては恒常的に妥協の道を選んできた。それはフランス社会党だけではなく、ヨーロッパの社会民主主義政党が多かれ少なかれ同様の経験をしてきた。社会民主主義の復活を政権復帰の次元で語るならば、保守側の敵失を利用すればフランスやヨーロッパの社会民主主義政党にとって不可能ではない。ただ、その場合も、新自由主義の論理を受容して政権運営を行うだけでは支持者を再び失望させるだけであろう。2012年の大統領選挙と国民議会選挙で社会党を中心とした政党連合が勝利して政権に復帰することができても、また同じ光景が繰り返されることになるだろう。現代における社会民主主義の再生は、政権からの離脱や復帰のドラマを超えて極めて困難なプロジェクトである。
　フランスの社会民主主義が改革勢力として再生するには、ミッテラン時代のような「一国社会主義」の失敗から学ぶ必要がある。現代の社会民主主義

は、グローバル化と環境・資源の制約を前提にしたビジョンでなくてはならない。その点から、「グローバル民主政」と「持続可能な福祉社会」を軸としたビジョンが考えられるべきである。

　まず、「グローバル民主政」[ヘルド, 2004]であるが、それは「社会的ヨーロッパ」を掲げる EU を基盤にグローバル民主政を展望することが考えられる。国境のなかでの国家による公共財の提供と福祉の保障という再分配政策を維持しつつ市場を活用するという「一国社会民主主義」的路線が、グローバリズムの拡大によって困難になりつつある現在、社会民主主義の新しい方向もグローバル化を目指すしかない。しかし、EU がグローバル化のなかで経済的競争力を強化するための対抗策として機能し、新自由主義の論理によって支配されていることも事実である。その意味では、国政の場で経済成長と国際競争力の強化を前提にする社会民主主義モデルが行き詰まって新自由主義に擦り寄っていった過程を、ヨーロッパのレベルで回避することは難しい課題である。

　そのためには、新自由主義の論理とは違った発想で、21 世紀の環境と資源の制約を組み入れた社会的公正の新しいモデルを構想するしかない。それはすでに「持続可能な福祉社会」として議論が始まっている[古沢・足立・広井・佐久間, 2004]。経済成長と競争を前提にしては新自由主義を超える出口は見つけようがないし、環境・資源の制約に配慮することはできない。経済成長ではなく経済と両立する福祉社会、つまり、環境と福祉政策を統合し、量的な成長から質的で内的な成長へと発想を転換するしかない[上田, 2005]。それは、グローバル・レベルでの持続可能な福祉社会として、グローバル社会民主政の中心軸に据えられるべきである。

　よく考えてみれば、ヨーロッパを対抗グローバリズムの空間として設定し、持続可能な福祉社会という新しい経済社会モデルを築くという目標は政治的エコロジーが追求しているものである。その意味で、社会民主主義の再生にはニュー・ポリィティクスから学ぶことは多いし、連携できる余地も大きいであろう。

　2002 年の選挙で明らかになったのは、民衆的社会層における社会党への失望であった。今や、社会の負け組のなかでは、社会民主主義への失望を超

えて政党や政治全体への失望が拡大している。フランスだけでなくヨーロッパ全体で新しい右翼政党が伸長しているのは、そのような現象と無関係ではない。ポピュリズムの水位が高まってきている現在、何よりも政治への信頼と変革への希望が必要である。その意味で社会民主主義の変革主体としての再生は、先進社会における民主主義にとって重要な課題であることは間違いない。

第6章
フランス緑の党の新世紀
―緑の党から「ヨーロッパ・エコロジー」へ―

1975年生まれのセシル・デュフロ（Cécil Duflot）は、フランス緑の党の新しい世代のリーダーである。2006年11月から党の全国書記を務め、2010年の地域圏（州）議会選挙ではイル゠ド゠フランス地域圏の候補者名簿トップに記載されて当選している。デュフロは、エコロジストの大同団結運動である「ヨーロッパ・エコロジー」の挑戦に積極的に関わり、緑の党を合流させることに成功している。現在は「ヨーロッパ・エコロジー＝緑の党」の代表を務めている（写真はデュフロの対談集として出版された 'Apartés' の表紙に使われているもの）。

第6章　フランス緑の党の新世紀

はじめに

　2009年の欧州議会選挙では、各国のエコロジー政党は平均7.5％を得票して55議席（736議席中）を獲得している。エコロジスト勢力は、現在では欧州議会のなかで「ヨーロッパ緑の党・自由連合」という会派で活動しているが、保守系、社民系、リベラル系の会派につづく第4勢力になっている。フランスでも、エコロジスト勢力を大同団結させた「ヨーロッパ・エコロジー（Europe Écologie = EE）」のリストで選挙に臨み、政治的エコロジーにとって欧州議会選挙では過去最高の16.28％を得票して14議席を獲得している。前回（2004年）の欧州議会選挙での得票率は7.4％（6議席）だったので、フランスの政治的エコロジーの得票率は3倍の伸びを示している。

　2004年と2007年のEU拡大による新規の加盟国では議席を獲得できず、ほとんどの議席は拡大前の15カ国から選出されている。この点を考慮に入れるならば、先進ヨーロッパ諸国での政治的エコロジーの躍進はさらに目覚ましいものである。本章では、これまで一進一退を繰り返してきた政治的エコロジーが、時代の追い風をも受けながら新世紀に入ってヨーロッパ政治で存在感を増しつつある現実を、フランス緑の党の最近の動向を通じて分析すると同時に、そのような現象を生み出している要因についても考察してみたい。

1　新世紀のフランス緑の党
「多元的左翼」政権の敗北と試練

　1997年の国民議会選挙に勝利した「多元的左翼」（社会党、緑の党、共産党、「市民運動」）は、社会党のL. ジョスパンを首相に担いで政権を発足させた。その政権には、緑の党の代表であるD. ヴォワネが国土整備・環境大臣として入閣し、2000年にはG. アスコエが新設された「連帯・社会的経済担当閣外大臣」に就任している。1984年に結党した緑の党は、ついに国民議会に議席を占め、初の政権参加も実現するまでに漕ぎつけた。

ただ、権力に参画すること自体を目的としない緑の党は、政権参加に関しては選挙前に社会党と政策協定を結び、緑の党が主張しつづけてきた積年の課題が新政権の政策に組み込まれることを重視した。政権発足後は政策実現に期待は集まったが、現実は甘いものではなかった。小政党であるがゆえに、政権内での力関係は圧倒的に不利で、多くの困難や屈辱を味わった。その反面、政権に参加したことで野党時代には決して考えられなかったような改革が実現したことも確かであった。また、国民議会のなかで緑の党の代議士は少数（7議席）であったが、環境問題を中心として積極的に議会活動を展開して影響力を行使している[1]。

　緑の党にとって初めての経験である政権参加に客観的評価を下すことは非常に難しい。ヴォワネ大臣のもとで、与野党の既成政治家や官僚、経済界などの抵抗や反対を押し切って多くの改革が実現、もしくは、その端緒が開かれたことは否定できない。たとえば、政策の実現に関しては、高速増殖炉スーパーフェニックスの閉鎖、ライン・ローヌ運河計画の中止など環境問題分野での大きな成果のほかにも、パックス法（民事連帯契約法）やパリテ法（選挙における男女候補者の同数化に関する法律）など男女平等や人権に関する改革も実現している（第5章参照）。

　他方において、政権に就いたジョスパン首相は多くの点で緑の党との政策協定を無視しつづけた。高速道路建設のモラトリアムやプルサーマル向けのMOX燃料製造中止、狩猟の制限強化、大気汚染の規制、遺伝子組み換え作物の全面的な耕作禁止、ラアーグ核廃棄物再処理工場の閉鎖、エネルギー政策における脱原発への方向転換、トービン税の導入、ディーゼル燃料への課税、放射線廃棄物の地中埋設計画の中止といった課題は、圧力団体の抵抗や与党内の不一致で実現に至らなかった［Frémion, 2007：267][2]。

　そのような連立パートナーの不誠実な態度を前に、緑の党のなかでは不満や批判が充満し、政権合意を再確認することや政策の優先順位と選挙協力の内容を社会党と再交渉することが求められ、強硬派のなかからは政権離脱論も飛び出していた［Villalba and Vieillard-Coffre, 2003：73-74]。初めての政権参加だっただけに支持者の期待も大きく、現実との落差に不満や苛立ちが強まり、それは容易に政権参加自体への批判に転化していった。特に、党内

の古参活動家や支持団体のなかには失望が広がり、離党者が続出することになった [Frémion, 2007：255-256]。

　ただし、緑の党のなかで批判的な意見が噴出していた反面、政権参加の経験は多くの党員にはプラスに評価されていた。2002年春に党員に対して実施された調査では、回答者の61％がジョスパン政権への参加をポジティヴに評価し、否定的回答は19％に過ぎなかった [Boy, 2003：275]。既成政党と異質な「運動政党」「反政党的政党」を標榜して出発した緑の党であったが、現実政治に参画することで「緑の社会」を追求する「緑の改革者」としてのアイデンティティが多くの党員や支持者に共有されつつあった。

　政権参加の経験から浮かび上がってきたのは、ニュー・ポリティクスを体現する緑の党と既成政党との本質的な違いであった。確かに、政権参加が不本意な結果に終わったのは、政権内での力関係に最大の要因があった。だが、本質的な齟齬は、既成左翼政党（社会党、共産党）が連帯と平等の価値に基づく再配分政策は理解できるが、世代間の連帯と配慮に基づく持続可能性には鈍感であることにあった [Hascoët, 2010：16-17]。緑の党を政権パートナーとするためにニュー・ポリティクスの考えに理解があるように振舞っても、既成左翼政党は経済成長と生産力主義という近代的価値に囚われていた。国際競争力や経済成長を優先する政党にとって、脱原発や厳しい環境規制は受容できない課題であった。

　2002年以降、緑の党は今日まで国政レベルでは野党にとどまり、国政選挙では不本意な結果に甘んじてきた。2002年大統領選挙・国民議会選挙で左翼－保守のコアビタシオン（保革同居政権）は終わり、保守勢力が大統領も国民議会の多数派も掌握することになった。その結果、環境政策は大幅に後退し、連帯・社会経済担当閣外大臣のポストも廃止されてしまった [Frémion, 2007：290-293]。

　そのような既成左翼と政治的エコロジーにとっての逆風のなかで[3]、緑の党は「多元的左翼」に代わる戦略の立て直しに追われることになった。それは、運動の行き詰まりを打開して新しい方向性を見つけるための生みの苦しみの時期であり、同時に党内での対立と分裂が激化する時期でもあった。

　党内での混乱と対立は、2002年大統領選挙の候補者選定をめぐっても表

面化していた。2002年大統領選挙に際して、緑の党は候補者選定の過程で混乱の様相を呈する。緑の党の大統領選挙候補は党内の予備選挙で選出されるが、緑の党に所属する経済学者 A. リピエッツ (Alain Lipietz) が立候補を表明した。最終的には5人が立候補して予備選挙が実施され、第2回投票でリピエッツが選ばれた。ところが、リピエッツが過去に急進的なコルシカ独立運動 (FLNC) と関係があり、その団体のために経済プログラムを執筆していたと報じられた。報道内容の真偽は別として、リピエッツに対する世論の反応は厳しく、党内からの批判も手伝ってリピエッツは立候補辞退に追い込まれた。

結局、緑の党の大統領候補は元テレビ・キャスターで知名度の高い N. マメールに差し替えられた。2002年大統領選挙の結果は緑の党にとって悪くはなかったが (5.25%)、リピエッツを引きずり降ろした候補者選定の混乱は党員に失望を与え、多くの党員が離党するか地方政治の場に閉じこもることになった [Frémion, 2007：283]。

また、大統領選挙の直後に実施された国民議会選挙でもエコロジスト陣営には不協和音が響いていた。大統領選挙での「多元的左翼」政権の敗北という文脈で行われた国民議会選挙であったが、混乱と不統一の印象は緑の党のイメージを傷つけ、不本意な結果をもたらすことになった(表6-1)。2002年国民議会での緑の党の得票率は4.51%で (2007年は3.29%)、泡沫政党とは言えないにしても小選挙区制では独自の候補擁立が難しいレベルであった。

2002年の国民議会選挙では緑の党は全国で451名の候補を擁立し、39候補が第2回投票に進出した。大統領選挙での保守勝利の流れを受けて、左翼陣営は惨敗して緑の党も7議席から3議席に後退してしまう。国民議会選

表6-1　緑の党の新世紀に入っての国政選挙での得票

国政選挙	得票率 (%)	得票数
2002年大統領	5.31	1,474,945
国民議会 (第1回)	4.51	1,047,089
2007年大統領	1.57	557,769
国民議会 (第1回)	3.29	835,371

第6章　フランス緑の党の新世紀

での不振、野党への転落、党財政の逼迫といった厳しい状況のなかで、緑の党では党員は疲弊し、内紛が発生するといった苦境に追い込まれていた。ヴォワネは全国書記のポストから辞職して、一時的に政界からの引退に追い込まれることになった [Frémion, 2007：290-291]。

2007年の大統領選挙では、緑の党はヴォワネを候補として擁立することに落ち着いたが、6名の欧州議会議員のうちM-H. オベール（Marie-Hélène Aubert）、J-L. ベナミアス（Jean-Luc Bennahmias）、M-A. イズレ・ベガン（Marie-Anne Isler-Béguin）の3名が、自党候補のヴォワネではなくN. ユロ（Nicolas Hulot）を大統領候補として支持するように有権者に呼びかけた [Lenglet et Touly, 2010：24][4]。前回（2002年）と同様に、今回も大統領選挙での候補者の選定をめぐって内紛が露呈してしまい、選挙運動も低調なものであった。ヴォワネは1.57％（55万7769票）の得票で惨敗を喫している。ヴォワネが前回に候補となった時は（1995年）3.32％を得票しているので、今回は大幅に得票を減らしていた。また、直後に実施された国民議会選挙でも3.29％（83万5371票）で3議席獲得という結果に終わっている（2002年国民議会選挙では4.51％、3議席）。

2002年に比べても、2007年の緑の党は大統領選挙でも国民議会選挙でも大幅に票を減らしており、党にとって危機的な状況に直面していた。そのように大統領選挙、国民議会選挙と国政レベルで見ると、新世紀に入って緑の党は苦境に喘いでいるかに見える。党内で対立と離反が繰り返され、頓挫してしまった「多元的左翼」に代わる展望も描けないままであった。党の存亡にも関わる困難な時期を迎えていた緑の党であったが、地方に目を転じるとその印象は大きく異なっていた。地方での運動の広がりと定着が緑の党の基礎体力を支え、2009-2010年に始まる反転攻勢の基盤が着々と築かれていた。

緑の党は2001年の市町村議会選挙で11.80％と目覚ましい得票を収め、全国で40名の緑の党所属の首長が誕生した。最大の成果はパリ市での勝利であり、緑の党は左翼市政の一員としてドラノエ市政に参画することになった。同年に実施された県議会議員選挙でも緑の党は11.29％を得票して、小選挙区制で実施されるために当選者こそ少ないが前回の7名から13名へとほぼ倍増させている。

181

社会党は全国政治のレベルでは相変わらず緑の党を軽視していたが、自治体レベルでは緑の党の利用価値に気づき協力することも珍しくなかった。その典型がパリ市であったが、社会党のB. ドラノエ（Bertrand Delanoë）は、D. ボーパン（Denis Baupin）－交通担当、Y. コンタソ（Yves Contassot）－環境担当、Ch. ジラール（Christophe Girard）－文化担当、K. ブカール（Khedidja Boucard）－統合担当、P. コミテ（Pénélope Komités）－障害者担当の各助役として緑の党の議員を登用した。
　2004年の地域圏議会選挙でも緑の党は着実に議席を増やしている。その選挙では、緑の党は地域圏ごとにケース・バイ・ケースで社会党との選挙協力臨んだが、イル・ド・フランス29議席（1998年と比べて＋15議席）、ローヌ・アルプ22議席（＋11議席）、ブルターニュ11議席（＋7議席）、ラ・プロヴァンス・コート゠ダジュール11議席（＋9議席）、アキテーヌ9議席（＋6議席）と大幅に議席を増やしている。地域圏議会の合計では168議席（そのうち7議席は他党との共同候補）と、前回（1998年）の75議席から2倍以上の伸びを示している。その結果、22地域圏で45名の副議長ポストを獲得して、責任ある政党として一段と深く現実政治に関与することになった。ただし、MEIとエコロジー世代との競合から緑の党が獲得したのはエコロジスト票の3分の2にとどまり、エコロジスト陣営の分裂は依然として克服されないままであった。
　地方選挙での成功によって、緑の党は大量の地方議員を獲得することができた。そのことは党にとって貴重な組織的資源を手に入れること意味していた。というのは、地方議員の歳費や手当は党の財政を潤すことになったし、特に、自治体執行部への参加は現実政治で経験を積み、政策形成や実務の能力を身につける機会となった。そして、そのような経験は緑の党の党員と支持者に政治への現実的感覚を養うと同時に、党に対する有権者の信頼を高めることにもつながった。
　地方議会選挙と並んで、緑の党が好成績を収めていたのが欧州議会選挙であった（表6-2）。国政の帰趨に直接関係しないことや比例代表制で実施されることなど、欧州議会選挙は小政党にとって有利な条件が備わっていた。欧州議会選挙での善戦も、困難な時期を送っていた緑の党にとって大きな支

第6章　フランス緑の党の新世紀

表6-2　欧州議会における緑の党の得票率と議席数

1979		1984		1989		1994		1999		2004		2009	
得票率	議席数	得票率	議席数	得票率	議席数	得票率	議席数	得票率	議席数	得票率	議席数	得票率	議席数
4.38%	0	3.37%	0	10.7%	9	2.95%	0	9.8%	9	7.4%	6	16.28%	14

えとなった。党幹部が欧州議会議員として専従で活動できたし、他国の緑の党と連携してヨーロッパ・レベルでのプレゼンスを示すこともできた。何よりも、欧州議会議員を抱える政党として有権者に対するイメージ・アップにもつながっている。

　着々と地方での勢力扶植に務めながら、緑の党は新しい方向性を模索していた。そのイニシアティヴを発揮したのは、68年5月運動の有名な闘士であったD. コーン=ベンディット（Daniel Cohn-Bandit）であった。彼の唱えている「第3の緑の左翼」という言葉が意味しているのは、左翼陣営の一員であると同時に、中道保守のF. バイル（François Bayrou）とまで広範な連合を築くことであった。コーン=ベンディットはバイルとともに「ストラスブール宣言」を発して2005年に実施される国民投票でヨーロッパ憲法条約案への支持を明らかにした。既成左翼との協力とEU統合への加担という彼の立場は党内で多くの異論を喚起したが［Frémion, 2007：269-270］、停滞していた政治的エコロジーにとって、彼の言動が運動の新しい方向性をめぐって一石を投じることになった。コーン=ベンディット主導で始まった再生プロジェクトは、エコロジスト陣営の再編へと結実することになった。

2　フランス緑の党の新たな挑戦
　　　　　　　　緑の党から「ヨーロッパ・エコロジー」へ

(1)「ヨーロッパ・エコロジー」という結集のプロジェクト

　1990年代から政党システムに参入・定着し、自治体や国政で政権参加を果たすようになった緑の党は、その政治戦略や党運営などの面で大きな変化を見せる。

第1には、政権参加の経験によって緑の党は現実政治へのコミットメントを強化していったことである。
　緑の党の多数派は社会党との協力に好意的で、「左翼をエコロジー化する」(Écologiser la gauche)」（ヴォワネ）、「左翼を勝利させる (Faire gagner la gauche)」(N. マメール)、「第3の左翼を築く (Construire une troisième gauche)」(D. コーン=ベンディット) といった発言に見られるように、彼／彼女らは緑の党を左翼陣営に組み込み、現実政治のなかで政治的エコロジーの影響力を強化することを望んでいた。結党以来、既成政党と異なった組織形態と政治スタイルを独自性とアイデンティティの核としてきた緑の党であったが、現実政治を経験することで「普通の政党」に近づいていった [Frémion, 2007：257][5]。オルタナティヴな経済社会モデルを追求しながら、責任ある政党、現実主義的な改革政党として有権者から信頼される党になることが重視されるようになった。
　第2に、緑の社会への転換を図る戦略的な空間としてヨーロッパを重視することになったことである。
　2005年のヨーロッパ憲法条約案をめぐる国民投票で賛成側に回ったように、緑の党は従来からヨーロッパ統合に好意的であったが[6]、「ヨーロッパ・エコロジー」という新名称が示しているように、地域と国民国家レベルでの政治の「緑化」に取り組むと同時に、持続可能なヨーロッパに向けた変革の可能性を追求、重視している。
　そのようなヨーロッパ重視の姿勢は、2002年の大統領選挙で緑の党から立候補したN. マメールが、同年の国民議会選挙での敗北後に発表した「社会を再発見する (Retrouver la société)」という宣言文に表れていた。そこで彼は、新しい右翼の「ナショナル・ポピュリズム」に「ヨーロッパ合衆国」を対置して、「ヨーロッパ緑の党」の結成と「緑のグローバル化」を訴えていた[7]。
　2000年代に入ると「ヨーロッパ緑の党」を結成する動きは急速に進んだ。2004年2月に29カ国から32のエコロジー政党が参加して「ヨーロッパ緑の党」が結成され、フランスからはリピエッツとヴォワネが代議員に就任している。EU統合の進展を受けて、ヨーロッパを舞台として活動する単一の

エコロジー政党が誕生することになった。もちろん、分権的発想が強いエコロジストであるから中央集権的統一を目指しているわけではない。そこには、ヨーロッパ規模での統一的政策や共同行動に取り組む意志やヨーロッパを変革の単位として考える共通認識を見て取るべきであろう。

2004年の欧州議会選挙で、ヨーロッパの緑の党は「連邦ヨーロッパのためのエコロジー・プロジェ」を掲げて選挙に臨んだ。ヨーロッパ緑の党に所属する25のエコロジー政党が共同の選挙キャンペーンを展開し、ヨーロッパ議会に34議席を獲得して第4勢力になっている。フランス緑の党も7.40％を得票して6議席を獲得している。

さて、フランスに話を戻せば、緑の党では2006年を境に「脱ヴォワネ化」と再建のプロセスが始まり、D. コーン゠ベンディットを中心として党の方向転換が進められた。彼がフランス緑の党で華々しく活躍するようになったのは、1999年の欧州議会選挙からだった[8]。同選挙で、緑の党はコーン゠ベンディットを比例リストのトップに据えて成功を収めている（全国平均9.7％、パリに限れば17％）。10％近くの得票は緑の党にとって久しぶりのことで、コーン゠ベンディットの党内外での威信は大いに高まった。これ以降、彼は、低迷するフランスの政治的エコロジーを再生させるプロジェクトの仕掛け人として活躍することになる。

2006年12月に緑の党のナント総会が開催されたが、運動方針案の投票では、コーン゠ベンディット、C. デュフロ（Cécile Duflot）、A. リピエッツなどがヴォワネ派に対抗して提案した方針案が第1回投票で54％を得て勝利する。新執行部では、全国書記に元毛沢東主義者で社会党を経由して入党したG. ルメール（Giles Lemaire）が就任するが、彼のもとで党財政の再建、党員の増加、党員の党活動への参加促進、スポークスパーソンの4人から2人への削減（＝派閥均衡人事の脱却）、自前の党本部ビル購入といった改革や新規事業が進められていった［Frémion, 2007：299-300］。

2007年大統領選挙は、党内の混乱を伴いつつヴォワネの再登板に落ち着くが惨敗を喫し、直後に実施された国民議会選挙でも不本意な結果に終わっている。地球温暖化に象徴されるように環境問題が深刻化するなかで、多くの党員は低迷している政治的エコロジーの運動を再建する必要性を痛感して

いた。だが、現状の緑の党の枠組を前提にしては運動の再生には限界があった。C. デュフロ、N. マメール、Y. コッシェ、D. コーン゠ベンディットを中心に、緑の党を超えたエコロジストの広範な結集が模索されることになった [Lenglet et Touly, 2010：27-28]。政治的エコロジーの刷新を訴えてきたコーン゠ベンディットの主導のもとにデュフロが呼応する形で、政治的エコロジーにとって起死回生のプロジェクトが始動する[9]。

その試みは2009年の欧州議会選挙に向けた候補者リスト作成として始まる。2008年10月20日、欧州議会選挙に向けた記者会見の場でコーン゠ベンディットによって「ヨーロッパ・エコロジー（EE）」の候補者リスト作成が発表された。彼の周りには、新しい結集運動を代表する13人の代表的人物が同席していた。

元判事E. ジョリ（Eva Joly）、緑の党の全国書記C. デュフロ、急進的な農民組合である「農民同盟」のリーダーで反グローバリズムの旗手であるJ. ボヴェ（José Bové）、N. ユロ財団の元スポークスパーソンJ. ポール－ブッセ（Jean Paul Besset）、「放射線研究・情報委員会」のM. リバシ（Michèl Rivasi）、グリーンピース・フランスの元キャンペーン責任者Y. ジャド（Yannick Jadot）、かつて緑の党の大統領候補（1987年大統領選挙）でありながら離党して「独立エコロジスト運動（MEI）」を率いてきた宿敵のA. ヴェシュテール（Antoine Waecheter）、ヨーロッパ議会のエコロジスト議員団の共同議長M. フラッソニ（Monica Frassoni）、コルシカ市長で地域主義運動家のF. アルフォンシ（Francois Alfonsi）、緑の党の欧州議会議員M-A. イスレーベガン（Marie-Anne Isler-Béguin）、N. ユロに近いP. デュラン（Pascal Durand）、パリ政治研究所で教鞭をとるジャーナリストのA. シネ（Angès Sinaï）など多彩な人物が同席していた。

特に、党外からEEに支持を表明していた著名人のなかでは、有名なジャーナリストで作家であるN. ユロの存在が注目を集めていた。彼は環境保護とエコロジー問題に対する意識の向上に取り組み、その大きな影響力を背景に2007年の大統領選挙では主要政党の候補たちに「エコロジー契約」を結ばせている。ラジオやテレビに頻繁に出演し多くの著書を出版しているユロの世論への影響力は絶大で、彼自身の大統領選挙への出馬も取沙汰されて

いる。そのユロの側近たちのEEへの参加は事実上はユロが協力していることを意味しており、ヨーロッパ・エコロジーへのエコロジストの広範な結集を象徴していた。

その記者会見の席上で、出席者たちは口々に環境や金融、経済、社会、食糧生産などをめぐる危機に警鐘を鳴らし、政治的対立を超えた対処の必要性や「もう一つのグローバル化」「異なった発展モデル」「グリーン・ニューディール」について口々に訴えた。そして、政治的エコロジーは環境の危機だけでなく、生産優先の新自由主義とその経済・金融・社会に対する弊害へのオルタナティヴであることが強調された［Lenglet et Touly, 2010：16-17］[10]。EEのプロジェクトは2009年の欧州議会選挙に向けた取り組みとして始まったが、それを超えて「社会的でエコロジカルなヨーロッパ」を創出するという長期的な戦略が描かれていた［Lenglet et Touly, 2010：9-15］。

EEのプロジェクトは、フランス緑の党が外部に向かって自己を開き、新たな運動へと組織を発展的に解消することを意味していた。2009年の欧州議会選挙をEEリストで臨むことについては緑の党のCNIRが満場一致で承認し、活動家たちもそのような新たな試みに熱狂的に支持した。当時は2007年の大統領選挙・国民議会選挙の敗北による政治的苦悩が党内に充満しており、そこから脱却したいという願望が渦巻いていたからである。EEのプロジェクトは緑の党にとって解党の可能性も孕んでいたが、そのような方針がスムーズに受容される背景には党内の危機感と期待が存在していた［Lenglet et Touly, 2010：46］。

(2)「ヨーロッパ・エコロジー」が成功した理由

EEは快調な滑り出しを見せ、2009年欧州議会選挙ではフランスの政治的エコロジーとしては過去最高の16.28%を得票し、社会党の得票率（16.40%）に迫る勢いを見せた。また、2010年の地域圏議会選挙でも欧州議会選挙での成功が偶然でないことを証明した。2年前の大統領選挙で、元国土整備・環境大臣で知名度抜群のヴォワネを擁立して1.3%に終わったことを考えれば、フランスの政治的エコロジーの復調には目覚ましいものがあった。

2009年の欧州議会選挙ではEEはEU統合に集中してキャンペーンを展

開したが、そのような EU 重視の姿勢が有権者に評価されている。そのことは、EE に投票した有権者の 77％が EU 統合の争点を考慮して投票していることからも明らかである（有権者全体では 60％）［Fourquet, 2010：37-38］。

EE の世論における評価も上々で、世論調査によれば有権者全体でも EE の選挙キャンペーンが「良かった」という回答が 42％と最も高く、緑の党支持者でも選挙キャンペーンの評価は高かった（「良かった」という回答が 65％）［Le Gall, 2009：89］。

それでは、なぜ、EE が世論によって支持され、選挙でも好成績を収めているのだろうか。先に紹介したように、EU 統合の争点が有権者の関心に適合していたことのほかに、金融危機によって悪化した失業問題に対応できないサルコジ政権への失望やサラリーマンなど中間層に共感を呼ぶ経済政策を打ち出せない社会党へのいらだちが背後にあったことは確かである［土倉, 2011：224］。つまり、EE の選挙キャンペーンが成功したのは、それが有権者の心に届き、既成政党への批判票が EE に流れ込んだからである。ここでは、そのような要因に加えて、EE の躍進をもたらした客観的、もしくは、主体的条件に触れておこう。

客観的条件としては、第 1 には地球温暖化をはじめとした環境問題の深刻化についての認識が有権者の間に拡大し、環境問題への関心が高まっていることである。新世紀に入って、大規模な台風、猛暑、洪水、津波など深刻な自然災害の多発による気候変動の影響が懸念され、食糧危機や石油に象徴される資源枯渇への不安も高まっている。地球環境の危機的現実を前に、有権者は政治的エコロジーの主張に耳を傾け始めていた［Frémion, 2007：304］。

数年前から環境問題への世論の関心は高まっていたが、投票日直前の 6 月 5 日に、国際環境デーのイベントとして Y. アルチュス=ベルトラン（Yann Arthus Bertrand）の制作した環境問題をテーマとした映画「ホーム」が無料で野外上映され、テレビ（フランス 2）でも放映された。その番組は約 800 万人が視聴したが「いかにして地球を救うか」という論争を国民の間に巻き起こし、エコロジストにとって有利な世論状況がつくりだされた［Le Gall, 2009：23；Lecœur, 2011：97-98］。地球温暖化の影響は強く感じられ、誰もそれを無視できなくなっていた。「持続可能な発展（développement durable）」

という言葉が流行し、政党政治の面では少数派であるが知的な面ではエコロジストに有利な環境が整いつつあった［Frémion, 2007：324］。

　第2には、フランス社会が抱える諸問題に既成政党が的確に対応できていないことである。現状を批判し、社会を変革する役割について、これまで社会党や共産党に有権者の期待が寄せられてきた。だが、冷戦の終焉以来、フランス共産党は衰退の一途を辿り、フランス社会党も政権政党化することで社会を変革する役割を果たせなくなった。

　1983年に改革の「休止（ポーズ）」に踏み切って新自由主義的方向へと舵を切った社会党と、ドゴール主義から新自由主義へと傾斜していった保守政党との違いは急速に薄れていった。経済成長と生産力主義の呪縛から脱却できない既成左翼政党には、政権の座に就くと新自由主義的選択肢しか残されていなかった。グローバル化のなかで、国民を苦しめている経済社会問題を解決できない左右の既成政党に対する有権者の不満は、エコロジストと新しい右翼の両新興政党に向かうことになった。特に、高学歴の新中間層を中心とした批判的な有権者はニュー・ポリティクスの課題に敏感に反応して政治的エコロジーへと向かった。

　主体的な条件としては、第1には、D. コーン゠ベンディットという卓越した政治家の貢献があげられる。彼の存在はエコロジストの結集軸であると同時に勢力伸長の原動力になっている。

　コーン゠ベンディットの政治的エコロジー復調への貢献は、大きく分けて2つの面で指摘できるだろう。第1に、これまで政治的エコロジーに欠けていたタイプの柔軟なリーダーシップ、新しい発想や考え方を運動に吹き込んだことである。彼は、政治的知性と経験、時代の空気を読む力を備えていたが、特に、指導者としての資質の点で優れているのは、理想と現実を架橋できる点にある。つまり、革命という考え方や左右の教条主義を排し、真のパラダイム転換につながる改革を慎重に積み重ねるという方法論を選択している点にある［Lenglet et Touly, 2010：86］。革命でもなく改良でもなく、理想を見据えつつ現実に立脚した改革を追求する非改良主義的改良の変革方法論は、理想を掲げる政党に政治への現実主義的アプローチが可能な政党というイメージを与えることで、変革を追い求める信頼できる政党を望む有権者

のニーズに合致している。

　もう一つのコーン＝ベンディットの貢献は、これまで分散と対立を繰り返してきたエコロジストの結束に成功したことである［Le Gall, 2009：22］。

　エコロジスト陣営は人的確執に加えて戦略やイデオロギーをめぐって対立を繰り返し、離党や分裂を何度も経験してきた。その結果、緑の党は指導者が頻繁に交代して党内対立を克服できない未熟な政党というイメージを与えてきた。ジャーナリストによって、エコロジストは政治の場に登場した永遠のアマチュアとして描かれてきた［Lecœur, 2011：167］。

　内部対立に加えて、エコロジスト陣営の分裂は彼／彼女らの力を殺いできた。たとえば、2002年の国民議会選挙でも、ヨーロッパ統合に反対して「主権主義（souvrainisme）」と地域主義を標榜するヴェシュテールの「独立エコロジー運動（MEI）」と保守陣営の共和主義右派と連携した「エコロジー世代（GE）」と激しく競合している［Frémion, 2007：289］。エコロジスト陣営の確執と分裂は政治的エコロジーへの票を分散させ、有権者に無責任で未熟な集団というネガティヴなイメージを与えてきた。理念先行型で急進的な変革を目指す政治主体に往々にして見られることであるが、小異を捨てて大同につけない体質がエコロジストにも染みついていた。

　そのようなエコロジストの「持病」を克服する試みが、EEへの結集と結束の実験であった。長年の宿敵であったヴェシュテールの参加を確保し、緑の党に所属しないエコロジストを巻き込んで、社会党から自立した広範なエコロジストを結集させる試みは選挙での成功として結実している［Le Gall, 2010：16］。

　第3には、エコロジストの政策的な弱点が克服されてきたことである。これまで、有権者がエコロジー政党に期待してきた政策領域は圧倒的に環境問題であった。日本でもエコロジー政党に対して「環境政党」という呼称が用いられていることが、そのことをよく示している[11]。

　2010年の地域圏議会選挙時にイル＝ド＝フランスで実施された世論調査から、有権者は相変わらず環境問題を中心にエコロジストに期待して、経済・雇用問題には信頼が低いことが分かる（表6-3参照）。「環境問題」のテーマでは58％と他党を圧倒し、「公共交通の改善」「郊外での生活の質改善」で

も他党と遜色がない。だが、「住宅建設」「財政」「治安」「高等教育と研究」では他党に大きく遅れを取り、「経済発展・雇用」のテーマでも信頼を寄せられていないことは明らかである。

　つまり、政治的エコロジーは環境問題専門店のイメージが強く、経済や雇用、安全保障などの問題では信頼性は低かった。特に、経済不況のもとで有権者の関心が経済や雇用に向かう時には、政治的エコロジーに貼りついた環境優先のイメージは支持拡大の障害になってきた。

　しかし、そのような状況は徐々に緩和されつつある。

　というのは、産業資本主義の行き詰まりと環境問題の深刻化によって経済成長と雇用拡大が環境と両立可能であるという発想が魅力あるものになりつつあるからである。アメリカのオバマ政権が打ち出した「グリーン・ニューディール」を典型に、環境関連投資と技術開発を通じて経済成長や雇用創出を目指す動きが急速に拡大している。そのような「資本主義の緑化」の発想は、経済と環境が両立する可能性を印象づけることで政治的エコロジーへの不安感を和らげた。経済成長と環境改善を両立させる「エコロジー的近代化」の考え方を活用することで、経済や産業という政治的エコロジーにとって不得意な分野を克服する可能性を手に入れつつある。すなわち、政治的エコロジーは、ドイツの事例が示しているように「エコロジー的近代化」を戦

表6-3　イル=ド=フランスでのいくつかの争点に関する各党リストの信頼性（％）

	社会党	緑の党とEE	UMP	他のリスト合計	合計
住宅建設	42	13	24	21	100
経済発展・雇用	33	9	35	23	100
地方財政の制御	32	9	33	26	100
高等教育・研究	31	10	37	22	100
公共交通の発展と近代化	29	23	28	20	100
郊外での生活の質改善	29	22	24	25	100
治安の向上	25	7	43	25	100
環境保護	10	58	14	25	100

出典）Fourquet [2010：40]。

略的に利用することで、環境や資源の制約への配慮と経済と雇用への配慮の両立を有権者にアピールすることが可能になっている。

　緑の党は、市場と同等の地位を社会的・連帯的経済の新しい「公共サービス」に与えることを提唱している［Michaud, 2000：79-80、84］。新自由主義との距離を縮小することで社会民主主義政党が変革主体として魅力を失うなかで、政治的エコロジーは社会的・連帯的経済を軸に産業の育成と雇用創出するという独創的なビジョンを打ち出している。

　第4に、政治的エコロジーが「現実主義化」していくなかで有権者の信頼が高まっていることである。

　初期の政治的エコロジーは急進的で異議申し立て政党としてのアイデンティティを大切にしてきた。だが、政党システムへの参入と定着のなかで、政治的エコロジーは「責任ある政党」として信頼を高めることを重視してきた。そのために彼／彼女らは、政策的思考に基づいて多様な政策領域で実現可能な政策を提案することに努めてきた。急進的な異議申し立て政党というイメージから脱却した政治的エコロジーは、いまだに環境問題の専門店というイメージを克服するには至っていないが、信頼できるオルタナティヴ政党としては有権者に受容されつつある。

　そのことは次のような世論調査の結果に表れている。2010年地域圏議会選挙時に実施された世論調査では、緑の党やEEの政治家が地域圏で指導的役割を果たすことを望む有権者は3分の2に及んでいる（64％）。同様に、2010年の地域圏議会選挙前に実施されたEEについての調査からも、政治的エコロジーへの信頼と期待が高まっていることが確認できる。すなわち、「経済、社会、環境問題において最も革新的解決法を提案しているのは」という設問に対して、社会党29％、UMP（民衆運動連合）26％、その他の政党7％であるのに対して、EEという回答は37％に達している。また、「地域圏の行政を首尾よく管理できる政党は」という設問に関しても、社会党36％、UMP32％に次いでEEは24％で第3位につけている。このように、EEは経済社会・環境の分野で革新的な解決方法を提案できる運動と評価されていて、それが有権者にとってEEの魅力となっている［Alby et Fourquet, 2010：40］。また、政治的エコロジーの政権担当能力が認められて政権参加

への期待が高まっていることも確かである。

さて、2010年の地域圏議会選挙でもEEは前年の欧州議会選挙での勢いを再確認することになった[12]。今回の選挙は社会党が29.38％を獲得して勢力を回復し、左翼全体で得票の53.5％を占めた選挙であった。EEも12.46％を得票し、獲得議席数でも全国で266に達して前回（2004年）から98議席増で、社会党（576議席）、UMP（330議席）に次ぐ第3勢力に躍り出ている。

政権政党化して変革主体としての期待に応えられなくなった社会党に飽き足らない有権者にとって、政策的思考を身につけ、政権担当能力を高めつつオルタナティヴな経済社会モデルを目指す政治的エコロジーの魅力は高まっている。2009-10年の選挙での成功を踏まえて、フランスの政治的エコロジーは次の一歩を踏み出している。2010年11月13日、フランス緑の党は解党に踏み切り、フランス緑の党の党員と2009年欧州議会選挙からEEに参加してきた人々が結集した新しいエコロジー政党「ヨーロッパ・エコロジー－緑の党（Europe Ecologie-les Verts＝EELV）」が2010年11月13日にリヨンで開催された創立大会で結成されている。

EEというエコロジストにとっての起死回生のプロジェクトは現在までは首尾よく運んでいるかに見える。新世紀に入って新たに環境問題に関心が高まり、既成政党への不信や不満が強まっていたにもかかわらず、これまでそのような有利な条件は政治的エコロジーの決定的な浮揚にはつながらなかった［Lecœur, 2011：153-154］。その意味で、EEの実験が成功に向かっていることはエコロジストに希望を掻き立てている。だが、そのようなEE人気は本物なのか、それとも、1989年や1999年の欧州議会選挙を突破口とした一時的成功と同様に終わってしまうのか。その点では、2012年はEEにとって真価の問われる年になるであろう。フランス政治において、最も有権者の関心が高いのは大統領選挙である。サルコジ大統領の人気は低迷し、社会党も最有力候補と目されていたIMF専務理事D. ストロスカーン（Dominique Strauss-kahn）が失脚するという予想外の事態に見舞われている。そのような既成政党の苦境を前に、国民戦線（FN）のM. ルペン（Marine Le Pen）とEEの動向が選挙を左右するファクターとなりつつある。国民議会選挙と大統領選挙の成果は、EEの将来にとって重要な意味をもっている。

おわりに

　新しい社会運動を基盤として誕生し、制度を通じてオルタナティヴな経済社会モデルへの転換を追求してきたフランス緑の党は、これまで現実政治と格闘してきたラディカルな運動と同様に多くの困難と試練を経験してきた[13]。他の先進諸国の政治的エコロジーと同様に、緑の党は68年運動から誕生して政党システムへと参入していった。そして、選挙での浮き沈みを繰り返し、多くの内部対立と分裂を経験しながらも次第に政党システムに定着し、政権に参加するまで成長を遂げてきた[14]。

　多くの脱成長論とエコロジー思想が、個人の意識の向上や社会運動と民衆運動による社会変革について語ってはいるが、現行の経済社会モデルを具体的に変えていく筋道を示せていない。それに対して政治的エコロジーは現実政治の場を通じて制度を変えていくこと、そのことによって緑の社会を実現していくことを説いている。もちろん、政治的エコロジーは、現実政治のなかでオルタナティヴな経済社会モデルを実現する運動の常として多くの不本意な妥協や挫折を経験してきたし深い失望も味わってきた。だが、既成政党が権力と利権の獲得と維持に汲々としている姿を見るにつけて、彼らの言動はいまだに異彩を放ちつづけている。

　グローバル規模での環境や社会・経済的危機に直面している現在、ヨーロッパ政治では有権者の古い政治に対する不満と失望が広がっている。既成政党への批判の高まりと支持の低下、投票行動の流動化と棄権の増加といった現象がそのことを表現している。他方で、そのような不満と失望は、同時に新しい政治への期待も生み出している。それは政治的エコロジーと新しい右翼政党の両政治勢力に追い風として作用している。

　フランスの国民戦線をはじめとして、イギリス、オランダ、ベルギー、スウェーデン、スイス、オーストリア、フィンランドなどの諸国で排外主義的で自国民中心主義的な政党が影響力を伸ばしている。それらの政党は、既成政党やEU統合が民衆の直面している困難を改善できないことへの不満や不信を背景に、移民の存在やEU統合の現実を攻撃して自民族中心主義的で

排外主義的な主張を展開している[15]。その政治的危険性についてはエコロジストも自覚している。社会的格差や日常的疎外、社会問題の複雑性などは有権者のなかに不満や不安の感情を広げている。そこから、恐怖や暴力、紛争、排除、急進化したナショナリズム、外国人嫌いの感情、人種差別、男性優位主義などのアイデンティティ重視で反動的な後退現象がますます広がっている [http//www.eelv.fr/：Manifeste pour une société écologique]。

　他方で、本書のテーマであるが、社会の次元から独立した生産−交換−消費のサイクルからなる市場を前提とした近代の経済社会モデルが危機に瀕しているなかで、エコロジズムの思想と運動がモダニティの超克を説くものとして登場してきた［Bourg, 2000：226］。それを市民社会の場で体現するのが新しい社会運動であり、政治の場で代表するのが政治的エコロジーである。

　フランスの政治的エコロジーは現在、上げ潮の時期を経験している[16]。フランスは2012年、大統領選挙と国民議会選挙という重要な選挙が実施される。政治的エコロジーの勢いが本物であるかどうかは、彼／彼女らがそれらの選挙をどのように闘い、どのような成果をあげるかにかかっている。フランスの政治的エコロジーは3年間の成功のあとに、正念場の年を迎えようとしている。

　2008年のリーマン・ショックによるグローバル資本主義と新自由主義の威信低下とグリーン・ニューディールへの関心の高まり、地球温暖化への危機感の高まりが政治的エコロジーへの追い風となっている。そして、2011年3月11日に地震と津波が東北を襲ったなかで福島で深刻な原発事故が起きた。電力を無限に消費する「豊かな」生活を維持するために開発されてきた原発が、強大な地震と津波によって人間生活を破壊する凶器と化してしまった。その経験を踏まえるなら、私たちは、原発から再生可能エネルギーへの転換を推進しながら電力の過剰消費に依拠しない経済社会モデルへの移行を進めることが求められている。日本の3・11は、そのような経済社会モデルと個人の価値観や生活スタイルの転換を迫る転機となるだろう。そのような時代のなかで、フランスでは政治的エコロジーはニュー・ポリティクスの時代を切り開こうと奮闘している。

注
1) フランス緑の党のホームページに紹介されている議員の議会活動から、彼／彼女らの活動内容が理解できる。表6注-1は、国民議会に属する緑の党議員たちが「活動と介入（2008-09）」として公表しているものである。現在、緑の党の議員は3人であるが、環境問題を中心に積極的な議会活動を展開していることが分かる。

表6注-1 国民議会での緑の党所属議員の議会活動（法案提出・調査要求・成立法案）（2008-09年）

	法案番号	法案のテーマ
法案提出		
	no.1623	気候・エネルギー税の創設
	no.1622	経済のエコロジー的転換
	no.1498	安楽死の制度化
	no.1369	フランスのエコロジカル・フットプリント削減
	no.1286	同性間結婚の可能化
	no.1221	カフェ・レストランのテラス席での暖房エネルギー節約
	要求番号	調査のテーマ
調査要求		
	no.1598	2009年4月2-4日開催の北大西洋条約機構首脳会議での警備について
	no.1434	フランスでの送電と配電について
	法案番号	法案テーマ
成立法案		
	no.2009-715	貯蓄銀行と人民銀行の中央機関に関する法案
	no.2009-689	国民議会の運営に関する1958年11月17日政令の改正と行政裁判所法の補足に関する法案
	no.2009-669	インターネット上での創作物の普及と保護に関する法案
	no.2009-594	海外領土の経済発展に関する法案
	no.2009-526	法律の簡略化と明晰化、法的手続きの軽減に関する法案
	no.2009-431	2009年度の予算修正に関する法案
	no.2009-403	憲法34条1項、39条、44条の適用に関する法案
	no.2009-323	住宅と反排除に向けた動員に関する法案
	no.2009-258	視聴覚コミュニケーションとテレビの新しい公共サービスに関する法案
	no.2009-257	フランス・テレビジョンとラジオ・フランス、海外向け放送会社の社長任命に関する法案
	no.2009-179	公私両部門での建設と投資の促進に関する法案
	no.2009-135	2009-12年の国家予算計画に関する法案
	no.2009-122	2009年度予算修正に関する法案
	no.2009-61	親子関係の改革に関する2005年7月4日政令（no.2005-759）を承認し、親子関係に関する様々な規定を廃止する法案
	no.2009-39	憲法25条と国民議会選挙に係る委員会に関する法案
	no.2009-38	憲法25条の適用に関する法案

第6章　フランス緑の党の新世紀

no.2008-1545	狩猟関連法の改善と簡潔化に関する法案
no.2008-1443	2008年度予算の修正法案
no.2008-1425	2009年度予算法案
no.2008-1350	埋葬に関する法案
no.2008-1330	2009年度社会保障予算に関する法案
no.2008-1258	労働所得に関する法案
no.2008-1249	連帯所得の一般化と参入政策の改革に関する法案
no.2008-1245	対テロ闘争に関する2006年1月23日法（no.2006-64）3・6・9条の適用延長と治安と国境コントロールに関する様々な規定に関する法案
no.2008-1187	議会調査委員会での証言の規定に関する法案
no.2008-1091	会計検査院と地域圏会計院に関する法案
no.2008-1061	経済資金調達に向けた予算修正案
no.2008-790	学齢期における幼稚園児と小学校生徒の受け入れの権利の制度化に関する法案
no.2008-789	社会的民主主義の革新と労働時間の改革に関する法案
no.2008-776	経済近代化に関する法案
no.2008-759	2007年度会計規則と管理報告に関する法案
no.2008-757	環境分野における環境責任と共同体法への適用規定に関する法案
no.2008-735	パートナー契約に関する法案
no.2008-724	第5共和制の制度的近代化に関する憲法修正法案
no.2008-696	公文書に関する法案
no.2008-695	憲法評議会の公文書に関する法案

出典）フランス緑の党ホームページ（http://lesverts.fr/）［Les deputé-e-s Vert-e-s, 2010：19-21］から作成（成立した法案については国際協約・条約の批准は除く）。

2） 国土整備・環境大臣ヴォワネに対する経済界や職業団体などの敵意は激しいものであった。狩猟愛好家、保守系農民組合（FENSA）、自動車産業、運送業者、石油業界に加えて、そのような業界や団体と関係する省庁の大臣たちが、反ヴォワネ、反エコロジストのキャンペーンを展開した。彼／彼女らにとって、エコロジストが国土整備・環境大臣のポストに就任することは「悪魔がローマ法王に就任するようなもの」であった［Frémion, 2007：249］。

3） 2002年の大統領選挙では、緑の党は与党内で唯一前回の大統領選挙に比べて得票を伸ばしている［Frémion, 2007：287］。ジョスパン政権への有権者の厳しい審判にもかかわらず、政治的エコロジーへの期待が大きく低下したわけではなかった。

4） 大統領選挙後、ベナミアスは欧州議会議員の任期半ばで中道派の「民主主義者運動（Mouvement Démocrate=MoDem）」に移り、オベールも離党している。また、前全国書記のY. ヴェリン（Yann Wehring）もMoDemから地方選挙に立候補することが発覚して党から除名されている［Lenglet et Touly, 2010：25-26］。

国政レベルの選挙での不振、財政難、幹部クラスの離党・除名と、フランス緑の党は深刻な組織的危機に陥っていた。

5)　といっても、緑の党が全面的に「普通の政党化」したわけではない。議員としての経験や知識を無駄にしてまで任期の途中で交代するローテーション制度の機械的な適用を止めるとか、既成政党との選挙協力や連立政権への参加に柔軟に対応するなど、政党システムのなかで政治を変えることを期する以上、柔軟な対応や妥協が必要であることは確かである。その意味で、緑の党は現実政治のなかで習熟していったのである。一方で、現在の社会経済モデルを超えた緑の社会という目標を掲げて、脱原発や社会的・連帯的経済といったオルタナティヴな社会を築く政策を一貫して追求している。また、党内の役職や公選職の男女バランスへの配慮、分権的な党運営といった独自性は維持されている。現在でも、緑の党は基本的に既成政党とは異質な存在でありつづけている。

6)　緑の党がヨーロッパ統合に関して一枚岩であったわけではない。ヨーロッパ憲法条約案をめぐる党内レファレンダムでは、賛成 52.63％、反対 42.06％と賛成派が多数を制した。2004 年 11 月の連合総会では賛成票が 46.6％に達したが（反対 22.1％、棄権 31.2％）党執行部でも賛否が割れていた。公然と反対陣営に加わる党員も後を絶たず、しかも、その行動によって処分を受けることもなかった。たとえば、全国書記のルメール、上院議員の J. デサール（Jean Desessard）、地域圏議員の F. バヴェ（Francine Bavay）などの幹部や党員が反対の意思を表面していた他にも、F. バヴェをはじめとした 450 名の党員がヨーロッパ憲法条約案への反対アピールを発表していた［Frèmion, 2007：318-322, 326-327］。ヨーロッパレベルでも多数派はヨーロッパ憲法条約案に賛成であったが、スウェーデン、ノルウェー、デンマーク、ギリシア、イギリスの緑の党は反対に回っている。

7)　N. マメールは、同アピールのなかで「ヨーロッパ・エコロジー」の結成に繋がる発想である、ヨーロッパを変革に適合的な空間と考えること、緑の党を超えてエコロジスト陣営の統一を追求することに言及していた［Frémion, 2007：291］。

8)　68 年 5 月のスターとしての知名度、組織者としての才能、既成の思想に捉われない柔軟な発想、巧みな弁舌などコーン゠ベンディットには多くの才能と魅力が備わっている。ドイツ生まれの彼は、パリ大学ナンテール校の社会学部の学生としてフランスに滞在していたが、「3 月 22 日運動」を結成して大学を占拠し、68 年運動の先駆けとなる異議申し立て活動を組織した。やがて学生運動はパリから全国に拡大していくが、コーン゠ベンディットは政府によってフランスから追放されてしまう。

　　ドイツに帰国してからは、オルタナティヴ運動に関わり政治・社会的運動の経験を積み「革命闘争」という団体の結成に参加する。「革命闘争」では、彼と仲間たちは「様々なタイプの行動によって表現される社会革命の形態」を実験した。そこでは武装闘争を排除しながら、住宅占拠、デモ、オペルなどの企業での活動、幼稚園に入園できない児童のための託児所の開設、貧困な街区の防衛など多彩な活動を展開している［Lenglet et Touly, 2010：55］。その後はドイツ緑の党に参加して、1989 年にはフランクフルト市の市会議員に当選して多文化問題担当助役に就任している。そして、1994 年にはドイツ緑の党から欧州議会議員に当選

している。

9) 2009年の欧州議会選挙と同様に2010年の地域圏議会選挙の候補者リストへのリクルートも、エコロジストの広範な結集という目標の成功を示している。両選挙での候補者のリクルートは3つの中心的カテゴリーから補強されている。一つは、他の政党からの移籍組であり、離党後は緑の党と競合してきたヴェシュテールの復帰をはじめとして左翼や中道派から多くの政治家がリクルートされている。次に、NGOや対抗グローバリズムのアソシエーションから活動家や幹部がリクルートされている。最後に、教育学者や司法官などの多かれ少なかれ著名な人物が候補者リストに掲載されている。そのような多彩な人材の確保は組織に開放的イメージを与え、候補者を揃える能力を証明することになった。また、2009年の欧州議会選挙で発揮されたダイナミズムが維持されていることを示し、メディアの注目を集めることにもなった [Lecœur, 2011: 99-100]。

10) D. コーン=ベンディットの市場経済を前提とした現実主義的な考え方はエコロジスト陣営で批判を招いたが、彼は新自由主義との違いを次のように弁明している。「それは、市場経済を構造化・組織化するために必要な規制に関わっている。[……] リベラリストはすべての規制に反対であるが、私／私たちはそうではない」。68年5月の洗礼を受けたコーン=ベンディットは、文化的・社会的領域では自由を重んじるリバタリアン（自由至上主義）であったが、経済の領域では市場への自由放任を支持してはいない。彼が想い描いているシナリオは、市場経済の規制を説いてきた社会民主主義の延長線上に環境親和的でリバタリアン的な「緑の社会民主主義」を実現することである [Michaud, 2000: 76-77]。すなわち、コーン=ベンディットは、政治的エコロジーに新しい発想と戦略を持ち込もうとしている。彼は基本的立場として資本主義と市場経済、グローバル化を否定していないが、かといって、それらを放任することは問題外である。環境問題にしても社会的公正にしても、その改善には資本主義や市場経済、グローバル化のコントロールを必要としている。また、コーン=ベンディットは、ソフト・ドラッグの解禁、移民への国境開放、より積極的な移民の統合政策、青年の国境を越えた文化交流の促進、ドメスティック・バイオレンス対策、旧ユーゴ諸国への協力などの課題を重視し、文化や社会の領域ではリベラルな立場を鮮明にしている [Lenglet et Touly, 2010: 57-58]。

11) 緑の党が、これまで環境問題に特化した政党というイメージの払拭に努めてこなかったわけではない。1990年代に入ってヴェシュテル派からヴォワネ派へと主導権が移ってから、緑の党では社会問題も重視されるようになった。といっても、これまで政治的エコロジーが社会的公平や平等などの価値を疎かにしてきたわけではない。環境税によるエネルギー価格の値上がりが好例であるが、環境政策は社会的弱者の生活に打撃を与える可能性があるので、エコロジストにとって社会的平等と公正の課題を重視する必要がある [Gadrey, 2010: 123-127]。

　また、現実を踏まえて社会を変えていくとすれば、人々の雇用や生活の継続性を確保しながら漸進的に緑の社会に向かっていく必要がある。つまり、持続可能な社会に向けた「大転換」のなかで雇用と社会保障は重要な問題であり、その点でも社会問題を重視することが求められる。緑の社会への移行の成否は、経済成

長がなくても失業を減らして社会保障を維持することが可能であることを人々に納得させることにかかっている［Gadrey, 2010：115-116］。とすれば、新しい経済社会モデルを掲げながら、人々に雇用や暮らしを保障する産業・経済政策の構想力が求められる。また、安全保障の領域でも、絶対平和主義者のようにすべての武器と戦争の可能性を否定するのでなければ、国民に信頼される安全保障と平和政策を提示する必要がある。しかし、そのような政策領域でも、これまでエコロジー政党は既成政党の有権者の後塵を拝してきた。

12) 2010年地域圏議会選挙でエコロジストは好調であったが、社会党に大きく差をつけられてしまった。2009年の欧州議会選挙での勢いの延長線上に得票を伸ばして左翼陣営内の影響力を強化するという思惑は外れてしまった。また、エコロジストは青年や高学歴層では高い支持率を記録しているが、高年齢層や社会的ヒエラルキーの下層で苦戦するという得票パターンは相変わらず克服できていない［Le Gall, 2010：17］。そのような得票傾向は前年の欧州議会選挙でも確認できる。その選挙でのEEと他の主要政党との得票率を社会・職業的属性にそって比較してみると、EEは「25-30歳の年齢層」「35-49歳の年齢層」「管理職と知的職業」で最も高い得票率を記録している［Alby et Fourquet, 2010：37］（表6注－2参照）。現在まで、エコロジストは青年と教育水準・生活レベルが比較的に高い有権者から多くの支持を調達するという性格は一貫している。既成政党の得票がジリ貧になる一方で、高学歴で社会的・職業的ステータスの比較的高い社会層は政治的エコロジーを支持し、低学歴で社会的・職業的ステータスが比較的低い社会層は新しい右翼政党に向かう傾向が顕著になっている。

表6注－2 2009年欧州議会選挙におけるいくつかの有権者カテゴリーでの得票比較(%)

	全国的得票	25-35歳	35-49歳	管理職・知的職業	高等教育修了者
ヨーロッパ・エコロジー	16	22	24	32	23
社会党	16.5	16	16	15	19
モデム	8.5	11	11	12	12
UPM	28	14	17	24	26

出典) Albey et Fourquet［2010：37］。

13) 緑の党は組織と活動の面でこれまで多くの欠点を抱えてきた。本文中では、緑の党内外での対立と分裂、リーダー間での反目と離党・分裂劇などの混乱が党のイメージを低下させていたことに触れた。その他にも緑の党は多くの欠点を抱えている。①党員の増加と定着を妨げる要因として、緑の党では新入党員の離党率が非常に高いことである（新入党員の3分の2が2年以内に離党）。そのことは党内の独特の雰囲気、政治文化に由来しているが、攻撃的で他者を拒絶する政治行動は彼／彼女らが掲げている未来の共生的（コンヴィヴィアル）なエコロジー社会という目標とはかけ離れたものである。そのような寛ぎと伸びやかさのない

第6章　フランス緑の党の新世紀

雰囲気は、少なからぬ新入党員にとっては活動の継続を不可能にするものであった。また、別の要因として、争点を理解して党内での議論の争点手続きを理解するための新入党員向けの教育をはじめとして政治的エコロジーの基本についての教育が欠如してきたことも定着を阻んでいる。新入党員は何冊かの報告書や小冊子を与えられただけで党の活動や運営に投入されているのが現状である。②地方議員の数が増えて地域圏や市町村で執行部に参加することで議員政党化して、選挙活動を優先する発想が浸透していることである。そのことは、緑の党の組織や活動に影響を与えており、社会党との選挙協力への依存や議員の過剰と活動家の不足といった弊害が起きている。2008年には約6000人の党員のなかで2000人が議員職に就いており、選挙と議会活動に傾斜した党運営によって、次世代の育成やエコロジーをめぐる知的・思想的研鑽に向けた活動、外部に向けた党の開放といった活動が疎かになっている。かつて活動家は少ないが大きな社会党にしがみつくことで政権に参加していた小政党「左翼急進党（Le Parti Radical de gauche）」と似た存在になる恐れがあった。③議員政党化は、オルタナティヴ政党として出発した緑の党にとってより深刻な問題である。それは、社会的・連帯的経済や生産協同組合、共済組合、消費者グループ、環境教育、ニュー・テクノロジーに関係する領域といった政治的エコロジーにとって有用で良好な関係を築くことができるはずの社会セクターで恒常的な活動が阻害されている。同様に、1984年の結成時から、緑の党にとって誕生の土台となった社会運動との関係が弛緩していることである。

　以上のように、緑の党は今日でも既成政党にはない独自性を保ち、それが魅力となっている。だが、未来の社会を党内で先取りし、社会運動の政治的表現であることを志すオルタナティヴ政党であるというアイデンティティが希薄になり、多くの解決すべき課題を抱えている。緑の党を解党してエコロジストを広範に結集するためにEELVが結成された。新しい組織のなかで上記のような弊害は克服されるのだろうか。

14)　先進国では緑の党への潜在的な支持層が確実に存在している。これまで、そのような支持層が必ずしも選挙に赴き政治的エコロジーに投票してきたわけではないが、2009年の欧州議会選挙では「独立エコロジスト同盟（l'Alliance écologiste indépendante）」――「独立エコロジー運動（＝MEI）」、「エコロジー世代（＝GE）」、「行動するフランス（La France en action)」が結集――を票に加えると約20％の得票に達し、330万人の有権者が政治的エコロジーに票を投じたことになる。もちろん、そのなかには積極的にエコロジストを支持したというより既成政党への批判票が少なからず含まれているだろう。しかし、棄権や他の小政党への投票という選択も可能ななかでエコロジストに一票を投じているのは、「よりましな選択」として次善の投票をする何かを見出していたからであろう。その意味では、2009年欧州議会選挙での得票の実績から、フランスのエコロジストは確信的な投票から次善の投票まで含めて潜在的に330万の投票者を見込むことができる。

　政治的エコロジーに投票している、もしくは、投票する可能性のある社会層については、比較的に若く、高学歴、新中間層、都市在住といった社会的属性であ

ることは本文中でも紹介した。68年5月から政治的エコロジーが生まれたことに由来する「文化的にリベラル」で「リバタリアン（自由至上主義）的」な発想、価値観、ライフスタイルも重要な要素である。68年5月の運動は、それまで支配的であった伝統的・権威主義的な文化や価値観を揺さぶり、社会の民主化と自由化をもたらした。それは、政治の場では従来の対立軸に「リバタリアン」－「権威主義」のそれを付け加えた。既成政党の支持者にもリバタリアン的価値観やライフスタイルは浸透しているが、エコロジー政党は男女平等や性的マイノリティの権利、脱物質主義・経済中心主義、環境との共生といった価値観や発想に敏感な有権者に支えられている。そのようなリバタリンアン的価値や文化を特徴とする社会層は「文化的創造者（Cultural Creatives=CC）」と呼ばれている。CCは豊かさを見直し、「環境的にも社会的にも持続可能な世界」を自発的に目指そうとする人々で、1980年代には社会の3％を占めるだけだったが、2000年には米国人で5000万人以上、ヨーロッパ人では8000～9000万人にまで増大している。欧米の市民の2～3割がCCということになる［丸山仁, 2011：192-193］。

そのような社会層はフランスでは「ブルジョワ・ボヘミアン（＝ボボ）」（Bourgeois bohèmes=Bobo）とも呼ばれているが、言葉の伝統的な意味で「ブルジョワ」では必ずしもなく、教育レベルや文化的態度によって規定されている。EEの支持者には、そのような「文化的創造者」と強い類似が見い出せる。すなわち、1968年の対抗文化を継承し、これまで政治運動にあまり関わらず、身近な環境運動（アソシエーションやNGO）には極めて積極的で、考え方と仕事の一貫性を追求する社会層で、彼／彼女らは最大限見積もって社会全体の30％を占めると言われている［Lecœur, 2011：158-159］。

15) ヨーロッパの新しい右翼を理解するためには、フランスの国民戦線については畑山［2007］、ヨーロッパの他にアジアやロシア、アメリカとを対象とした「ナショナル・ポピュリズム」の現象を分析している文献として河原・島田・玉田［2011］を参照。

16) また、2011年の県議会選挙でもEELVは本土の選挙区平均で8.4％を得票して、前回の県議会選挙（2004年）での緑の党の成果（4.2％）を大きく上回っている。そして、EELVは左翼が後退するか（社会党、極左）、停滞（共産党）するなかで、唯一のダイナミックな勢力になっている。社会党との力関係を決定的に変えるには至っていないが、それでも、2011年の県会議員選挙はフランスの政治的エコロジーのさらなる飛躍を裏づけ、フランスでのエコロジストの支持者が明らかに増加していることが確認された選挙であった［Labouret, 2011：65-71］。

注目すべきは、2010年7月11日に、ランブイエ選挙区で実施された国民議会補欠選挙で、EE-緑の党の候補A. プルシノフ（Anny Poursinoff）が、第2回投票で51.7％を得票して既成保守政党の候補を破って当選していることである。保守にとって、政治的エコロジーは、既成政治に失望した多くの有権者を魅了することで、時には左翼よりも危険な存在になっていることが証明された［Lecœur, 2011：98-99］。

終 章
緑の社会へ
―ユートピアでもエコロジー的近代化でもなく―

写真は、2001年4月にオーストラリアの首都キャンベラで開催された国際集会「グローバル・グリーンズ」の報告集である。同集会は緑の党・運動の最初の国際大会としてオーストラリア緑の党の主催で開かれ、70以上の国から800名が参加している（日本からは「虹と緑の500人リスト運動」と「神奈川ネットワーク運動」がオブザーバーとして参加している）。そこでは「グローバル・グリーンズ憲章が採択され、グローバル・グリーンズは、アジア太平洋などの地域ごとの連携組織も結成されて国際的な緑の政治のネットワークとして活発な活動を展開している。

終　章　緑の社会へ

はじめに

　前章まで、フランス緑の党についての実証的な分析に重点を置いてきた。終章ではそのようなアプローチから離れて、フランス緑の党の思想と運動の本質的特徴やその現代的な意味について考察してみたい。それはニュー・ポリティクスの思想であるエコロジズムを政治の場で体現する政治的エコロジーの共通した特質を考察することにもなるだろう。

　政治的エコロジーの本質的特徴は①近代の経済社会モデルの行き詰まりのなかで持続可能な緑の社会というオルタナティヴな経済社会モデルを提示していること、②その経済社会モデルを実現する方法論として、市民社会レベルでの個人の意識や価値観の転換と社会運動の活性化を重視すると同時に、政治の場での緑の政治勢力の強化と制度改革によって緑の社会に接近すること、つまり、「非改良主義的改良」の変革方法論をとっていること、③そのような変革をグローバル化が進行する現実のなかで進めるために、国境を越えた「緑のグローバル化」を追求していることにある。彼／彼女らは地域と国民国家を主要な変革のためのフィールドとしながら、それを超える空間であるヨーロッパを変革の実験場として「ヨーロッパ緑の党」を結成し、新自由主義的グローバリズムに対抗するため世界のエコロジー政党・運動体を結集して緑の運動のグローバル・ネットワークとして活動を広げている。

1　近代社会を超えるプロジェクトとしての緑の社会

　先進社会は、産業資本から金融資本へと資本主義の主導権を移行させることで危機的状況からのサバイバルを図っている。そのようなの金融主導の資本主義は、2008年秋にリーマン・ショックを引き起こして世界経済を混乱に陥れ、ようやく光明が見えるかに思われた日本経済も道連れになってしまった。しかし、相変わらず、先進国では経済成長主義と物質主義の価値観を軸とした大量生産－大量消費の経済社会が自明視されている。地球環境の破

壊や資源の制約を考えれば、そのような解決策の限界は明らかであるが、まるで集団的な自殺行為のように生産は拡大をつづけ、金融資本は国境を越えて世界を駆け巡っている。昨今では、中国やインドを新しい成長拠点として資本主義経済の延命を図ろうとしている。そして、新自由主義の教義に立脚するグローバル資本主義に追従するという選択肢しかないという諦念が支配している（「単一思考 pensée unique」の支配！）。

　資本主義の批判勢力として登場してきた社会主義思想は生産力主義や経済成長主義を決して否定するものではなかった。議会政治を通じた合法的方法で社会主義という理想社会へと漸進的接近を目指してきた西欧の社会民主主義勢力は、新自由主義の説く市場中心主義や規制緩和、「小さな政府」といった処方箋と根本的に異なった方向性を見い出せずにきた。西欧の社会民主主義政党は保守勢力と政権交代を繰り返して内政と外交の領域で政策的に対立してきた。だが、社会民主主義政党は GDP（国内総生産）の数字に一喜一憂して無限の経済成長と消費の拡大を自明視しながら再配分のアジェンダと産業主義のパラダイムにコミットメントしてきた［O'Neill, 1997：4］。

　1980 年代に保守側が新自由主義のプロジェクトで攻勢に転じると、それに対抗して社会民主主義側は、市場経済と経済競争力の強化を重視しながら再配分政策とリベラルな社会・文化政策で保守との区別化を図ってきた。たとえば、イギリスのブレア政権や北欧の社会民主主義政権は、格差是正と社会的公正を確保する手段として教育政策に力を注いできた。

　確かに社会民主主義は、社会的格差を是正する不可欠の手段として教育を重視してきた。しかし、その点で社会民主主義は新自由主義と決定的に異なっていたわけではない。というのは、社会民主主義は経済と教育を関連させる点で新自由主義と共通の教育像を有しているからである。教育こそが経済成長のエンジンであり、学校は職業準備の場所とみなされている。特に、大学教育によってグローバル規模の競争で新たな富を生み出す人材を養成し、研究によって高い付加価値をもたらす新たな知識を創出することが期待されている。結果として、1990 年代には、平等の観点から初等教育の充実に力を入れてきた大陸の社会民主主義政党も高等教育へと投資の重点を移している［広田, 2011：154］。

終　章　緑の社会へ

　そこには、社会的公正にも配慮しながらも、教育を経済成長や競争力の強化にリンクさせる発想が色濃く見られる。新自由主義と親和的な社会民主主義の基本姿勢には、脱成長を前提として新しい経済社会モデルを展望する政治的エコロジーとの根本的な差異が見られる［Duquesnay, 2007：158］。
　そのような既成左翼と政治的エコロジーとの齟齬は、フランスにおいても観察されている（第5章・第5章補論参照）。経済成長を前提とする現在の社会のあり方と発展のモードは決して「持続可能」であるとは思えない。そのことをフランス緑の党の言葉で表現すると、現在の発展モードは社会の公共財の多くの部分を独占している少数者のために個人や集団、地域の間に不平等をもたらし、更新不可能な資源の浪費と自然遺産の破壊をもたらしているからである。それは同時に、権力を集中させて個人から自己の運命への支配権を奪い、標準的な商品の大量消費を押し付けるように生活様式を画一化し、文化的独自性を破壊している［Les Verts, 2002：6］。
　左右両翼の既成政党にとって、政治的エコロジーの思想と言動は理解不可能なものであった。というのは、既成政党は近代社会が行き詰まっていることは理解できても、新しい経済社会モデルへの移行については理解の範囲外だからである。古い政治に属する既成政党はこれまでフランス緑の党に対して敵意を顕わにしてきた。既成政党のそのような態度はEEに対しても基本的には変わっていない。世論調査においてEEの支持が高まるにつれて、社会党や中道の「民主主義者運動（MoDem）」から極左政党まで、EEに対して激しい攻撃を加えている。
　EEの存在がサルコジに対する闘いの分断要因になっているという批判から、そのプログラムが「漠然として」「偽善的で」「魅力がない」といった批判まで多彩である。なかには、サルコジとコーン゠ベンディットとの「共謀説」まで流布され、EEは既成政党から集中砲火を浴びせられている［Lenglet et Touly, 2010：69-72］。結局、既成政党は、特に社会党は選挙を睨んで自己防衛からEEに攻撃を加えていたが、その批判は決して政治的エコロジーの本質に及ぶものではなかった。
　とはいっても、既成政党も環境・資源問題が深刻であることを否定することはできない。そこで、彼／彼女らが飛びついた処方箋が「エコロジー的近

207

代化」である[1]。第1章でも紹介したように、エコロジー的近代化は成長の限界を突破する決め手として、技術的イノベーション（たとえば、エコカーやバイオエタノール）や制度的対応（たとえば、環境税、自然エネルギー固定買取り制度など）を通じて環境・資源制約と経済成長を両立させる処方箋であり、いわば「緑の資本主義化」を通じて「緑の経済成長」を実現することを目指しているといえる。緑の資本主義化を目指す発想は、今や国際機関から経済界まで広範なコンセンサスを築きつつある。

たとえば、経済協力開発機構（OECD）は「緑の経済成長（green growth）論」を唱え、2050年に世界全体で温室効果ガス排出量を半減する目標を達成しつつ同時に経済成長も確保するシナリオ、すなわち、「緑の経済成長」が必要であり、かつその実現は可能であると説いている。「緑の経済成長」は、温暖化防止に取り組む過程で新しい産業を創出し、付加価値と雇用を増やすといった、これまでとは異なる成長戦略が唱えられている［植田, 2011：40-41］。

もちろん、第1章で言及したように、政治的エコロジーもエコロジー的近代化を手段として否定しているわけではない。いや、緑の社会に向けて積極的に活用していると言ったほうが正確であろう。たとえば、ドイツの赤緑政権であるシュレーダー政権において「エコロジー的近代化」が重要な政策として推進された［星野, 2009：142-150］。また、「緑のケインズ主義」（J. M. アリエ）として、エネルギー保全や太陽電池設備、都市交通、住宅改善、有機農業などへの公共投資を拡大することはフランスの政治的エコロジーも力説していることである［Sāiz：2009：82］。確かに、エコロジー的近代化にそった政策によって雇用を創出し、需要を喚起することは可能かもしれない。ただ、新しい技術的可能性や制度的誘導に期待して経済成長の継続を図ることが、資源や環境の制約を根本的に克服することにつながるとは思えない（第1章参照）[2]。

フランス緑の党の古参幹部Y. コッシェが指摘しているように、新しいテクノロジーは生産力主義的モデルに最も適合した科学技術思想と行動の表現である。それは、物資や精神、経済、社会、哲学、政治などの領域で生産力主義へのオルタナティヴを代表するものではなく、生産力主義の単なるモ

終　章　緑の社会へ

ダーンな進化形にすぎない。ゆえに、ポスト近代に向かうための新しいパラダイムが必要だ、と彼は説いている［Cochet, 2009：234-236］。

　経済成長を自明視して、科学技術や制度による問題解決に期待することは幻想である。それは、環境や資源の問題は経済成長を優先する社会が生み出したものであるからだ。ただ、政治的エコロジーは原理主義的に「脱成長社会」を説くユートピア主義者ではない。彼／彼女らは、生産力主義的で物質主義的な価値に立脚する近代社会の行き詰まりと新自由主義的な処方箋の有害性を告発するだけでは不十分なことは自覚している。だから、エコロジー的近代化を手段として国民経済や国民の生活・労働に配慮しながら具体的な改革を提案しているのである。

　ゆえに、政治的エコロジーにとって最大の課題は、人々が納得する形で緑の社会への移行プロセスとそのメリットを提示することである。すなわち、現在の経済社会が持続不可能であることを説明するだけではなく、緑の社会への移行が可能であることも説得しなくてはならない。その作業の中心的な課題は現行の社会を支配している価値観や発想を転換することであり、その核心は経済成長を自明視する生産力主義（productivisme）の呪縛から人々を解放することである[3]。

　近代社会がどっぷり浸かっている物質主義的で生産力主義的な価値観の根源には、人間社会の福利増大には経済成長が不可欠であるという発想が横たわっている。経済成長がなければ企業社会は立ち行かないし雇用も確保できないという強迫観念に人々は駆り立てられている。

　経済成長に立脚した経済社会モデルに対して、政治的エコロジーは「脱成長（post-croissance）」を基本とする経済社会モデルを対置している。それは、GDPで表現される経済成長を優先目標にする発想を脱却すること、つまり、単なる国内総生産の増加ではなく、福利（bien-être）や「集団的な良き暮らし」（le bien-vivre collectif）、健康、「社会的なもの」を含みこんだ「新しい形の成長」（ジョゼ・ボヴェ）［Bové, 2011：133］を重視することである。すなわち、それは物質的で量的な成長ではなく、技術的・エコロジー的・社会的革新によって可能となる持続的で質的な成長を意味している。つまり、持続可能な社会の必要性に対応する新しい富と効率性の基準の多元的評価に立脚

した「成長」と言い換えることができる［Gadrey, 2010：80-81, 85-86］。

　EE は、そのような新しい発展モデルへと舵を切ることを説いている。先進国を襲っている経済から社会、エコロジーに及ぶ危機は偶然なものではなく「発展モデルの衰弱の帰結」であり、その限界と弊害が顕在化していると彼／彼女らは診断している。失業、不安定雇用、不平等の強化、気候変動、生物多様性の破壊、金融と通貨のアンバランスと、すべての領域で状況は悪化していて限界点に近づいてきている。今こそ新しい社会経済モデルを創出することが迫られていると EE は説いている［http//www.europe-ecologie.fr/］。

　そのためには、制度圏での具体的改革を通じて漸進的に現行の経済社会を改革していくこと、つまり、市場経済領域と並行して非市場経済の領域（「社会的経済」「連帯経済」）を拡大していくことが必要である。それと同時に、人々の意識や行動、ライフスタイル、その根底にある「マインドセット」［辻, 2011：36-37］も変えていかなくてはならない。そのような重層的領域で変革が進むなかで「脱成長」の経済社会モデルが漸進的に姿を現してくる。そのような変革の重層性が重要であることは S. ラトゥーシュも指摘していることである。「脱成長」は経済の単なる縮小を目指すような成長イデオロギーの「逆転」ではない。経済成長を止めるだけでは失業が増大し、人々に最低限の生活の質を保障する社会政策や文化政策、環境政策を放棄することになる。人間生活の質的低下が起きるだけではなく、失業と不況のなかで格差と貧困が拡大して、やがて人々の不満は政治的な危機と危険な政治勢力の登場をもたらす危険性がある。「脱成長」は、成長の強迫観念から解放され、スローな生活と労働を享受する「脱成長社会」においてのみ可能なのである［ラトゥーシュ, 2010：108］。

　エコロジー的近代化を戦略的に活用して持続可能な社会に向かうこと、経済成長への強迫観念から解放されたスローな経済社会のあり方を提示することは、政治的エコロジーにとって変革への重要な課題である。その意味で、「近代の病」から人々を解放することが、政治的エコロジーにとって究極の課題だと言える。

2 緑の社会への長い道

　「脱成長社会」という言葉を聞いたとき、多くの人々は夢想家の戯言と一蹴することだろう。成長がなければ経済は混乱し、失業者は街にあふれる事態になるという声が聞こえてきそうだ。経済を理解していない「夢物語」に対して、科学技術や制度的手段を駆使して「緑の経済成長」を実現する道が現実的解決策として提唱されている。先進国の政府や経済界、多くの国民は、そのような処方箋に期待を寄せている。すべての困難は科学技術の進歩によって解決される、人間の英知によって資源や環境の制約は突破できると考えるほうが夢想であることは福島の原発事故によって明らかになった。原子力という人類の英知が生み出した夢のエネルギーが人々の生活を破壊することで、人間の科学技術や制度によっては安全を確保できないことを証明した。
　しかし、科学技術信仰と経済成長信仰は揺らぎながらも多くの人間を捉えつづけている。そして、そのような信仰の背後にある人間観、無限の欲望を抱え、物質的な安楽を追い求める存在であるという人間観は支配的なものでありつづけている。そのような近代社会が生み出した強固な観念や価値観が支配を保っている現在、エコロジストの言説はユートピアとして切り捨てられがちである。
　確かに、フランスでもドイツでも初期の緑の党では、理想主義的な政治へのアプローチにこだわって現実政治との妥協や駆け引きを嫌う原理主義的傾向が目立った。しかし、政党システムに参入・定着し、自治体や中央政府で政権に参加するなかで政治的エコロジーも変容を遂げていき、任期途中で交代する議員ローテーション制度の断念や事実上のリーダー的政治家の容認、他党との妥協と協力・連携、政策実現の重視や組織運営、政治スタイルの面での変更など多くの自己革新を遂げてきた。とりわけ、ユートピアを夢想する政治勢力というイメージを払拭し、緑の社会への転換を有権者に説得するために、具体的で実現可能な改革を提案して、人々の生活の継続性を保障しながら変革を進めることに配慮している[4]。

たとえば、経済と雇用をめぐるテーマに、彼／彼女らの理想と現実を架橋する努力が見て取れる。近代社会を超えた緑の社会に転換するためには、労働や生活の質を維持・改善しながら持続可能な社会＝緑の社会に向かう可能性を説得的に示す必要がある。J. ガドレーは、経済成長によって人間生活が改善されることも持続可能になることもないと説くと同時に、脱成長社会が新しい雇用を創出することを力説しているのは、人々の不安を取り除くことを重視しているからであろう。

　表終－1は、ガドレーが提示している脱成長社会における雇用についての見通しであるが、環境への負荷が小さく、社会的有用性の高い分野への雇用転換が十分に可能であることが示されている。エネルギー部門を例にとれば、自然エネルギーへの転換が多くの雇用を創出することは欧米での例が証明し

表終－1　脱成長社会でのセクターごとの雇用の見通し

産業セクター	課題	2050年までの雇用傾向
農業・林業・漁業	発展の軸としての有機農業　森林とバイオマスの持続可能な利用、持続可能な漁業	減少する部門を伴いつつ農・林業での全体的雇用増、漁業での雇用減
製造業	原料投入と排棄の大幅な削減、近隣の中小企業を優先した部分的な産業再配置（relocalisation）、新しいセクター（持続可能性のイノヴェーション）の成長	生産優先主義の制限と持続可能性の向上による雇用減　部分的な雇用の転換
エネルギー	再生可能エネルギーへの移行、社会的課税、（ほぼ）石油を消費しない社会への転換、エネルギー効率性・節減性の引き上げ	エネルギーとその節減に資する部門での雇用増
建設	持続可能な都市計画、住宅改修、スロー都市	雇用増（何よりも住宅改善で）
運輸	GESを排出する輸送の削減、スピードの見直し、輸送必要性の再検討	エコロジカルな公共輸送手段以外での雇用減　雇用流動性の促進
商業	近隣の生産者と連携した地元商業の優先	恐らく雇用増、より分散した商業の分布
修繕、リサイクル	リーディング・セクター、一部は産業転換に貢献	大きく雇用増

終　章　緑の社会へ

設備・車両レンタル	エコロジカルな共有可能性	雇用増
職人仕事	重要な役割：修繕、維持、リサイクル	雇用増
郵便	発送とフローの削減、通信販売の削減、電子通信の奨励	生産力主義的ペースではあるがすでに鮮明な雇用削減は始動
電信電話、情報	端末とネットワークのエコロジカルな資材と放送	豊かな国での雇用増加の緩和とその他の国々での雇用増
銀行、保険、不動産	危機を受けての公的コントロールの強化、近隣での企業活動、地域通貨	権力過剰なセクターでの雇用減
対企業サービス	バックアップ・サービス（清掃、警備など）：エコロジー的・社会的課題、知的サービス：人員の移動抑制、持続可能性へのアドバイス	近隣サービスでの雇用増、広告、マーケッティング、金融アドバイザー部門での雇用減
ホテル、レストラン、旅行業	遠距離交通の危機に見舞われているセクター、近隣での営業については将来性	遠距離旅行業では雇用減、その他の部門では雇用増
子供と高齢者へのサービス	エコロジカルな条件のもとでの普遍的解決の採用、自宅と施設でのケアのメリット・デメリットの検証	公的資金もしくは公私共同出資による明瞭な雇用増
地方行政	非常に重要、不満足な条件での民間企業にアウトソーシングされたサービスの再公営化	雇用増
国家行政	地域の機関化、分権、社会的・エコロジー的質の基準、健康と教育：過剰なディプロムの取得競争と医療体制についての議論、平等と普遍的権利の要請、司法にとっても同様	国と地方の分担、公共部門の拡大、ここ何十年は国内総生産における教育支出は削減されてきた

出典) Gardrey [2010：109-111]。

ている。日本のエネルギー資源の自給率は現在では4%であるが、地域で再生可能エネルギーを開発することによって、石油、石炭、天然ガス、ウランなどの輸入費用を大幅に削減することができる。それだけでなく、地域社会への大量の資金投入によって地域経済を大いに潤し、多くの雇用を創出することができる[5]。

　その他の部門でも、自然と共存し人間生活を質的に改善すると同時に雇用

を創出・維持し、地域経済を活性化することは可能である。農業の分野では、政治的エコロジーは現在とは違ったオルタナティヴな農業政策を目指して、EUの新しい「共通農業政策（Politique Agricole Commune = PAC）」が策定される2013年を目指してエコロジカルな農業のあり方を提言している。彼／彼女らは、生産力主義的で工業的な農業を推進し、1990年代以降は自由化と規制緩和に傾斜してきたこれまでのPACを痛烈に批判し、新しい方向性を提起している。

　政治的エコロジーによると、ヨーロッパ農業はこれまで生産性と効率性、競争力を重視して石油漬けの農業を営んできた。そのような近代的農業は環境を破壊して生物の多様性を脅かしてきた。また、現代の農業は公的資金を大量に投入することで、農業が自然環境と人間の健康に与えている損害を外部化することで経済競争力を維持してきた［Bové, 2009：37-39］。

　政治的エコロジーは、そのような工業的農業に代わって、良質の農産物を増産し、家族営農を拡大し、食糧主権と自然資源の保全に努め、貿易相手国とのバランスがとれて公平な交易を軸にするような新しいPACを提案している。そこには、①農産地と産品の極めて大きな多様性をもつ「ヨーロッパ食糧モデル」の枠内でヨーロッパの食糧を自給すること、②市場の高まる変動に抗する規制の手段とメカニズムによって安定して常識にかなった所得を農民に保障すること、③環境保護や気候変動、動物福祉、生物多様性を考慮して環境のために挑戦すること、④雇用の創出と維持への貢献によって社会的・領土的統合力を高めること、⑤景観と建築物の保全だけではなく地域の画一化を回避・制限するイニシアティブを強化することで農村の景観を維持することといった提案が並んでいる［Écologie Europe-Les Verts, 2010：46-48］。生産と雇用、自然資源の保全、空間と生物多様性、国土整備、社会生活への配慮、農村の発展といった課題を重視する方向に現行のPACを改定することがエコロジストの農業政策として掲げられている。

　農業以外の領域でも、政治的エコロジーは具体的なビジョンを提示するように努めている。たとえば、これまで有権者の信頼が低かった経済・雇用領域でも緑の党は新しい政策的方向性を提示している。1997年に発足したジョスパン政権で新設された「社会的・連帯的経済担当閣外相（secrétariat d'

État á l'Économie sociale et soridaire）のポストを獲得しているが（2000-02年）、その経験を通じて市場経済を前提にしながら社会的・連帯的経済セクターを育てることを構想している。

　そのようなオルタナティヴな経済セクターの拡大は、政治的エコロジーが追求する経済社会モデルの重要な軸である。そのことは、以前からフランス緑の党の綱領的文書のなかで明言されていた。企業による資本所有とは異なる形態の社会的・連帯的経済や協同的・共済的企業の助成に向けて、公的融資のための社会的・連帯的経済の認証ラベルの作成、非営利企業の創設と発展、社会的・連帯的経済を発展させるための国有銀行と資金調達や資本リスクに備える地域機関の設立、非営利団体と非営利企業のための税制整備、オルタナティヴ企業による不動産取得の促進、1901年制定のアソシエーション法に基づく非営利企業の発展促進などの政策が提案されている［フランス緑の党, 2004：208-210］。

　以上のように、政治的エコロジーは現行の経済社会モデルの行き詰まりを批判するだけでなく、多様な政策領域で改革ビジョンを提案している。念のために確認しておくが、彼／彼女らが積極的に改良を追求しているが、それは現状の改善に自足するためではない。改良を重ねることで、新しい経済社会モデル＝緑の社会へと漸進的に接近していくためである。そこには、武者小路公秀が「非改良主義的改良」と呼んでいる変革の方法論と同じ発想が見られる。第2章で言及したように、「非改良主義的改良」は、改良主義が体制内での問題解決に自己限定するのに対して、それを推進すれば体制自体の変革につながるように「改良」政策を積み重ねていく実践のことである。それは、改革を積み重ねることで体制の転換を導くような改良を意味している［武者小路, 2002］。つまり、エコロジー政党は選挙と議会を変革の手段として選択し、体制内での市民社会の運動と議会活動を通じた改革に重点を置いているが、現在とは異なった経済社会モデル＝緑の社会への転換を究極のゴールとしている点で、彼らの変革方法論は「非改良主義的改良」という言葉で表現することができる。

　そのような変革の方法論は政治的エコロジーに独自性を与えている。共産党に代表される伝統的左翼も68年の運動で中心的役割を果たした新左翼も

体制の転換を唱えるが、そのプロセスや革命後に築かれる政治経済体制について具体的に語ることはなかった。抽象的に革命のプロセスと理想社会像を語るだけで、体制転覆を優先して向かうべきゴールと、そこに至るプロセスを描かないという点でそのような変革方法論を「政治的ユートピア」と性格づけることができる[6]。他方で、社会民主主義は新自由主義の発想や価値を受容しつつ社会的公正や人権といった価値にそった改革に取り組んできた。しかし、向かうべき新しい経済社会モデルをもたない現在の社会民主主義にとって、改革は新自由主義の弊害を是正することに帰着する。政治的エコロジーは、68年5月から誕生してきた運動であるだけに、政治的ユートピアを目指した運動の挫折から教訓を得て、体制転換を事実上断念して改良に自己限定する社会民主主義政党（そして共産党）とは異なった政治を追求している。

以上のように、政治的エコロジーは、その変革方法論においても19世紀から登場してきた変革の思想や運動とは異なる独自性をもっている。

3　もう一つのグローバル化を目指して

近代は「膨張」の時代、あるいは「大爆発の時代」であり、それは市場の膨張と安価な資源によって可能となった。つまり、近代化することは必然的にグローバル化することであった。だが、経済成長を追求する国民国家単位での競争は環境問題や資源の争奪を激化させて事態は急速に悪化している［水野, 2011：16-17］。

政治的エコロジーはグローバル化の現実を「リベラルなグローバル化」と性格づけて批判的に見ている。確かに「ワシントン・コンセンサス」に見られるようにアメリカや国際機関の決定が国際経済や国民国家の政治を左右し、国民国家がこれまで処理してきた課題についての主権的決定は大きく制約されている。そして、グローバル化の現実は、日常的な金融・通貨取引の想像を超える増加、繰り返される金融危機、南の諸国の重い債務、闇経済やタックスヘブン、多国籍企業の権力（多国籍企業の多くは総売上高が大部分の南の

諸国の国民総生産を超えている)、環境問題(汚染、資源の過剰開発など)・健康問題(医薬品の入手困難、「狂牛病」、ホルモン肥育牛など)・社会的権利(無権利状態の地域、労働組合の禁止、大量解雇など)の悪化、先進社会内部や南北間での排除と不平等の増加といった深刻な弊害をもたらしている。

　そのようなグローバル化の現実に対して、緑の党はナショナリスト的対応を拒絶すると同時に、国民の主権と各国の文化を守り表現する権利、国家介入の正当性を回復させるような「もう一つのグローバル化」を求めている。また、国連や他の国際機関が国際金融取引やタックスヘブンを規制し、平和のための介入や紛争予防、核廃絶・軍縮などへの取り組み、国際機関の民主化・市民参加などを進めることによってグローバル化の弊害を矯正することを求めている［Les Verts, 2002：233-249］。要するに、国内政策だけでは対処に限界がある現実を踏まえて、新自由主義が主導するグローバル資本主義に介入して国民国家や文化の自立性、自己決定を尊重し、グローバル化を規制することを政治的エコロジーは説いている。

　グローバル化に対応するためには、政治的エコロジーも国境を越えたグローバルな展開を余儀なくされている。たとえば、これまで環境政治は一国的な環境運動にとどまってきたが、現在進展しつつある地球環境政治は、グローバルなレベルでの環境に関する民主主義的な意思決定システムの構築を必要としている。その意味で、グローバルな環境問題についてはトランスナショナルな政治的解決を必要としているのである［星野, 2009：53］。そのようなグローバル化の現実に直面してオルタナティヴなグローバル化の拠点として、政治的エコロジーはヨーロッパという空間を想定している。

　ヨーロッパが変革の空間として選択されたのは、現在の経済社会モデルからの転換にとってそれが最適の空間だからである。グローバル化をコントロールし、巨大な多国籍企業に大胆な改革を押し付け、グローバル規模で公共政策を転換するためにもヨーロッパは利用可能な空間なのである［Confin, 2009：17-19］。

　ヨーロッパの変革の空間としての利用価値をEEは認識し、「緑のヨーロッパ」建設を打ち出している。「ヨーロッパ・エコロジーのマニフェスト」によると、国益と自国民優先の束縛から免れて、全般的利益に沿った解決法

の糸口としてヨーロッパが活用され、地球温暖化、自然保護、エネルギー政策、化学産業の規制などヨーロッパの先導によって具体的成果が達成されている。EU は市民生活のすべての側面に関わる政治的決定の大部分を担って、現代の諸課題に応える役割を果たしている。野心的な超国家的政策を実現に向かわせるより適切な土台であり、社会的・環境的権利にとっても最良の擁護者でもある。また、EU は新自由主義的グローバル化に対するオルタナティヴな社会モデルを提供できる空間である。今こそ、EU を基盤にヨーロッパが連帯的で持続可能なビジョンを描き、それに向かって一丸となる時が到来しているとエコロジストは説いている [Lenglet et Touly, 2010: 195-196]。

　2004 年 5 月に 25 カ国に拡大した EU は、GDP（国内総生産）が 9 兆ドルに達してアメリカの 10.4 兆ドルに匹敵する規模になっている。ヨーロッパが「グローバル化への応答」であるという U. ベックの主張に賛同するかは別にして [ベック, 2005: 293-301]、統合されたヨーロッパがグローバル資本主義に抑制と是正を加える対抗力となる可能性はある。

　ヨーロッパを対抗グローバルリズムの空間と位置づけることは、EU 統合が進捗するなかで政治的エコロジーが意識的に追求してきた戦略であった。フランス緑の党は 2002 年のプログラムで「連帯的で民主主義的ヨーロッパの建設」という章を設けて、緑のヨーロッパ論を展開している [Les Verts, 2002: 228-233]。緑の党にとって、EU は持続可能な発展と平和の空間として不可欠であり一つのチャンスである。そのためには、EU が単なる「一つの巨大市場」ではなく、人々の意思を反映する政治的・民主主義的ヨーロッパ、アメリカの単独行動主義を打ち砕くことができるようなヨーロッパになることが重要である。

　そして、緑の党は、そのような EU に向けた 4 点の基本的方向性と具体的な改革提案を打ち出している。その内容は、①権力分立、サブシディアリティ（補完性原則）、連邦主義に立脚した民主主義的ヨーロッパの方向性を選択し、すべての分野で欧州議会との共同決定と欧州理事会での特定多数決制の導入すること、EU 各決定機関の権限の明確化、レファレンダムによる欧州憲法案の採択、避難民受け入れに関する手続きの制定といった法律・条件の調整、②共同の安全と外交政策を共有する方向で、国際的リスク分析と紛争

予防の強化、加盟国の外交ネットワークの統合、EU 以外の国々との間で締結された協力協定への人権問題を含んだ評価（制裁をともなった）の導入、③持続可能な発展の方向で、ヨーロッパの公共政策に関して持続可能な発展の条件を明確化する基本的枠組み、農業補助金への環境条件の導入による共通農業政策の方向転換（農産物の質や環境に配慮した生産様式や農村での就労の多様化促進を促す）、自然環境の管理や保護に向けたヨーロッパ基金の強化、ヨーロッパ原子力共同体（EURATOM）のヨーロッパ連合条約への統合、エネルギー消費を管理する EU 指令、熱帯材の輸入制限などの提案、④経済的・社会的・連帯的ヨーロッパの建設の方向で、共同の経済戦略を作成するヨーロッパ経済政府の設置、公共サービスに関するヨーロッパの見解の採択とその使命を定義する基本指令、雇用創出に向けた野心的な量と質に及ぶ目標の作成と実質賃金の収斂メカニズムの実現、社会的なものと経済的なものとのバランス、EU 直接税の引き上げに関するヨーロッパ議会への権限付与、タックスヘブンの廃絶、トービン税の導入といった多彩な提案をしている [Les Verts, 2002：230-233]。

　緑の党を発展的に解消して結成された「ヨーロッパ・エコロジー・緑の党（EELV）」も、名称に「ヨーロッパ」という言葉が明示されているように、現在も政治的エコロジーはヨーロッパを変革の空間として重視している。

　だが、政治的エコロジーが変革の拠点として期待しているにもかかわらず、現実の EU は予算も権限においても発展途上である。たとえば、予算について見ると、アメリカの連邦政府が国内総生産の 20％の予算を割り当てられているのに対して、EU の予算はヨーロッパ大陸諸国の国内総生産合計の 1％以下である。エコロジーと経済社会の危機はヨーロッパ規模での問題解決の必要性を高めているという認識のもと、そのような大きな財政的制約を克服するために、政治的エコロジーは世界レベルの民主主義モデル、新しいポスト国民国家的ガバナンスを可能にする空間として連邦主義的ヨーロッパのプロジェクトを支持している [Jonckheer, 2009：24-27；Cohn-Bandit, 2009：28-33]。

　以上のように、政治的エコロジーはヨーロッパ議会を拠点にリージョナルな空間の緑化を追求しているが、そのような空間を超えてグローバル化に対

抗する運動の構築もめざしている。2001年4月、オーストラリアのキャンベラに20カ国以上の緑の党のメンバーを中心に800名が集まり、「エコロジー的賢明さ」「社会的正義」「参加型民主主義」「非暴力」「持続可能性」「多様性の尊重」の原則に基づく「グローバル・グリーンズ憲章」が採択されて「グローバル・グリーンズ」が結成されている［星野, 2009：78-84；Blakers, 2001］。ヨーロッパの緑の党を中心に世界の緑の党と運動をつなぎ、新自由主義的グローバリズムを規制する対抗グローバリズムのネットワークは連携を強化しながら活発に活動を展開している。

　中央集権的な国家構造を否定する政治的エコロジーは、身近な地域社会と自治体を変革の基礎単位として、自治体での具体的な改革の実現を重視している（第4章参照）。それと同時に、政治的エコロジーは、国民国家や超国家的レベルの重要性も認識している。つまり、彼／彼女らは、緑の地域社会−緑の国家−緑のヨーロッパ−緑のグローバル化といった重層的空間でのオルタナティヴな経済社会秩序の構築を追求する運動なのである。

おわりに

　近代社会の行き詰まりのなかで、個人や社会運動のレベルからの変革を重視しながら、同時に制度圏での変革の必要性を強調して政治的エコロジーが登場してきた。彼／彼女らは、環境問題への技術的・制度的対処を基本とするエコロジー的近代化を現状変革の有効な手段として活用しながら、物資主義的価値や経済成長、生産力主義を前提とする現行の経済社会モデルを転換することを目指している。そのような目標は、議会を通じた制度改革を重ねることによって実現が目指されている。そして、個人から地域社会、国民国家からヨーロッパ、グローバル・レベルへと重層的空間での変革に取り組むことも、政治的エコロジーの変革方法論にとって重要な課題である。彼／彼女らは、グローバル時代に一国では緑の社会を築くのは不可能であることは十分に理解しているからである。

　近代社会を超える新しい経済社会モデル（＝緑の社会）を掲げ、その目標

終　章　緑の社会へ

に接近する「非改良主義的改良」という変革方法論を採用し、国境を越えた対抗グローリズム（＝緑のグローバリズム）を追求する政治的エコロジーは、現行の経済社会モデルを自明視している既成政党とは根本的に異質である。その意味で、彼／彼女らは 68 年 5 月の闘争から生まれてきたニュー・ポリティクスの延長線上に登場してきた政治主体である。左右の既成政党が古い政治の延命や改良に汲々としているなかで、新世紀に入って 68 年 5 月に始まった闘いは多くの人々を巻き込みながら拡大しようとしている。「フクシマ」の経験をどのように政治的に解読して再帰的に表現していくのか、原発政策も含めて政治的エコロジーの存在感はいっそう高まっていくだろう。

注

1）　エッカスレーは「エコロジー的近代化」は、企業レベルでのさらなる環境効率性に向けた単なる「テクノロジー的調整」と関わるもので、本質的に既存の制度や新自由主義的経済政策を不問に付した経済主義的理解であると性格づけている。それは、技術的言説として、国民国家の伝統的規制や財政政策を担うテクノクラート的政策形成者によって容易に管理されるものであり、既存の資本主義国家によって経済のグローバル化に対する適応戦略として難なく利用され、体系的に適用が可能なものである。また、それは、その社会の集団的未来像をめぐる社会的熟議も産業社会の広範囲な問い直しを求めることもなく、現行社会で進行しつつある個人主義化と脱伝統化とも、ますます洗練されつつある私的な消費パターンとも両立するものであると指摘されている［エッカスレー、2010：80-81］。

2）　エコロジー的近代化の方法論が「環境への負荷の減少」につながる論理的可能性は存在するが、「環境効率の向上」の成果を経済成長（＝生産量の増大）の効果が相殺してしまうと、結果として環境への負荷は減らないことになる。そして、これまでの経験では環境への負荷は増え続けている［丸山仁、2010：188-189］。経済成長を自明視し、現状の生活や消費のスタイルを前提とした思考法は「環境効率の向上」を超えた環境負荷をもたらす可能性が高い。たとえば、自動車産業では環境負荷を減らすためにハイブリットカーや電気自動車に活路を見出そうとしているが、中国やインドで先進社会に匹敵する自動車の普及が進めば、そのための電力供給や車体製造の資源を考えれば本当に環境負荷が低下するかは大いに疑問である。

3）　緑の党の古参幹部コッシェによると「西欧が追い求めてきた矛盾して自殺的な夢」である生産力主義は、世界と未来についてのメンタルな表象であると同時に、社会のアクターたちの精神と行動を決定する際の支配的様式である。彼によれば、思想と行動を体系的に支配する生産力主義の特徴は 4 つの構成要素からなる。①財とサービスの市場での生産と消費の周囲に配置される社会関係についてのビジョン。そのような経済のヘゲモニーが、他の次元を犠牲にして人間のプロジェク

トや決定、活動を支配していること。②自然法則への無関心。それはマルクス主義にも自由主義にも共通しているが、無尽蔵で不滅のものと考える誤った自然観に由来し、自然を生産力の増強のために利用可能な資源として考えること。③何よりも効率性を追究すること、人間の労働力と自然の富に対して最大限の生産性を追求すること、「前方への逃避」ともいえるが、人間と社会、エコロジーへの影響を考慮することなく「より高い」生産性を追求すること。④科学万能主義であり、完璧を目指して厳密で合理的、科学的な方法論を信奉すること、と要約されている［Cochea, 2009：100-103］。

4） 政治的エコロジーは、現在とは異なった社会経済モデルへの転換を説きつづけていることは確認しておこう。2009年のヨーロッパ議会選挙に向けたマニフェストでも、過剰な消費から制約の意識化と節度へ、商品化のメカニズムと利潤、浪費の追求からエコシステムの持続性と社会的必要性に沿った規制へ、自然に対する支配の衝動から生物多様性を保全する生物と自然バランスへの配慮へ、無限の成長というドグマから定常化社会へ、エネルギーと原料の浪費から修理、リサイクル、再利用へ、生産力主義的な放漫経営と雇用の縮小から工業と農業の脱空洞化と地域分散化へ、国内総生産の絶対視から幸福感と平等、解放の指標へ、地球大の自由貿易から地域と流通の短縮化へ、競争原理からフェアトレードと相互主義化へ、働きすぎから労働時間の短縮とワークシェアへ、労働価値の神聖視から基本財の無料化、自由時間と自立の重視へ、社会的最低給付の制限から個人への無条件の普遍的所得へ、科学技術と核の前方への逃避からエネルギーの節約と再生可能エネルギー、統制可能で分権化された解決法へ、都市の膨張から社会関係を活性化した新しい都市へ、単なる抑圧の方法から予防の体系的な努力へ、見境のない負債への依存から慎重な借り入れへ、金銭と貯蓄の優先から再配分と分かち合いへ、といった転換が説かれている［Le Manifeste pour la société écologique, http//www.eelv.fr/］。

5） 2010年（1－7月の年換算率）の日本の鉱物性燃料輸入代金は、17.3兆円になる。仮に、その1割を国内の代替エネルギーに置き換えれば、輸入が1.7兆円減って、国内のエネルギー企業の売り上げを増やすことになり、名目GDPは3.4兆円増加する。それは、2009年の名目GDPの0.7％に相当する［水野, 2011：25］。その代替エネルギーを再生可能エネルギーとして資本投資すると地域経済が活性化すると同時に雇用も創出される。そして、地域のエネルギー資源を活用するので企業が海外移転する空洞化の心配もない。

6） 1968年に世界規模で急進的な変革運動が盛り上がるが、それを主導した新左翼運動は体制転覆と理想社会の樹立を唱える「政治的ユートピア」の最後の表現であった。日本でも「革命を内乱へ」「世界同時革命」といったスローガンは叫ばれたが、革命が自己目的化して、革命のプロセスや新しい政治経済モデルについて検討されることはなかった。フランスの68年運動を例に、それを政治的ユートピアを掲げる運動の終焉として性格づけた論文として畑山［1995］を参照。政治的エコロジーは、政治的ユートピアの挫折からその思想や発想の限界を克服する運動として登場してくるのだった。

参考文献リスト

【邦語文献】

飯田哲也・寺島実郎・NHK 取材班［2009］『グリーン・ニューディール――環境投資は世界経済を救えるか』NHK 出版。
岩崎正洋［2002］『議会制民主主義の行方』一藝社。
岩本勲［2003］「2002 年フランス大統領・国民議会選挙と深刻な政治変化」『大阪産業大学論集　人文科学編』109 号。
植田和弘［2011］「環境保全型発展の経済性――緑の経済成長から持続可能な発展へ」神野直彦・宮本太郎編『自壊社会からの脱却』岩波書店。
上田紀行［2005］『生きる意味』岩波書店。
エッカースレイ（R）［2010］『緑の国家――民主主義と主権の再考』岩波書店。
エンデ（M）、エプラー（E）、テヒル（H）［1991］『オリーブの森で語り合う（同時代ライブラリー版）』（丘沢静也訳）岩波書店。
小野耕二［2002］『転換期の政治変容』日本評論社。
小野一［2009］『ドイツにおける「赤と緑」の実験』御茶の水書房。
金丸裕志［2010］「西欧におけるエコロジー政党の発展要因に関する考察」『法政研究』第 76 巻第 4 号。
河原祐馬・島田幸典・玉田芳史［2011］『移民と政治――ナショナル・ポピュリズムの国際政治比較』昭和堂。
木村啓二［2010］「RPS 法決定の舞台裏――なぜ自然エネルギー促進法は挫折したのか」遠州尋美編著『低炭素社会への選択――原子力から再生可能エネルギーへ』法律文化社。
倉阪英史［2002］『環境を守るほど経済は発展する』朝日新聞社。
児玉徹・中村健吾・都留民子・平川茂［2003］『欧米のホームレス問題――実態と政策（上）』法律文化社。
コリン・コバヤシ［1998］「欧州エコロジー運動の現在」『現代思想』VOL.26-28。
―――編著［2003］『市民のアソシエーション』太田出版。
近藤康史［2000］『左派の挑戦――理論的刷新からニュー・レイバーへ』木鐸社。
佐伯啓思［2009］『大転換』NTT 出版。
佐和隆光［2009］『グリーン資本主義――グローバル「危機」克服の条件』岩波書店。
カリス゠スズキ（S）［2003］『あなたが世界を変える日』（ナマケモノ倶楽部編訳）学陽書房。
高原基彰［2009］『現代日本の転機』NHK 出版。
辻信一［2011］「『ちょうどいい』社会へ」『ピープルズ・プラン』53 号。

坪郷實［2009］『環境政策の政治学』早稲田大学出版部。
─── ［2011］「ドイツにおける環境政策イノベーション──その源流から環境ガバナンスまで」『ドイツ研究』第 45 号。
土倉莞爾［2011］『拒絶の投票── 21 世紀フランス選挙政治の光景』関西大学出版部。
ドマジエール（D）［2002］『失業の社会学』（都留民子訳）法律文化社。
長尾伸一［2011］「エコロジー的近代化論と『緑の産業革命』」『ドイツ研究』第 45 号。
中野剛志［2010］「経済政策のオルタナティヴ・ヴィジョン」中野剛志編『成長なき時代の「国家」を構想する──経済政策のオルタナティヴ・ヴィジョン』ナカニシヤ出版。
西田慎［2009］『ドイツ・エコロジー政党の誕生──「68 年運動」から緑の党へ』昭和堂。
長谷川弘子［2001］「ドイツ連邦共和国『同盟 90・緑の党』の現状──反政党的政党から連立政権与党へ」『杏林社会科学研究』第 17 巻第 2 号。
畑山敏夫［1995］「フランス 1968 年 5 月──政治的ユートピアの終焉」岡本宏編『1968 年──時代転換の起点』法律文化社。
─── ［1997a］『フランス極右の新展開──ナショナル・ポピュリズムと新右翼』国際書院。
─── ［1997b］「フランスの政治的エコロジー」賀来健輔・丸山仁共編著『環境政治への視点』信山社。
─── ［2001］『新しい政治』とエコロジスト政党』『経済科学通信』第 97 号。
─── ［2007］『現代フランスの新しい右翼──ルペンの見果てぬ夢』法律文化社。
日野愛郎［2002］「ニュー・ポリティクスの台頭と価値観の変容」『レヴァイアサン』第 31 号。
─── ［2010］「ニュー・ポリティクス理論の展開と現代的意義」賀来健輔・丸山仁編著『政治変容のパースペクティブ［第 2 版］』ミネルヴァ書房。
広田照幸［2011］「学校の役割を再考する──職業教育主義を超えて」神野直彦・宮本太郎編『自懐社会からの脱却』岩波書店。
福井聡［2010］『パリに吹く Bobo の風──「豊かな左派」のフランス政治』第三書館。
フランス緑の党［2001］『緑の政策事典』（真下俊樹訳）緑風出版。
─── ［2004］『緑の政策宣言』（若森章孝・若森文子訳）緑風出版。
古沢広裕・足立治郎・広井良典・佐久間智子［2004］『サステナブル・ウエルフェア・ソサエティ』環境・持続社会研究センター。
フリードマン（T）［2009］『グリーン革命（上）』日本経済新聞出版社。
ベック（U）［2005］『グローバル化の社会学』（木前利秋・中村健吾監訳）国文社。
ヘルド（D）［2005］『グローバル社会民主主義の展望』（中谷義和・柳原克行訳）日本経済評論社。
星野智［2005］「ドイツにおける環境政策の新展開──『ＳＰＤと 90 年連合／緑の党』の連立政権の環境政策を中心に」『法学新報』第 111 巻第 9・10 号。
─── ［2009］『環境政治とガバナンス』中央大学出版部。
真下俊樹［1999］「変わり始めたフランスの原子力政策──原子力大国の足下を掘りくず

す民主化の波」『技術と人間』1月・2月合併号。
―――　[2001]「パリで『車締め出し革命』始まる」『私鉄文化』No.50。
松下和夫［2011］「ドイツの脱原発・環境戦略」『現代の理論』Vol.28。
松田久一［2009］『「嫌消費」世代の研究』東洋経済新報社。
松野弘［2009］『環境思想とは何か――環境主義からエコロジズムへ』ちくま新書。
丸山正次［2000］「環境問題と社会・政治理論――近代化との対峙」丸山仁・賀来健輔編
　　　著『環境政治の視点』ミネルヴァ書房。
―――　[2005]「ニューポィティクス理論から環境政治理論へ」丸山仁・賀来健輔編著
　　　『政治変容のパースペクティブ』ミネルヴァ書房。
丸山仁［1997］「ニュー・ポリティクスの胎動と緑の政党」賀来健輔・丸山仁共編著『環
　　　境政治への視点』信山社。
―――　[2000]「『新しい政治』の挑戦」賀来健輔・丸山仁編著『ニュー・ポリティクスの
　　　政治学』ミネルヴァ書房。
―――　[2002]「欧州緑の政党の発展と分岐――グリーン・ポリティクスの方へ」『アリテ
　　　ス リベラレス』第71号。
―――　[2004a]「社会運動から政党へ――ドイツ緑の党の成果とジレンマ」大畑裕嗣・成
　　　元哲・道場親信・樋口直人編『社会運動の社会学』有斐閣。
―――　[2004b]「環境政治の新世紀へ」畑山敏夫・丸山仁編著『現代政治のパースペク
　　　ティブ』法律文化社。
―――　[2010]「スローライフと実践の政治学」畑山敏夫・平井一臣編著『実践の政治学』
　　　法律文化社。
水野和夫［2011］「新しい世界秩序、国際協調体制――21世紀は陸と海のたたかい」神
　　　野直彦・宮本太郎編『自壊社会からの脱却』岩波書店。
宮台真司・飯田哲也［2011］『原発社会からの離脱――自然エネルギーと共同体自治に向
　　　けて』講談社。
武者小路公秀［2002］「『人間の安全保障』とグローバル覇権の顔――非改良主義的改良の
　　　ための政策科学をめざして」『平和研究』第27号。
森本哲郎［2001］「1990年代後半のフランスにおける選挙・政策・イデオロギー――社会
　　　民主主義は復活したか」『関大法学』第50巻第6号。
吉田徹［2011］『ポピュリズムを考える――民主主義への再入門』NHK出版。
吉田文和［2011］『グリーン・エコノミー――脱原発と温暖化対策の経済学』中央公論社。
ラトゥーシュ（S）［2010］『経済成長なき社会発展は可能か？――〈脱成長〉と〈ポスト
　　　開発〉の経済学』作品社。
渡邊啓貴［1998］『フランス現代史――英雄の時代から保革共存へ』中央公論社。
渡辺博明［2004］「福祉国家は終わったのか」畑山敏夫・丸山仁編著『現代政治のパース
　　　ペクティブ』法律文化社。

【外国語文献】
Abélès, M. [1993a] "Le défi écologiste" dans Abélès, M. (éd.), *Le défi écologiste*, L'Harmattan.
―― [1993b] "Les écologistes au parlement européen" dans Abélès, M. (éd.), *Le défi écologiste*, L'Harmattan.
Aguiton, Ch. et Bensaïd, D. [1998] *Le retour de la question sociale. Le renouveau des mouvements sociaux en France*, Éditions Page Deux.
Alber, J. [1989] "Modernization, Cleavage Structures and the Rise of Green Parties and Lists in Europe" in Müller-Rommel, F. (ed.), *New Politics in Westem Europe. The Rise and Success of Green Parties and Alternative Lists*, Westview Press.
Alby, S. et Fourquet, J. [2010] "Quelques clés du vote Europe-Écologie aux élections régionales", *Revue politique et parlementaire*, no. 1055.
Amar, C. et Chemin, A. [2002] *Jospin & Cie, Histoire de la gauche pluriell 1993-2002*, Seuil.
Appelton, P. [1995] "Parties under Pressure: Challenges to 'Established' European Politics", *West European Politics*, Vol. 18.
Bell, D. S. [2002] *French politics today*, Manchester University Press.
Bennahmias, J.-L. et Roche, A. [1992] *Des Verts de toutes les couleurs. Histoire et sociologie du mouvement écolo*, Albin Michel.
Béroud, S., Mouriaux, S. et Vakaloulis, M. (éd.) [1998] *Le mouvement social en France. Essai de sociologie politique*, La Dispute/Snédit.
Betz,H.-G. [1993] "The New Politics of Resentment: Radical Right-wing Populist Parties in Western Europe", *Comparative Politics*, Vol. 24, No. 4.
Blakers, M. (éd.) [2001] *The global greens*, The Australian Greens and the Green Institute.
Bomberg, Z. [2002] "The Europeanization of Green Parties: Exploring the EU's Impact", *West European Plitics*, Vol.25, No. 3.
Bourg,D. [2000] "Crise de l'idéologie économique et dépassement de la modernité" dans Bozonnet, J.-P. et Jakubec, J. (sous la direction de), *L'écologisme à l'aube du XXIe siècle. De la rupture à la banalisation*, Georg Éditeur.
Bové,J. [2009] "PAC: changer de modèle et d'objectifs", *EcoRev*, no. 32.
―― [2011] *Du Larzac à Bruxelles*, Cherche midi.
Boy,D. [1989] "Enquête auprès des écologistes: les Verts en politique" dans SOFRES, *L'État de l'opinion 1989*, Seuil.
―― [1992] "Les frère ennemis" dans Herbert, Ph., Perrineau, P. et Ysmal, C (éd.), *Le vote éclaté. Les élections régionales et cantonales des 23 et 29 mars 1992*, Département d'études politiques du Figaro & Presses de la Fondation nationale des Sciences politiques.

―― [1995] "Comment l'écologie est-elle tombée si bas?" dans Perrineau, P. et Ysmal, C. (éd.), *Le vote de Crise. L'élection présidentielle de 1995*, Presses de la Fondation nationale des Sciences politiques.
―― [1998] "L'Écologie au pouvoir" dans Perrineau, P. et Ysmal, C. (éd.), *Le vote surprise, Les élection législatives des 25 mai et 1er juin 1997*, Presses de Sciences Po.
―― [2002] "France" in Müller-Rommel, F. and Poguntke, T. (eds.), *Green parties in National governments*, Frank Cass.
―― [2003] "La place de l'écologie politique", dans Perrineau, P. et Ysmal, C. (éd.), *Le vote tout les refus*, Presses de Sciences politiques.
Boy, D., le Seigneur, V. J. et Roche, A. [1995] *L'écologie au pouvoir*, Presses de la Fondation nationale des Sciences politiques.
Bozonnet, J.-P. [2000] "Les Convictions écologists en Europe: les acteurs et leur vision du monde" dans Bozonnet, J.-P. et Jakubec, J.(sous la direction de), *L'écologisme à l'aube du XXIe siècle. De la rupture à la banalisation?*, Georg Éditeur.
Bozonnet, J.-P. et Jakubec,J. [2000] "Introduction" dans Bozonnet, J.-P. et Jakubec, J.(sous la direction de), *L'écologisme à l'aube du XXIe siècle. De la rupture à la banalisation*, Georg Éditeur.
―― [2002] "Les Verts: échec et résistance", *Revue politique et parlementaire*, no.1020-1021.
Bréchon, P. [1993] *La France aux urnes. Cinquante ans d'histoire électorale*, Documentation française.
Burchell, J. [2001] "Evolving or Conforming? Assessing Organisational Reform within European Green Parties", *West European Politics*, Vol.24, No.3
―― [2002] *The Evolution of Green Politics. Developement and Change within European Green Parties*, Earthscan.
Chafer, T. [1982] "The Anti-Nuclear Movement and the Rise of Political Ecology". in Cerny, Ph. G (ed.), *Social Movement and Protest in France*, Franccs Pinter.
Chafer, T. and Prendiville, B. [1990] "Activists and Ideas in the Green Movement in France" in Rüdig, W. (ed.) *Green politics one*, Edinburgh University Press.
Challaghan, J. [2000] *The retreat of social democracy*, Manchester University Press.
Cohn-Bandit, D. [1998] *Une envie de politique*, La Découverte/Le Monde.
Cochet, Y. [2009a] *Antimanuel d'écologie*, Éditions Bréal.
―― [2009b] "Une Europe des droits", *EcoRev*, no. 32.
Cole, A. [1994] "La descente aux enfers? The French Green's General Assembly in Lille, 11-13 November. 1993", *Environmental Politics*, 3 (2).
Cole, A. and Doherty,B. [1995] "France. Pas comme les autres-the French Greens at the crossroads" in Richardson, D. and Rootes, Ch. (eds.), *Green challenge*, Routledge.
Confin, P. [2009] *Le contrat écologique pour l'Europe*, Les Peties Matins.

Courtois, S. [1997] "Le PCF à la croisée des chemins", *Revue politique et parlementaire*, no. 989.
Les député-e-s Vert-e-s [2010] *Actions et interventions 2008-2009*, http//www.les-verts.org.
Desportes, G. et Mauduit,L. [2002] *L'Adieu au socialisme*. Grasset.
Dray, J. [2003] *Comment peut-on encore être socialist?*, Grasset.
Duflot, C. [2010] *Apartés*, Les Petits Matins.
Duhamel, É et Forcade, O. [2000] *Hisitoire et vie politique en France depuis 1945*, Natan.
Dumont, R., Lalonde, B. et Moscovici, S. (éd.) [1978] *Pourquoi les écologisites fait-il de la politique?*, Seuil.
Duquesnay, E. [2007] "Une émergence politique problèmatique.Les Verts" dans Bernard,B. et Duquenay, E. (éd.), *Les forces politiques françaises: genèse, environment, recomposition*, Presses Universitaires de France.
Duyvendak, J. W. [1995] *The Power of Politics. New Social Movements in France*, Westview Press.
Duyvendak, J. W., Kriesi,H., Koopmans, R. and Giugni, M. G. (eds.) [1995] *New Social Movement in Western Europe*, University of Minnesota Press.
Europe Écologie-Les Verts [2010] "La nécessité d'une PAC écologiste et ambitieuse", *Revue politique et parlementaire*, no. 1057.
Faucher, F. [1999] *Les habits verts de la politique*, Presses de la Fondation nationale des Sciences politiques.
Fieschi, C. [1997] "The Other Candidates: Voynet, Le Pen, de Villiers and Cheminade" in Gaffney, J. and Milne, L. (eds.), *Election of 1995*, Ashgate.
Flanagan, S. [1987] " Value Change in Industrial Society", *American Political Science Review*, Vol. 81, No. 4.
Fondation Copernic [2001] *Un social-liberarisme à la française?*,Éditions La Découverte.
Forestier, Y. [1998] *La gauche a-t-elle gagné trot tôt?*, L'Harmattan.
Frémion, Y. [2007] *Histoire de la révolution écologiste*, Hoebeke.
Friend, W. J. [1989] *Seven Years in France.François Mitterand and the Unintended Revolution*, Westview Press.
Gadrey,J. [2010] *Adieu à la croissance. Bien vivre dans un monde solidaire*, Les Petits Matins.
Giret, V. et Pellegrin, B. [2001] *20 ans de pouvoir 1981-2001*, Seuil.
Guillaume, S. [2002] *Le consensus à la française*, Belin.
Hainsworth, P. [1990] "Breaking the Mould: the Greens in the French Party System" in Cole, A. (ed.), *French Political Parties in Transition*, Dartmouth.
Hascoët, G. [1999] *Le pouvoir est ailleurs*, Actes Sud.

参考文献リスト

―――― [2010] *Et si on passait enfin au vert?*, Les Petits Matins.
Hastings, M. [2000] "Partis politiques et transgressions écologists" dans Bozonnet, J.-P. et Jakubec, J. (éd.), *L'écologisme à l'aube du XXIe siècle. De la rupture à la banalisation?*, Georg Éditeur.
Hayes, G. [2002] *Environmental Protest and the State in France*, Plagrave Macmillan.
Ignazi, P. [1992] "The Silent Counter-revolution: Hypotheses on the Emergence of Right-Wing Parties in Europe", *European Journal of Political Reserch*, Vol.22, No.1.
―――― [1996] "The Crisis of Parties and the Rise of New Political Parties", *Party Politics*, Vol.2, No. 4.
Jacob, J. [1999] *Histoire de l'écologie politique*, Albin Michel.
Jacques, J. et Pronier, R. [1992] *Le seigneur, génération verte. Les écologistes en politique*, Presses de la Renaissance.
Jacquiot, P. [2000] "La normalisation de l'écologisme" dans Bozonnet, J.-P. et Jakubec, J. (sous la direction de), *L'écologisme à l'aube du XXIe siècle De la rupture à la banalisation* Georg Éditeur.
Jonckheer, P. [2009] "Europe: l'heure du tournant vert", *EcoRev*, no. 32.
Jospin, L. [1995] *1995-2000. Propositions pour la France*, Stock.
Kahn, S. [2009] "Les forces politiques au sein du nouveau Parlement européen", *Revue politique et parlementaire*, No.1055.
Labouret, S. [2011] "Europe Écologie-Les Verts: confirmation d'un nouvel élan", *Revue politique et parlementaire*, no. 1059.
Lalonde, B. [1993] "Les origines du mouvement écologiste" dans M. Abélès (éd.), *Le défi écologiste*, L'Harmattan.
Lecœur, E. [2011] *Des écologists en politique*, Éditions Lignes de Repres.
Le Gall, G. [2002] "Reélection de J. Chirac: vote de conjoncture confirmé aux législatives", *Revue politique et parlementaire*, No.1020-1021.
―――― [2009] "Les élections européennes en France", *Revue politique et parlementaire*, no. 1052.
―――― [2010] "Élections régionales 2010. Un nouvel avertissement pour le pouvoir", *Revue politique et parlementaire*, No. 1055.
Lenglet, R. et Touly, J.-L [2010] *Europe Écologie. Miracle ou mirage?*, First Société.
Lesourne, J. [1998] *Le modèle français. Grandeur et décadence*, Éditions Odile Jacob.
Lipietz, A. [2009] "Parlement européenne: les chantiers du Green Deal et les contraintes des traits", *EcoRev*, no.32.
Mamère, N. [1999] *Ma Républuique*, Seuil.
Michaud, D.A. [2000] "Quel projet pour l'écologisme : libérale, libertaire, étatique?" dans Bozonnet, J.-P. et Jakubec, J. (sous la direction de), *L'écologisme à l'aube du XXIe siècle. De la rupture à la banalisation*, Georg Éditeur.

Millaba, B. [2001] Les écologistes à l'heure du pragmatisme dans Bréchon, P. (sous la direction de), *Les parties politiques français*, La Documentation française.

Ministère de l'Aménagement de territoire et de l'Environment [2002] *58 actions concrètes pour l'environment et les territoires*, Ministère de l'Aménagement de territoire et de l'Environment.

Mita, Ch. et Izraelewicz, E. [2002] *Monsieur ni-ni. L'Économie selon Jospin*, Robert Laffont.

Mossuz-Lavau,J. [1994] *Les Français et la politique*, Éditions Odile Jacob.

—— [1998] *Que veut la Gauche plurielle?*, Éditions Odile Jacob.

Müller-Rommel, F. [1985] "The Greens in Western Europe: Similar but Different.", *International Political Science Review*, Vol.6, No.4.

—— [1989] "Green Parties and Alternative Lists under Cross-National Perspective" in Müller-Rommel, F. (ed.), *New Politics in Westem Europe. The Rise and Success of Green Parties and Alternative Lists*, Westview Press.

Ollitrault, S. [2001] "Les écologistes français, deux experts en action", *Revue française de science politique*, Vol.51, No.1-2.

O'Neill, M. [1997] *Green Parties and Political Change in Contemporary Europe. New Politics, Old Predicaments*, Ashgate.

—— [1998] "Explaining the Electoral Success of Green Parties: A Cross-National Analysis", *Environmental Politics*, Vol.7, No. 4.

—— [2002] "The Lifespan and the Political Performance of Green Parties in Western Europe" in Müller-Rommel, F. and Poguntke, T. (eds), *Green Parties in National Governments*, Frank Cass.

Poguntke, T. [2002] "Green Parties in National governments: From Protest to Acqiescence"in Müller-Rommel, F. and Poguntke, T.(eds.), *Green parties in National governments*, Frank Cass.

Portelli [1998] *Le parti socialiste*, Montchrestien.

Perrineau, P. [1998] "La logique des clivage politiques" dans Cohen, D. (éd.), *France: les révolutions invisibles*, Calman-lévy.

Poguntke, T. [1989] "The 'New Politics Dimension' in Europe Green Parties" in Müller-Rommel, F. (ed.), *New Politics in Western Europe. The Rise and Success of Green Parties and Alternative Lists*, Westview Press.

Porteli, H. [1987] *La politique en France sous la Ve République*, Grasset.

Prendiville, B. [1989] "France: Les Verts" in Müller-Rommel, F. (ed.), *New Politics in Western Europe. The Rise and Success of Green Parties and Alternative Lists*, Westview Press.

—— [1993] *L'Écologie-la politique autremant?*, L'Harmattan.

—— [1994] *Environmental Politics in France*, Westview Press.

Pronier, R. et le Seigneur, V. J. [1992a] *Les écologiestes en politique*, Presses de la Renaissance.
―――― [1992b] *Génération verte. Les écologists en politique*, Presses de la Renaissance.
Richardson, D. [1995] "The Green challenge" in Richardson, D. and Rootes, Ch.(eds.), *Green Challenge. The Development of green Praties in Europe*, Routledge.
Richardson, R. and Rootes, Ch. (eds.) [1995] *Green Challenge. The Development of Green Parties in Europe*, Routledge.
Rihoux, B. [2001] *Les partis politiques: organisations en changement. Le test des écologistes*, L'Harmattan.
Roche. A. [1993] "Mars 1993: Un révélateur des faiblesses des écologists", *Revue politique et parlementaire*, no. 964.
―――― [1995] "Les candidats écologists. La chasse aux signatures" dans Perrineau, P. et Ysmal, C. (éd.), *Le vote de crise.L'élection présidentielle de 1995*, Département d'études politiques du Figaro & Presses de la Fondation nationale des Sciences politiques.
Rosanvallon, P. [1998] "Les utopies régressives de la démocratie" dans Cohen, D. (éd.), *France: les révolutions invisibles*, Calman-lévy.
Rootes, Ch. [1995] "Environmental consciousness, institutional structures and political competition in the formation and development of Green parties" in Richardson,R. and Rootes, Ch. (eds), *Green Challenge. The Development of Green Parties in Europe*, Routledge.
Rüdig, W. [1985] "The Greens in Europe: Ecological Parties and the European Elections of 1984", *Parliamentary Affairs*, Vol.38, No.1.
Sainteny, G. [1989] "Les Verts: limites et interprétation d'un succès électoral", *Revue politique et parlementaire*, no.940.
―――― [1991] *Les Verts*, Presses Universitaires de France.
―――― [1993a] "La question du pouvoir d'État chez les écologistes" dans Abélés, M. (éd.), *Le défi écologiste*, L'Harmattan.
―――― [1993b] "Les deux familles de l'écologie" dans SOFRES, *L'État de l'opinion 1993*, Seuil.
―――― [1994] "le parti socialiste face à l'écologisme. De l'exclusion d'un enjeu aux tentative de subordination d'un intrus", *Revue française de science politique*, Vol.44, no.3.
―――― [2000] *L'introuvable écologisme française?*, Presses Universitaires de France.
Sãiz,A.V. [2009] "Y'a-t-il une écologie politique du Sud de l'Europe? Quelques réflexions sur le cas espagnol", *EcoRev*, no.32.
Shull, T. [1999] *Redefining Red and Green. Ideology and Strategy in European Political Ecology*, State University of New York Press.
SOFRES [1985] *Opinion publique 1985*, Gallimard.

―――― [1989] *L'État de l'opinion 1989*, Seuil.
―――― [1990] *L'État de l'opinion 1990*, Seuil.
―――― [1992] *L'État de l'opinion 1992*, Seuil.
―――― [2000] *L'État de l'opinion 2000*, Seuil.
―――― [2002] *L'État de l'opinion 2002*, Seuil.
Szac, J. [1998] *Dominique Voynet.Une vrais nature*, Plon.
Szarka, J. [2000] "The Parties of the French Plural Left: An Uneasy Complementarity" in Elgie, R. (ed.) *The Changing French Political System*, Frank Cass.
Taggart, P.-A. [1996] *The New Popolisme and the New Politics*, Macmillan Press.
Texte politique commun Verts-PS (version definitive suite à la réunion Verts/PS du 28 janvier 1997 [1997].
Vaillancourt, J.-G. [2000] "Les verts du Québéçois mouvement qui se diffuse dans les divers secteurs institutionnels de la société" dans Bozonnet, J.-P. et Jakubec, J. (éd.), *L'écologisme à l'aube du XXIe siècle. De la rupture à la banalisation?*, Georg Éditeur.
Vialatte, J. [1996] *Les partis verts en Europe occidentale*, Économica.
Les Verts [1994] *Le livre des Verts.Dictionnaire de l'écologie politique*, Éditions du Félin.
―――― [1999] *Le nouveau livre des Verts. Et si le vert était la couleur du XXIe siècle*, Éditions du Félin. (真下俊樹訳『緑の政策事典』緑風出版、2001 年)
―――― [2002] *Reconstruire l'espoire! En vert et gauche. L'écologie, l'égalité, la citoyenneté*, Éditions de l'aube, (若森章孝・若森文子訳『緑の政策宣言』緑風出版、2004 年)
Vert Contact [1998] no.507 bis, juillet.
―――― [2000] no.507 bis, octobre.
Villalba, B. [1996] "Le clair-obscur électoral des Verts 1989-1995", *Écologie politique*, No.16.
Villalba, B. and Vieillard-Coffre, S. [2003] "The Grees: from idealism to pragmatism [1984-2002]" in Jocelyn, A. and Evans, J. (eds), *French party system*, Manchester University Press.
Voynet, D. [1995] *Oser l'écologie et la solidarité*, Éditions de l'Aube.
Ysmal, C. [1989] *Les partis politiques sous la Ve République*, Montchresten.

【ホームページ】
Europe Écologie : http// www. europe-ecologie. fr /
Europe Écologie-Les Verts : http// www. eelv. fr /
Les Verts : http// www. les-verts. org

あとがき

　1995 年に『「1968 年」――時代転換の起点』（岡本宏編、法津文化社）という本が出版されている。副題にあるように、その本は 1968 年を時代の転換点と位置づけている。そこには私もパリの 68 年 5 月についての章を執筆している。1968 年に世界中で生起した学生と労働者、市民の反乱には目を見張るものであったが、当時の私には、それがどのような意味で時代の転換点であったのか正確には理解できなかった。

　そして、時が流れて 2011 年に西川長夫氏の『パリ五月革命 私論』（平凡社）が刊行され、その本には「転換点としての 68 年」という副題がつけられている。現在の筆者には西川氏とは異なった視点からであるが、68 年 5 月が時代の転換点（もしくは転換の始点）であったことが分かる。その歴史的意味を考えるのがこの本を執筆する主要な動機となっている。68 年 5 月の有名な闘士であった D. コーン＝ベンディットは、68 年の反乱は文化的に勝利し、政治的には敗北し、社会的にはその中間であるといった評価を与えている [Cohn-Bendit：2008：97]。

　68 年 5 月闘争の当事者であったコーン＝ベンディットが政治的には敗北であったと総括し、西川長夫氏は「40 年経ていま私たちにとって学ぶことが多いのは、むしろ 6 月の敗北の日々」であり、「68 年の 5 月の真の意味は 6 月とそれ以後に見えてくるといった印象が強かった」と述べている [西川, 2011：235, 383]。政治的に敗北したのは 68 年 5 月のどのような政治であり、6 月とそれ以後に見えてくる 5 月の真の意味とは何であろうか。その筆者なりの回答がこの本である。68 年 5 月の闘争を通じて政治的ユートピアの終焉が明らかになり、古い政治が復活してくる。そして、古い政治の行き詰まりと限界が露呈しつつあるとき、68 年 5 月を継承した新しい政治の闘いが生起してくる。5 月に芽生えた新しい政治は、30 年以上が経過した現在、双葉が育ち枝葉を茂らそうとしている。

長年、政治的エコロジーについて研究してきたが、そのきっかけは日本で新しい政治を求める地方議員たちの勉強会であった。1990年代半ば、日本でも政治的エコロジーを政党システムに参入させることを望む地方議員たちから、日本ではエコロジー政党について情報が少ないのでフランス緑の党について研究するように促された。当時、フランスの新しい右翼政党の研究に取り組んでいた私は、研究時間をエコロジー政党に割くことを躊った。

　もう一つ理由があった。私の政治的立場があまりにも政治的エコロジーに近いので、研究対象に適切な距離を取りつつ分析・考察できるか自信がなかったからである。その後、私も年齢を重ねて情熱や希望だけで政治を見ることはなくなった（と自分では思っている）。もうそろそろいいだろうと、フランス緑の党についての資料を収集し、分析と考察に取りかかった。客観的で冷静に政治的エコロジーの研究に取り組めたのか、答えは本書を読んでいただいた読者のみなさんに判断していただくしかない。

　ただ、念のために正直に告白しておこう。私は、政治的エコロジーが持続可能な社会を創り出すためだけでなく、民主主義政治の質を高めるためにも政党システムで重要な役割を果たすことを望んでいる。この日本でも、利益の実現や権力の獲得だけではなく、脱成長と持続可能性、参加民主主義と熟議、社会的公正と連帯を掲げる新しい政治勢力が政党システムに参入することを望んでいる。それは、日本政治の質を高めることに貢献するだろうし、政治に対する有権者のイメージや信頼性を回復させることになるだろう。そして何よりも、有権者に政治への希望を与えると信じている。2013年の参議院選挙に向けて準備されている、日本のエコロジストのみなさんによる挑戦が実ることを心から期待している。

　本書は、これまで緑の党について執筆してきた論文と書き下ろしの2つの章で構成されている。各論文は大幅に加筆・訂正されているが、その掲載された論文タイトルと著作・雑誌名、発行年は以下のとおりである。

　　第1章　「政治的エコロジーとは何か」
　　　　　加藤哲郎・丹野清人編『民主主義・平和・地球政治』〈21世紀への挑戦⑦〉日本経済評論社、2010年

第2章 「フランス緑の党とニュー・ポリティクス (1)」
『佐賀大学経済論集』第36巻第1号、2003年5月
第3章 「フランス緑の党とニュー・ポリティクス (2)」
『佐賀大学経済論集』第36巻第2号、2003年7月
第4章 「フランス緑の党とニュー・ポリティクス (3)」
『佐賀大学経済論集』第36巻第3号、2003年9月
第5章 「政権に参加したフランス緑の党」
『政策科学』11巻3号、2004年
補論 「緑の政治から見たフランス社会党」
『現代の理論』VOL.3、2005年
第6章 書き下ろし
終　章 書き下ろし

　私にとって本書は3冊目の本である。これまでの2冊がフランスの新しい右翼政党・国民戦線に関するものだったので、政治的エコロジーについては初めての本で、その点でも感慨が深い。本書を無事に出版できたのは、ストレスを感じないでご機嫌に毎日働ける環境を与えてくれている佐賀大学経済学部の同僚のみなさんのおかげである。そのことは本当にいつも感謝をしている。そして、九州の地で、もしくは、全国で楽しく研究会を重ね、議論を交わしてきた多くの研究者仲間にも感謝したい。そして、いつも希望の政治を語り合ってきた日本のエコロジストのみなさん、いつも気持ちよく迎えてくれて情報交換や資料を提供していただいたフランス緑の党のみなさんにも感謝したい。

　3冊目で初めてのことだが、ひとり親として大変な環境のなかで育ててくれて、大学院にまで進ませてくれた母親に感謝の言葉を述べたいと思う。好きな仕事に就くことをいつも応援してくれたこと、何よりも、研究を重ねてこのような本を出版することができる健康な体を授けてくれたことにいつも感謝している。

　そして、最後になったが、吉田書店の吉田真也氏には本書の刊行にあたって非常にお世話になった。本書の出版を考えていた時、吉田書店を立ち上げ

るというメールをいただいた。新しい政治についての本を新しく出発する出版社から、という思いからお願いしたところ、吉田氏はその申し出を快く引くけてくださった。3・11を経験した日本で、本書が新しい政治を待ち望む多くのみなさんの手にとどき、日本の政治的エコロジーと吉田書店の発展に貢献できればと願っている。

2012年3月1日

畑山敏夫

関連年表

年	フランス緑の党関連	フランス政治関連
1968		学生と労働者の運動が高揚
1972	フランス大統領選挙にデュモンが立候補	ローマ・クラブ『成長の限界』
1874	大統領選挙にラロンドが立候補	大統領選挙でジスカール・デスタンが当選
1981		大統領選挙でミッテランが当選、国民議会選挙でも左翼側が圧勝
1984	フランス緑の党結成	
1986	ヴェシュテル派が党内で支配権確立	国民議会選挙で保守が勝利、シラクが首相に就任、政権はコアビタシオンに
1988	大統領選挙にヴェシュテルが立候補	大統領選挙でミッテランが再選、国民議会選挙でも左翼が勝利
1989	欧州議会選挙で緑の党が躍進	
1992		マーストリヒト条約をめぐる国民投票 リオデジャネイロで「地球環境サミット」開催
1993	ヴォワネ派が党内で支配権確立	国民議会選挙で保守側が大勝
1995	大統領選挙にヴォワネが立候補	大統領選挙でシラクが当選
1997	国民議会選挙で緑の党議席獲得（8議席） 緑の党政権参加、国土整備・環境大臣にヴォワネが就任	「多元的左翼」勝利、ジョスパン内閣が発足
1998		ドイツ総選挙で社会民主党が勝利、シュレーダー政権に緑の党が参加
1999	欧州議会選挙、コーン＝ベンディットの率いるリストで躍進	
2001		米の貿易センタービルなどで同時テロ
2002	大統領選挙にマメールが立候補 緑の党は野党に戻る	大統領選挙でシラク再選、第2回投票に国民戦線のルペンが進出
		国民議会選挙で「多元的左翼」敗北、保守側が圧勝
2005	大統領選挙にヴォワネが立候補	欧州憲法条約案をめぐる国民投票実施
2007		大統領選挙でサルコジが当選
2008		リーマン・ショックで世界経済は混乱 オバマが米大統領に就任
2009	欧州議会選挙に「ヨーロッパ・エコロジー」のリストで臨み躍進	
2010	地域圏議会選挙でも大幅に得票と議席が伸張 緑の党を解党して「ヨーロッパ・エコロジー」と合流、「ヨーロッパ・エコロジー－緑の党（EELV）」を結成。デュフロが代表に	
2011	県議会選挙でも得票と議席を伸ばす	

事項索引

(政党名、組織名は太字で表した)

〔あ行〕

赤と緑のオルタナティヴ 109, 110, 133
赤緑連立政権 8
新しい右翼（政党） VI, 25, 30. 35, 37, 38, 51, 65, 71, 105
新しい社会民主主義 26, 30, 33, 34, 36, 37
新しい社会運動 25, 32, 33, 38
新しい対立軸 31
EU統合 28, 194
一致・エコロジー・連帯 134
遺伝子組み換え作物 147, 150
運動政党 123, 136, 137
エコ・ビジネス 39
エコ・フェミニズム 6, 7, 9
エコ・メール 132
エコロジー政党 IV, VI, 4, 7, 15, 17, 20, 21, 25, 30-40, 43, 45, 46, 51, 53, 57-60, 64, 66, 87, 88, 92, 101, 104, 106, 113, 117, 118, 121, 123, 131, 133-136, 177, 184, 185, 190, 193, 200, 202, 205, 215, 234
エコロジー運動（ME） 50, 51, 53
エコロジー運動地域間調整グループ 51
エコロジー・オートルマン 109, 110, 133, 145
エコロジー契約 186
エコロジー世代 59, 78, 97, 101, 103, 125, 129, 132, 134, 145, 182, 190, 201
エコロジー的近代化 V, 8-11, 13, 21, 39, 191, 203, 207-210, 220, 221
エコロジーと生き残り 50, 126
エコロジーと民主主義のための同盟 133
エコロジー78 51, 53, 80
エコロジー・友愛・レネ・ネットワーク 133
エコロジー連合 53
エコロジズム IV, V, 4, 6, 7, 10, 11, 13-15, 21, 38, 39, 137, 195, 205
エスノセントリズ（自民族中心主義） 194

エリート挑戦的運動 31
黄金の30年 5, 26
王立野鳥保護協会 78
大きな政府 26, 27, 30, 38, 82, 164, 171
汚染ノー 46
オルタナティヴな緑のラディカル政党 35, 39

〔か行〕

外国人参政権 84, 150
科学評議会 136
革命的共産主義者同盟（LCR） 109
過剰生産 20, 158
神奈川ネットワーク運動 204
カルネ原発建設計画 148
環境税 10, 147, 149, 151, 152, 199, 208
環境政党 15, 18, 19, 35, 59, 81, 97, 190
環境と国土のための58の具体的行動 149
環境保護運動 4, 16, 39, 77, 80, 111, 126
間地域圏全国評議会（CNIR） 66-68
技術主義（テクノロジズム） 9, 12, 15
急進・エコロジスト協定 81
急進エネルギー 109, 130
競争的インフレ克服 164, 165
(EU)共通農業政策 214, 219
近代主義 19
金融主導型成長モデル 12
グリーン・エコノミー 9
グリーン・ニューディール 3, 8, 187, 191, 195
グリーンピース 21, 100, 186
グローバル化 VI, 5, 26, 27, 38, 61, 142, 143, 153, 164, 165, 170, 172, 184, 187, 189, 199, 205, 216-221
グローバル・グリーンズ（憲章） 204, 220
グローバル民主政 172
権威主義 15, 28, 31, 37, 38, 43, 44, 60, 63, 83, 202
嫌消費 20

事項索引

現実派　19
原発基本法　81
原理派　19
コアビタシオン（保革同居政権）　28, 111, 179
高速道路建設モラトリアム　149
行動するフランス　201
公費（政党）助成制度　105
国土整備開発基本法　148
国土整備・環境大臣　16, 140, 147, 148, 151, 168, 169, 177, 187, 197
国民戦線（FN）　29, 30, 38, 73, 74, 96, 109, 125, 135, 162, 193, 194, 202, 235
国民的アイデンティティ　37, 38
コミューン運動　45
今日エコロジー　51, 57

〔さ行〕

再生（更新）可能エネルギー　3, 9, 10, 115, 147, 152, 195, 212, 213, 222
サブシディアリティ（補完性原則）　218
左翼オルタナティヴ路線　40
左翼共同綱領　144
参加民主主義　25, 37, 44, 55, 90, 119, 234
産業主導型成長モデル　12
サン・パピエ（滞在許可証不保持外国人）　150, 159, 170
ジェンダーフリー　69
自主管理社会主義　161, 163
自主管理戦線　80
自然保護運動　39
自然保護ジャーナリスト・作家協会　50
自然保護団体全国連盟　46
自然保護地域連合　125
持続可能な発展（社会）　7, 39, 60-62, 91, 153, 169, 188, 199, 209, 210, 212, 218, 219, 234
執行委員会　66, 67, 83, 84, 122, 136, 148
資本主義の緑化　191
社会参入最低所得　62, 83, 147, 150
社会的公正　III, 6, 14, 15, 26, 29, 33, 34, 60, 62, 64, 82, 152, 166, 167, 172, 199, 206, 207, 216, 234
社会的排除　27, 60, 82, 111, 144, 165

社会的ヨーロッパ　61, 84, 90, 172
社会転換会合　143
自由時間（論）　63, 167, 222
純粋緑の改良主義政党　35
自立戦略　97, 104, 125, 129, 132, 157
新自由主義（ネオ・リベラリズム）　5-7, 18, 27, 55, 153, 154, 156, 160, 162-167, 170-172, 187, 189, 192, 195, 199, 205-207, 209, 216-218, 220, 221
新中道　167
新保守主義　26, 27, 30, 33, 34, 36, 37, 82, 163
進歩的オルタナティヴ協定　110, 145
進歩と環境　50
スーパーフェニックス　111, 147-149, 152, 168, 178
スポークスパーソン（制度）　53, 66, 67, 69, 85, 121, 125, 134, 136, 157, 185, 186
スマート・グリッド　9
スローフード　20
スローライフ　14, 20
政権参加　V, 17, 19, 25, 84, 85, 91, 108, 109, 112, 113, 115, 117, 120, 121, 127, 129, 131, 135, 141-143, 146-149, 151, 154-158, 160, 167, 178, 179, 184, 192
生産力（優先）主義　III, 15, 16, 60, 63, 169, 179, 189, 206, 208, 209, 213, 214, 220-222
政治参加　29, 31, 32, 36, 48, 49, 58, 94
政治的エコロジー　IV, V, VI, 4, 7, 8, 14, 17-19, 21, 30, 32, 33, 35, 36, 38-40, 43, 44, 46, 49, 53-55, 57-62, 70, 76, 77, 80-82, 91, 92, 94, 99, 101-103, 107, 109, 119, 123-125, 130-133, 135-137, 157, 162, 163, 166, 171, 172, 177, 179, 183-195, 197, 199-202, 205, 207-211, 214-222, 234-236
政治的エコロジー運動（MEP）　32, 53
政治的機会構造　IV, 25, 104
政治的代表制の危機　29
政治的ユートピア　216, 222, 233
政治の緑化　155
『成長の限界』　13
生物多様性　25, 61, 83, 152, 210, 214, 222
（連合）総会　66-69, 71, 72, 74, 86, 92-94, 96, 98, 108, 109, 121-123, 126, 128, 129, 136, 144, 146, 148, 155, 185, 198

239

〔た行〕

対抗グローバリズム　172, 199, 220
第三の道　167
「多元的左翼」政権　146, 149, 150, 152-156, 160, 168-170, 177, 180
脱成長社会　209-212
脱物質主義（的価値）　13, 15-17, 20, 25, 31, 33, 37-39, 60, 62, 63, 74, 87, 111, 152, 202
脱編成　28, 106
単一思考　6, 156, 206
単一争点（政党）　48, 59, 64, 96, 111, 123, 144, 145
チェルノヴイリ原発事故　100-102, 116, 130
地球温暖化　3, 4, 9, 10, 101, 102, 148, 185, 188, 195, 218
地球環境サミット　III
地球の友　46, 48, 50, 53, 58, 77, 78, 81
ディープ・エコロジー　6, 7, 9, 39
底辺民主主義　16, 43, 66, 85, 86, 119-121
テクノクラート（支配）　15, 60, 61, 82, 124, 164, 221
ドイツ緑の党　16, 21, 24, 39, 40, 43, 49, 52, 62, 86, 94, 113, 133, 137, 198
統一社会党（PSU）　29, 52, 75, 78-80, 92, 131
党内民主主義　49, 51, 66, 67, 84, 87, 117, 120, 122
党内レファレンダム（制度）　67, 84, 198
道路運送業全国連盟　151
トービン税　178, 219
独立エコロジー運動　98, 145, 190, 201
独立エコロジスト　133, 134, 186, 201
独立エコロジスト連合　133
ドラッグ　45, 62, 63, 83, 111, 199

〔な行〕

虹と緑の500人リスト運動　204
ニュー・ポリティクス　V, 3, 25, 26, 30, 31, 33-39, 43, 44, 49, 54, 59, 65, 70, 76, 77, 86-88, 107, 117-119, 121, 123, 124, 136-138, 141, 155, 170, 171, 179, 189, 195, 205, 221, 235
農民同盟　186

〔は行〕

バイオエタノール　208
働くための福祉　166
パックス法（民事連帯契約法）　111, 178
パリテ制度（法）　152, 178
反原発運動　46-48, 78-80, 93, 111
反政党的政党　15, 69, 137, 166, 179
反排除基本法　148
非改良主義的改良　35, 39, 77, 189, 205, 215, 221
非近代のプロジェクト　4, 6, 7, 10, 15
非暴力主義　43
非暴力オルタナティヴ運動　52
比例代表制　16, 17, 21, 57, 84, 93, 100, 101, 105, 109, 126, 130, 131, 148, 150, 182
フェアトレード　222
フェッセンハイムとライン平野防衛委員会　46
フェミニズム　6, 7, 9, 16, 46, 55, 72, 111, 166
フォーディズム　5, 12, 171
福祉国家　5, 26, 29, 33, 36, 37, 40, 82, 92, 166, 167
フクシマ　221
「普通の政党（ノーマル）化」　118, 119, 121, 122, 138, 198
フランス民主労働同盟（CFDT）　79
フランス・自然・環境　46, 78
フランス的コンセンサス　30
ブリエール事件　129
古い政治　V, 5, 6, 25, 26, 29, 31, 33, 36, 37, 39, 43, 44, 194, 207, 221, 233
ブルジョワ・ボヘミアン　202
プロ（フェッショナル）化　32, 51, 58, 66, 67, 77, 80, 85, 119-122, 124, 136, 137
文化的創造者　202
文化（的）リベラリズム　28, 71, 83, 107
分権・自治　31, 43

〔ま行〕

マーストリヒト条約　128, 153
マイノリティの権利（擁護）　25, 31, 33, 44, 169, 202
緑の社会　7, 8, 11, 14, 113, 179, 184, 194, 198,

199, 205, 208, 209, 211, 212, 215, 220
緑の党-エコロジー政党（VPE）　53, 57
緑の党-エコロジー政党・エコロジー連合　57
緑の党-エコロジー連合（VCE）　53, 57
緑の党-社会党共同政策文書　144, 146-148
民衆運動連合（UMP）　192, 193
民衆的エコロジー　39
民主主義者運動（MoDem）　197, 207
民主主義と社会主義のオルタナティヴ　109

〔や行〕

友愛・エコロジー　110
ヨーロッパ・エコロジー（EE）　V, VI, 19, 24, 176, 177, 183, 184, 186-188, 193, 198, 217
ヨーロッパ原子力共同体（EURATOM）　219
ヨーロッパ憲法条約案　183, 184, 198
ヨーロッパ緑の党　177, 184, 185, 205

〔ら行〕

ラアーグ再処理施設　149
ライン・ローヌ運河計画　147-149, 178
リーマン・ショック　6, 195, 205
リバタリアン（自由至上主義）　37, 43, 107, 199, 202
連帯・統一・民主主義（SUD）　155
「連邦ヨーロッパのためのエコロジー・プロジェ」　185
労働時間短縮　63, 83, 111, 167
ローテーション制度　17, 67, 86, 119, 136, 198, 211
ローマクラブ　13
68年5月（運動）　V, 24, 31, 32, 43, 44, 71, 75, 77, 82, 124, 129, 183, 198, 199, 201, 202, 216, 221, 233
68年世代　24, 39, 43, 47, 70

〔わ行〕

ワークシェアリング　63, 64, 111, 127
ワシントン・コンセンサス　216
湾岸戦争　129

人名索引

〔あ行〕

アスコエ（G）　112, 133, 135, 147, 177
イングルハート（R）　13, 20, 37
ヴェシュテル（A）　56, 64, 66, 75, 81, 85, 86, 92-103, 106, 108, 109, 115, 118, 120, 125-129, 132-134, 136, 144, 145, 157, 199
ヴォワネ（D）　42, 61, 64, 66, 73, 80, 81, 85, 98, 108-112, 127, 128, 130, 133, 134, 140, 143-152, 155, 157-159, 168, 169, 177, 178, 181, 184, 185, 187, 197, 199
オバマ（B）　8, 9, 191

〔か行〕

カリス=スズキ（S）　III
コーン=ベンディット（D）　24, 133, 183-186, 189, 190, 198, 199, 207, 233

〔さ行〕

サッチャー（M）　6, 163
サルコジ（N）　188, 193, 207
佐和隆光　8
シュヴェヌマン（J-P）　109, 143, 164, 168
ジュカン（P）　75, 100
ジョスパン（L）　V, 16, 17, 73, 140-143, 147-149, 152-160, 162, 165, 168, 170, 177-179, 197, 214
シラク（J）　27, 73, 129, 134, 135, 143, 160
ストロスカーン（D）　193

〔た行〕

高原基彰　5
タピ（B）　109, 130
デュアメル（A）　16

デュフロ（C）　176, 185, 186
デュモン（R）　50, 51, 80, 126
トゥレーヌ（A）　79
ドラノエ（B）　17, 181, 182
ドロール（J）　93, 120, 126, 134, 164

〔は行〕

バイル（F）　183
バラデュール（E）　73, 129, 170
ファビウス（L）　27, 132, 164, 165, 169
ブナミアス（J-L）　112
ブランダン（Ch）　115
ベレゴボワ（P）　97, 164
ボヴェ（J）　186, 209

〔ま行〕

松野弘　11
ミッテラン（F）　27, 50, 55, 56, 75, 79, 81, 106, 130, 135, 152, 159, 161, 164, 171
モーロワ（P）　165

〔や行〕

ユー（R）　16, 73, 143

〔ら行〕

ラギエ（A）　73, 75
ラロンド（B）　32, 49, 55, 56, 58, 59, 71, 77, 78, 81, 92, 97, 100, 125, 129, 130, 132-134, 145
リピエッツ（A）　92, 128, 180, 184, 185
ルペン（J-M）　73, 96, 128, 162, 193
ルペン（M）　96, 162, 193
ルメール（G）　185, 198
ロカール（M）　112, 125, 132, 135, 143

著者紹介

畑山敏夫（はたやま・としお）
佐賀大学経済学部教授。1953 年生まれ。
大阪市立大学大学院法学研究科後期博士課程単位取得退学、法学博士。
著書に『現代フランスの新しい右翼――ルペンの見果てぬ夢』（法律文化社、2007 年）、『包摂と排除の比較政治学』（共著、ミネルヴァ書房、2010 年）、『民主主義、平和、地球政治』（共著、日本経済評論社、2010 年）など。

フランス緑の党とニュー・ポリティクス
近代社会を超えて緑の社会へ

2012 年 4 月 2 日　初版第 1 刷発行

著　者　畑 山 敏 夫
発行者　吉 田 真 也
発行所　合同会社　吉 田 書 店
102-0072　東京都千代田区飯田橋 1-6-4 幸洋アネックスビル 3F
TEL：03-6272-9172　FAX：03-6272-9173
http://www.yoshidapublishing.com/

装丁・DTP　閏月社　　　　　　　印刷・製本　シナノ書籍印刷
定価はカバーに表示してあります。
©HATAYAMA Toshio 2012
ISBN978-4-905497-04-2